Business Model
Genetic Engineering

The Survival of Enterprises
in Era of Great Change

商业模式
基因工程

巨变时代的企业生存之本

戴天宇 著

北京大学出版社

PEKING UNIVERSITY PRESS

图书在版编目（CIP）数据

商业模式基因工程：巨变时代的企业生存之本 / 戴天宇著.
—北京：北京大学出版社，2022.6
 ISBN 978-7-301-32910-8

Ⅰ.①商… Ⅱ.①戴… Ⅲ.①企业管理 – 商业模式 – 研究 – 中国 Ⅳ.①F279.23

中国版本图书馆CIP数据核字(2022)第038680号

书　　名	商业模式基因工程：巨变时代的企业生存之本 SHANGYEMOSHI JIYIN GONGCHENG：JUBIAN SHIDAI DE QIYE SHENGCUNZHIBEN
著作责任者	戴天宇　著
责任编辑	裴　蕾
标准书号	ISBN 978-7-301-32910-8
出版发行	北京大学出版社
地　　址	北京市海淀区成府路205号　100871
网　　址	http://www.pup.cn
电子邮箱	编辑部em@pup.cn　总编室zpup@pup.cn
新浪微博	@北京大学出版社　@北京大学出版社经管图书
电　　话	邮购部010-62752015　发行部010-62750672　编辑部010-62750667
印　刷　者	涿州市星河印刷有限公司
经　销　者	新华书店
	720毫米×1020毫米　16开本　18.75印张　285千字 2022年6月第1版　2025年5月第2次印刷
定　　价	68.00元

未经许可，不得以任何方式复制或抄袭本书之部分或全部内容。
版权所有，侵权必究
举报电话：010-62752024　电子邮箱：fd@pup.cn
图书如有印装质量问题，请与出版部联系，电话：010-62756370

推荐序一

戴天宇副教授的学术新作《商业模式基因工程》，是在前作《商业模式的全新设计》基础上的进一步创新和发展。通读全书，最大的感受是，一个全新的商业模式基因工程学理论和方法论体系，终于在戴天宇老师的努力下完整地建立起来了。

商业模式作为一门独立的学科出现，只是最近十几年的事。学科发展初期，往往是原始创新最活跃的时期，也是新的学派最可能创立的时期。祝贺戴老师，在北京大学汇丰商学院商业模式研究中心这个平台上，创立了一个与"魏朱六要素模型"视角全然不同但又有内在紧密联系的新理论体系。

该书逻辑体系自成一派，硕果累累，在以下五个方面特别突出：

第一，提出"价值环节"是商业模式的基因片段，"价值链"是商业模式的DNA（脱氧核糖核酸），并围绕价值环节的排列组合以及价值链的拓扑结构，分析它们与商业模式的关联关系，从而挖掘出商业模式的底层逻辑。

第二，指出商业模式基因工程有四种路径——单个价值环节的基因突变、多个价值环节的基因重组、整条价值链的变异和跨价值链的杂合。技术创新是通过价值环节突变或价值链变异引发商业模式变化，进而创造新的价值或价值空间，所以商业模式创新与技术创新同等重要。

第三，建立起商业模式的基因组学分类体系。我非常赞同戴老师的看法，商业模式如此丰富多彩，如果仅仅将其划分为几个大类，则太过粗疏和笼统，所以商业模式分类应当也必须细化到"界门纲目科属种"。

第四，创建了众多管理学分析工具，如卡诺－马斯洛需求分析、终端需求全景图分析、需求链分析、客户界面分析、价值链分析图符系统、基本价值链分析模型、收支流图分析、商业模式微观分析参考模型等。这些新工具的创建，为商业模式的研究和分析提供了可靠的方法论。

第五，对商业模式的各种变化做了展开式的梳理、归类和举例，便于企业家和设计师按图索骥，同时丰富了商业模式设计的可能性，如拓客方式、锁客方式、盈利模式、商业位势等。对很多商业模式案例的探讨，也是从一个原点出发，讨论多种可能性，让读者体会到商业模式设计的变化多端和灵活精彩。

当然，对戴老师书中的某些观点，例如对战略管理的基本否定等，我们认为还有很大的开放性讨论空间。

商学理论的原始创新，在"无人区"里跋涉，艰难而孤独，我和朱武祥老师对此深有体会。而戴天宇老师这些年专注原始创新，不断创立新学科，从新范式经济学、自运行机制设计、乱序流程设计学到商业模式基因工程学，其中的艰难可想而知。正因为如此，所取得的成果，包括这本著作的出版，才更显得弥足珍贵。

再次祝贺戴老师！

是为序。

魏 炜

北京大学汇丰商学院管理学教授

商业模式研究中心主任

推荐序二[①]

戴天宇博士介绍的新范式经济学、企业设计学、乱序流程学让我耳目一新。没有哪一种创新,比创立一门新学科更让人兴奋。

我对他的商业模式基因工程学尤其感兴趣。毫无疑问,他对价值链组成和拓扑结构的细致描述,是对迈克尔·波特(Michael Porter)教授的价值链模型最大胆的"颠覆式创新"。他给出的企业内部价值运动逻辑,让创新管理的许多碎片式发现,都变成了他的理论的推论。他提出的价值链最小功能单位"价值环节"在未来商业理论中所起的作用,将不亚于基因在生物学中的作用、字节在计算机科学中的作用。

戴天宇博士是我见过的最富创造性,也最具颠覆性的中国教授之一。我一直在想,要有多么纯粹而宁静的心灵,才能持续聆听真理的声音,并做出如此多的商学理论创新。

克莱顿·M. 克里斯坦森

哈佛商学院工商管理 Kim B. Clark 教席教授

[①] 此文是作者与美国哈佛商学院克莱顿·M. 克里斯坦森(Clayton M. Christensen)教授在 2019 年夏季的往来邮件,克里斯坦森教授是颠覆性创新理论之父,于 2020 年 1 月 23 日去世。现将他的邮件译成中文,作为本书推荐序二以示对大师的纪念。

Dr. Dai, the new paradigm of economics, enterprise designing and out-of-order process management, all of these new subjects were very illuminating for me. After all, no innovation can be more exciting than the foundation of a new subject of study.

I am also interested in your genome survey of business models. Your intricate description of the composition and topology of value chains is unquestionably the boldest "disruptive innovation" toward Michael Porter's value chain model. The logic of internal value movements that you purposed enabled many disconnected discoveries from innovation management to become evidence for your theory. The minimum unit of value chain suggested by you, "the value link", will be no less significant in future business theories as genes in biology and bytes in computer science.

You are the most talented, innovative, yet disruptive Chinese I have ever seen. I always wondered how pure and tranquil a mind must be to persistently listen to the voice of truth and discover so many innovations in business theories.

序 言

巨变时代，企业如何生存？

巨变时代，恐龙灭绝，大到霸王龙，小到小驰龙，虽然形态各异，本领有别，但都亡种灭族，无一幸免，只有通过基因变异快速进化、改变自身生存逻辑的鸟类，最终翱翔于天空。

巨变时代，企业的生存之本，同样不在于规模大小、实力强弱或水平高低，而在于基因层面上快速变异和自我进化的能力，也即改变自身基因、改变自身商业逻辑的能力。如果不掌握这种能力，即便是阿里巴巴，想活102年的宏愿，恐怕也没那么容易能达成。

在最底层的基因层面，企业也应具备以"变"应"变"的能力——自我基因突变以适应环境突变的能力，这便是巨变时代的企业生存之本。

企竞天择，适者生存。商业模式基因工程，就是深入微观基因层面，找寻企业兴衰存亡的内在规律，构建企业自动应变的底层逻辑，进而赋予企业自变异、自进化的能力，以避免企业再次出现诺基亚的尴尬——被收购时，诺基亚CEO按照传统商学的逻辑怎么也想不通，还潸然泪下："我们并没有做错什么，但不知为什么我们输了。"[1]

---

[1] 刘露，郭省钰.诺基亚到底怎么了？[J].企业管理，2014（11）：3.

新时代，新商学。机械逻辑、线性思维的旧商学逐渐老去，生态逻辑、基因思维的新商学正在走来。商业模式基因工程作为新商学的"开路先锋"，和传统的商业模式研究迥然不同。一不搞"人造逻辑"，自我"发明"出一套逻辑框架，而是寻找事物自身的规律和逻辑；二不搞"表面研究"，因为真正的规律，不是浮在表面的那些联系，而是隐藏在看不见的微观层面；三不搞"人为规划"，而是赋予企业自适应、自生长、自进化的能力；四不搞"标准模板"，拿着一套模板到处套，而是一切从企业实际出发，量身定做，给企业设计出适合它自己的道路，没有什么最佳商业模式，适合自己的，就是最好的。

商业模式基因工程，就是企业在巨变时代的生存之本。

戴天宇

北京大学汇丰商学院管理学副教授

目 录
CONTENTS

引　子　新商学的崛起，旧商学的衰落 / 001
- 0.1　现代管理学：先天缺陷 / 004
- 0.2　后现代管理学：局部刷新 / 006
- 0.3　超现代管理学：全面重建 / 007
- 0.4　企业设计学：横空出世 / 009

第 1 章　从企业战略到商业模式 / 017
- 1.1　企业战略：主观愿景 / 021
- 1.2　企业战略：人造逻辑 / 024
- 1.3　商业模式：自然逻辑 / 028
- 1.4　商业模式：自动运行 / 033

第 2 章　商业模式究竟是什么？ / 037
- 2.1　商业模式认知：从 1.0 到 2.0 再到 3.0 / 039
- 2.2　商业模式的"基因密码" / 046
- 2.3　民营快递的模式变革 / 051
- 2.4　商业模式到底是什么？ / 054

第3章 价值环节：商业模式的基因 / 063

3.1 企业内部的价值环节 / 065

3.2 基因突变与商业模式 / 071

3.3 基因重组与商业模式（上）/ 076

3.4 基因重组与商业模式（下）/ 080

第4章 价值链：商业模式的DNA链 / 087

4.1 商业模式背后的价值 / 091

4.2 价值链转化与商业模式 / 097

4.3 价值流、价值链与价值网 / 104

4.4 用户价值链与商业模式 / 112

第5章 价值链：拓扑结构 / 115

5.1 拓扑结构之一：连接结构 / 118

5.2 拓扑结构之二：位势结构 / 127

5.3 拓扑结构之三：端点结构 / 129

5.4 商业模式的微观构造与分类 / 138

第6章 商业模式微观构造Ⅰ：需求定位 / 145

6.1 需求定位 / 148

6.2 用户与客户的错位 / 152

6.3 用户组织：利益锁定 / 158

6.4 用户组织：心智浸润 / 168

目 录
CONTENTS

第 7 章 商业模式微观构造 Ⅱ：价值组合 / 175

7.1 价值链移位与预制模式 / 178

7.2 价值链横切与平台模式 / 183

7.3 价值链嫁接与跨界模式 / 188

7.4 价值环节重组与模式蜕变 / 191

第 8 章 商业模式微观构造 Ⅲ：交易结构 / 203

8.1 交易方式及另类创新 / 206

8.2 交易成本、交易风险与交易门槛 / 211

8.3 交易构型与锁客方式 / 218

8.4 多方交易结构及现金流工程 / 225

第 9 章 商业模式微观构造 Ⅳ & Ⅴ：盈利模式与商业位势 / 231

9.1 盈利模式与价值的交易形态 / 233

9.2 基于第三方的盈利模式优化 / 240

9.3 商业位势与价值链收益分配 / 246

9.4 盈利模式升级与商业位势提升 / 253

第 10 章 商业模式重构与商业模式设计 / 259

10.1 局部改良的商业模式重构 / 262

10.2 泡泡玛特的商业模式重构 / 269

10.3 从头开始的商业模式设计 / 273

10.4 商业模式设计与管理机制设计的协同 / 281

引 子
新商学的崛起，旧商学的衰落

本章导读

管理学正在转型升级：现代管理学→后现代管理学→超现代管理学。作为超现代管理学的方法论，企业设计学由此诞生，并形成企业设计、企业经营、企业管理三大平行版块，商业模式设计是企业设计学的核心组成部分。以管理为中心的旧商学逐渐衰落，以设计为中心的新商学正在崛起。

引 子
新商学的崛起，旧商学的衰落

世界上唯一不变的，是变！

当今世界正在经历百年未有之大变局，包括金融学、会计学、管理学、经济学四大学科群（即FAME——Finance，Accounting，Management & Economics）在内的大商学，同样面临着百年未有之大变局。大变局意味着旧的逻辑已经过时，已经高度成熟但也高度固化、僵化的商学，如果不能与时俱进，弃旧图新，未来只能被送进历史的博物馆；大变局意味着新的范式①正在路上，商学领域的思想解放、除旧布新正当其时。以管理学为例，管理学就正在逐步从20世纪的现代管理学、后现代管理学，向21世纪的超现代管理学转型和升级（见图0-1）。

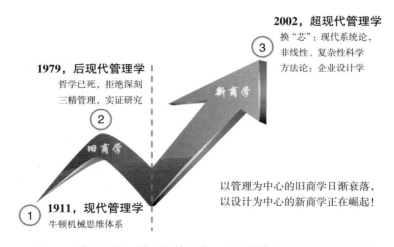

图0-1 范式更替：从现代管理学、后现代管理学到超现代管理学

---

① 范式（Paradigm）：指同一学术流派成员共同采用的概念和逻辑体系，一门学科的代际升级主要体现为范式迭代，不同的范式源于学科内部对核心逻辑框架（研究视角、认知原点、展开逻辑等）的不同看法。参见：库恩. 科学革命的结构[M]. 金吾伦，胡新和，译. 北京：北京大学出版社，2003：178.

0.1 现代管理学：先天缺陷

1911年，美国人弗雷德里克·温斯洛·泰勒（Frederick Winslow Taylor）的《科学管理原理》（The Principles of Scientific Management）一书首次出版发行，标志着现代管理学的诞生。现代管理学诞生迄今已有110年了，110岁的年纪，即便不能说老态龙钟、步履蹒跚，也谈不上青春飞扬、激情燃烧了。

现代管理学诞生于20世纪初的机械化、流水线生产时代，所以出生伊始，浑身上下就散发着浓浓的机械味儿。所谓的管理五大职能——控制、计划、组织、指挥、协调——全部与机械有关；所秉持的管理理念——标准、规范、统一、精细、精益——全部是机械逻辑；就连人，也被视为企业这部"机器"上的一颗颗按部就班、尽职尽责的"螺丝钉"。可以这样说，现代管理学的血脉里，流淌着的全都是机械思维的基因，现代管理学最底层的逻辑就是一套机械思维范式（见图0-2）。

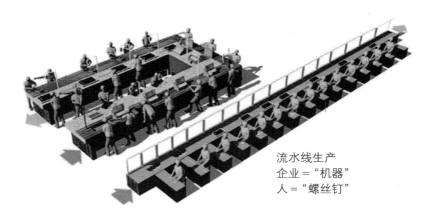

流水线生产
企业＝"机器"
人＝"螺丝钉"

图0-2 现代管理学的机械思维观：企业是一部井然有序的机器

这样一套机械思维体系，在新的时代遭遇到了方方面面的挑战。

首先，是人的代际更替。管理的最主要对象是人，而人每10年甚至每5年就是一代。以当下来说，"90后""95后""00后"正在步入职场的"C位"（指中心位置）。他们个性张扬，自我意识强烈，还会像"60后""70后""80后"的父辈那样，甘心当一颗默默无闻、任劳任怨的"螺丝钉"吗？显然不会。在这些"新人类""新新人类"面前，已经传承了100多年的现代管理学，只能越来越像"隔年的皇历——不管用了"。

其次，是工作性质的历史性转变。人工智能时代，重复性机械劳动越来越多地被自动化和机器人所取代，人们的工作更多地转向创意、创新、创造。创造性工作须要打破常规，放飞想象，自由探索，而这些显然是机械思维观的现代管理学"力所不能及"的。如果勉强用之，只会在管理者和被管理者之间无谓地制造矛盾和冲突。由此不难看出，面对"非标员工＋非标工作"，建基于机械论哲学的现代管理学，真的已经"Out"（过时）了！

最后，是企业内部生产关系的时代变革。这致命的一击，直接将现代管理学送上了"英雄末路"。一些书斋经济学家曾经费心费力地证明，天底下最合理的分配方式应当是"员工拿固定，企业拿剩余"，也即将西方商学理论中不言而喻、心照不宣的信条再次宣贯了一遍。然而，近几年铺天盖地的"贷款小广告"，却无声无息地昭示着一个新时代的来临，那就是资本相对过剩了，不那么稀缺了。真正稀缺的，是那些有能力进行创新、创造的"非标员工"。谁稀缺，谁自然拥有更大的话语权。企业内部的生产关系和分配关系从此开始逆转，未来将越来越多地出现"企业拿固定，员工拿剩余"。这实际上意味着，贯穿于整个现代管理学的生产关系隐喻与逻辑主线都被彻底地倾覆了，现代管理学摇摇欲倒，全面大修已经迫在眉睫。

问题是，怎么修：只做局部翻新，还是推倒重来？对这一问题的不同回答，形成了现代管理学之后的两大分野——只做粉刷"翻新"的后现代管理学，和坚持拆除"重建"的超现代管理学。

0.2 后现代管理学：局部刷新

1979年，法国后现代主义哲学家让-弗朗索瓦·利奥塔（Jean-François Lyotard）所著的《后现代状态：关于知识的报告》（*La Condition Postmoderne: Rapport sur le Savoir*）一书出版发行，后现代管理学随之而诞生。

后现代管理学认为哲学已死，所以拒绝深刻，不再关注哲学观的"宏大叙事"，而是转向方法论的"微小改良"，希冀用更加繁复的细节、更加海量的数据、更加精密的实证，对老旧的现代管理学进行"立邦刷新"，填补每一处裂缝和纰漏，抹平每一处毛糙和缺陷，从而让现代管理学看上去焕然一新。换言之，后现代管理学刻意避开了深层次、根本性的哲学观问题，专门在细微之处下功夫，精雕细刻，精益求精，因而留给世人的突出印象，便是三精（精确、精细、精益）管理和数字崇拜。管理的对象变成了一堆干巴巴的数字，而不再是一群活生生的人，许多管理学研究也变成了"买回数据跑回归"的实证分析。由于后现代管理学只做了精细化、数字化的局部改良，在哲学基础与底层逻辑上，与现代管理学小异大同，所以很多学者仍然将其归为现代管理学的范畴，商学院里的课程仍然叫"现代管理学"。

那么，后现代管理学的"立邦刷新"做法行不行得通？精装修的前提，是房屋结构没有问题，否则再精工细作、精涂细抹也白搭。而现代管理学恰恰是哲学观的地基出了问题，后现代管理学不敢也不想去触碰西方主流商学的"根基"，便只在方法论上做文章。可"只刷墙面，不动结构"，解决不了根本问题。而且放弃哲学层面的思辨和刷新，认知上不可能实现质的飞跃，即使挖掘再多细节，收集再多数据，"倒腾"再多数理模型，也只是量的积累而非质的突破。而一门学科有深度的研究和创新，一定会跃升到哲学层面。

哲学观上的因循守旧、故步自封，决定了后现代管理学的方法论改良只能是小打小闹，提升有限，所谓的实证研究仍然远离企业实践，不接地气。要想知道梨子的味道，就要亲口尝一尝。亲口尝梨是第一手资料；鼻子嗅梨是第二手资料；听人说梨是第三手资料；看着纸面上的统计数据去推算梨子的味道，已是第四手资料了。一个从来没有吃过梨的人，与其拿着统计数据颠来倒去，去想象梨子的味道，还不如拿个梨子一口咬下去，"实践出真知"而非"实证出真知"！

这种不触及根本的局部改良，导致现代管理学在哲学基础层面上遇到的问题，后现代管理学一个也没有解决，还把事情搞得更复杂。

0.3 超现代管理学：全面重建

1982 年，美国人汤姆·彼得斯（Tom Peters）撰写的《追求卓越》（*In Search of Excellence*）一书出版，总发行量超过 1000 万册，被誉为"美国工商管理圣经"。该书中文版在中国也备受热捧，影响广泛。可 20 年后，人们发现书中那些被吹捧为标杆的"卓越企业"，绝大多数已经奄奄一息了。

2002 年，汤姆·彼得斯再次撰写《汤姆·彼得斯的真心忏悔》（Tom Peters's True Confessions）一文，对自己之前提出的企业"卓越法则"进行了深刻的反思和检讨，同时特别强调：不要信那些整天进行商业预测的"占卜博士"和"算命教授"，未来天知道（GAK！ God Alone Knows），只能大胆闯（SAV！ Screw Around Vigorously）。[①] 这一表态，等于彻底否定了基于数据和统计模型的后现代管理学，因而 2002 年被一些学者视为超现代管理学的诞生

---

① TOM P. Re-imagine: Business Excellence in a Disruptive Age [M]. London: Dorling Kindersley, 2003：57−65.

元年。①

超现代管理学认为：现代管理学的问题出在根上，小修、小补、小改根治不了现代管理学的"基因病"，必须做换"芯"手术，更换新的哲学内核。而且哲学从未死去，自然科学领域的每一次的重大理论突破，其实都是将新的哲学圣火"从天庭盗入人间"。自然科学日新月异，哲学欣欣向荣，将它们引入管理学中，必将给管理学带来新的生机和活力。

事实上，在自然科学领域，20世纪初爆发的量子力学，相对论，非线性、复杂性科学革命，三下五除二，就"打残"了线性、均衡、简单还原的机械论哲学观。20世纪40年代末，迅速崛起的"老三论"（系统论、控制论、信息论）及其后的"新三论"（耗散结构论、协同论、突变论）再一次扫荡了自然科学领域中机械论哲学观的"残兵溃勇"。不过奇怪的是，这场科学哲学革命在商学领域却受到了最顽强、最持久的阻击。一百多年来，老而弥坚的机械论哲学观始终占据着统治地位。作为既得利益者的主流学派不肯退出历史舞台，反而培养出一代又一代的门人弟子守护地盘，抵御异端，新的哲学思潮不得不一点一点地艰难地渗透，直到21世纪初，渗入的涓涓细流，才终于汇成超现代管理学。

超现代管理学对现代管理学的自我革新、自我救赎已经不抱任何希望。它选择另起炉灶，引入现代科学哲学，重建管理学的哲学观于非线性、非均衡性、不可逆性、不确定性、自组织性等之上，从底层逻辑开始对管理学进行彻底重构。在此过程中，它还对现代管理学展开了连续"暴击"，对其所依据的机械论、还原论、线性思维及其所运用的线性数学工具（如线性代数、局部线性化的微积分、均衡分析等）进行了深刻批判，从而对现代管理学理论形成全面的冲击。② 面对超现代性带来的危机，所有的管理学权威和管理学范式都变

---

① 罗珉.知识经济时代的超现代管理范式评析[J].外国经济与管理，2005，27（10）：2-9.

② 罗珉.超现代管理：起源、范式与方法论特点[J].科研管理，2007，28（1）：118-124.

得漏洞百出甚至滑稽可笑。①

然而，商学领域这场轰轰烈烈的思维变革运动，"解构性有余而建构性不足"。②思想很先进，但因为缺少方法论配套，始终没有办法进入企业的具体实践，是以在学术圈热闹了一阵后又陷入沉寂。③现如今，随着企业设计学科群在中国的诞生，超现代管理学终于有了强有力的落地工具，新的管理哲学进入千千万万的企业中（见图0-3）。

牛顿机械力学	非线性、复杂性科学，现代系统科学 （分形、混沌学、耗散结构、自组织理论等）
机械系统，平衡	➡ 生态系统，远离平衡态
线性渐变可预测	➡ 涨落突变，预测不准
决定论	➡ 非决定论
他组织，他管理	➡ 自组织，自管理
现代管理学	➡ 超现代管理学 → 企业设计学

图 0-3 超现代管理学的哲学观

0.4 企业设计学：横空出世

2010年，《科学管理从科学的制度设计开始》④一书首次出版发行，标志着

---

① WILLMOTT H. Bringing Agency (Back) into Organizational Analysis: Responding to the Crisis of (Post) Modernity [C] //HASSARD J, PARKER M. Towards a New Theory of Organizations. London: Routledge, 1994：118-119.

② 胡国栋，姜秋爽. 现代管理学的范式危机及其整合路径[J]. 贵州财经学院学报，2012，30（2）：45-49.

③ 彭新武. 现代管理的逻辑演进与范式转换[J]. 西北师大学报（社会科学版），2016，53（6）：14-21.

④ 戴天宇. 超越执行力：科学管理，从科学的制度设计开始[M]. 北京：清华大学出版社，2010.

新的企业设计学科群作为超现代管理学的方法论体系，正式步入人们的视野。那么，什么是企业设计？它和人们耳熟能详的企业经营、企业管理之间又是什么关系呢？

企业设计，设计企业未来。优秀的企业，往往不走寻常路，过去只能靠"摸着石头过河"；但未来，优秀的企业是设计出来的。人们对企业在不同商业生态环境中的生长、发育和进化规律掌握得越深入，就越有能力从事后的、被动的辛苦应付，走向事前的、主动的精巧设计。当然，这种设计绝不是重回机械思维的老路，去设计什么机械的、刻板的、最佳的组织结构和管理框架。企业设计的核心，是设计企业自身的生态适应性，也即企业顺应商业生态环境的变化而快速变形、变异和自我进化的能力，因为在商业的世界里，"企竞天择，适者生存"，比企业做大、做强更重要的，是"做适、做活"。

企业设计，包括商业模式设计、企业流程设计、管理机制设计、组织生态设计、企业文化设计五大核心模块（见图0-4），以及企业形象设计公司治理结构设计、公司金融设计等多个延伸外围模块。这些模块从经济基础到上层建筑，对企业经营管理体系进行关键的、科学的、精巧的设计。

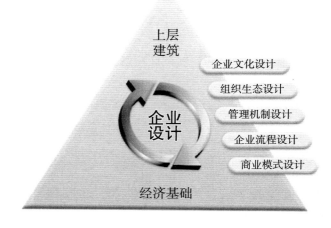

图0-4 企业设计的五大核心模块

（1）商业模式设计。商业模式设计也称企业的经济基础设计，通过对企业所在价值链上排列组合的全部的价值环节，进行剪切、拼接、增减、重组、变异等"基因工程手术"，为企业打造自身的价值增值逻辑和可持续的收入来源，实现企业的自盈利、自生长、自发育和自进化。

（2）企业流程设计。企业流程设计将企业的业务流程及其上的管理流程，从传统落后的顺序执行升级为乱序执行，通过进程并发、中断调用、分支预测、队列穿插、负载迁移等乱序技术，实现企业内部业务流程与管理流程的更快响应和更高效率。

（3）管理机制设计。管理机制设计通过创设"活的可以自动运行的游戏规则"，借助当事人的利益追求和利益博弈，依靠当事人的自组织、自驱动、自管理，自动自发地达成企业目标，推动企业从"如何管"转向"如何不管"。

（4）组织生态设计。组织生态设计将企业内部各色人等形成的种群、亚群落、群落，或者说半正式组织、非正式组织等，和正式组织一起纳入一体化设计，构建一个多种群杂合共生的组织生态体系。

（5）企业文化设计。企业文化设计根据企业所在区域的文化土壤和人文环境，在企业内部规划营造出一个与社会文化体系既有区别又有联系的和而不同的人文小天地。事实上，在整个企业设计学科群中，最早"露出尖尖角"的"小荷"是企业形象设计（Corporate Identity Design，CI 设计），而企业形象设计正是企业文化设计的一个重要组成部分。

这五大核心模块，针对企业经营管理的不同层次展开科学设计，各有侧重又相互衔接配合。具体来说，就是从生产力到生产关系，从经济基础到上层建筑。先从商业模式设计入手，打造企业的底层商业逻辑；再根据商业模式梳理出业务流程和管理流程；在此基础上，构建企业内部的管理机制；最后考虑的，才是企业的组织建设和文化建设。

知名企业家柳传志曾提出"管理的三要素"，即建立一家企业首先要抓三件事：搭班子，定战略，带队伍。这一说法至今还被一些人奉为管理的九字"真经"[①]。然而，当年的认知已经很难适用于今时今日，一些不明就里的创业者就被带偏了节奏。许多企业一上来，首先考虑的是人员怎么配备、部门怎么设置、职位怎么设定、职责怎么划分……可问题是，这一切安排得再完美，企业不挣钱有什么用？上层建筑是为经济基础服务的，组织建设是为盈利模式服务的，创业者如果不先将服务什么客户、创造什么价值、赚取什么利润搞清楚，就召集一堆高人，搭起一套班子，显然是本末倒置，舍本逐末。短缺经济时代，企业只要能生产出东西，就能卖出去，就能赚钱，可以不考虑模式、流程、机制等深层次问题，但今时今日——不行了！

这五大核心模块，连同新范式经济学、新范式金融学等新的商学基础理论，以及商业环境生态学、企业进化工程学、经济场分析、管理实验学等新的商学分析工具，共同构成新商学的生态范式，以代替传承百年、老旧不堪的旧商学机械范式（见图0-5）。

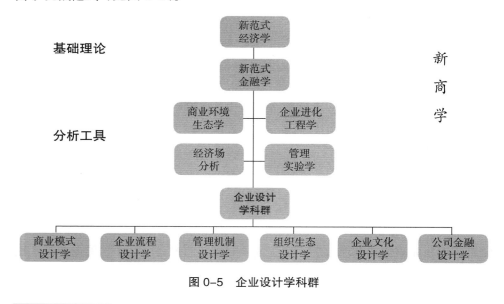

图 0-5　企业设计学科群

---

① 周晓．搭班子，定战略，带队伍，柳传志的九字"真经"[J]．科学咨询（决策管理），2009（13）：28．

引 子
新商学的崛起,旧商学的衰落

那么,企业设计和企业经营、企业管理之间又是什么关系呢?

说起来也简单,企业和所有人工系统一样,须要先设计,后运营,再管理,由此形成了企业设计、企业经营、企业管理三大平行版块:

(1)企业设计,从企业的实际出发,量体裁衣,量身定做,给企业设计出适合自己的、个性化的甚至是独一无二的经营管理体系;

(2)企业经营,研究企业的外部市场活动,即企业作为一个商业生态系统与外部环境(市场、社会、政府等)之间的关系问题,这种关系集中表现为企业与环境之间不断进行的经济资源输入输出;

(3)企业管理,研究企业的内部组织活动,重点是各种经济资源在企业内部的组织和效率问题,包括人财物管理、产供销管理、责权利管理等,以及运用这些资源达成企业目标的管理动作的总和。

企业设计、企业经营、企业管理之间的关系如图 0-6 所示。

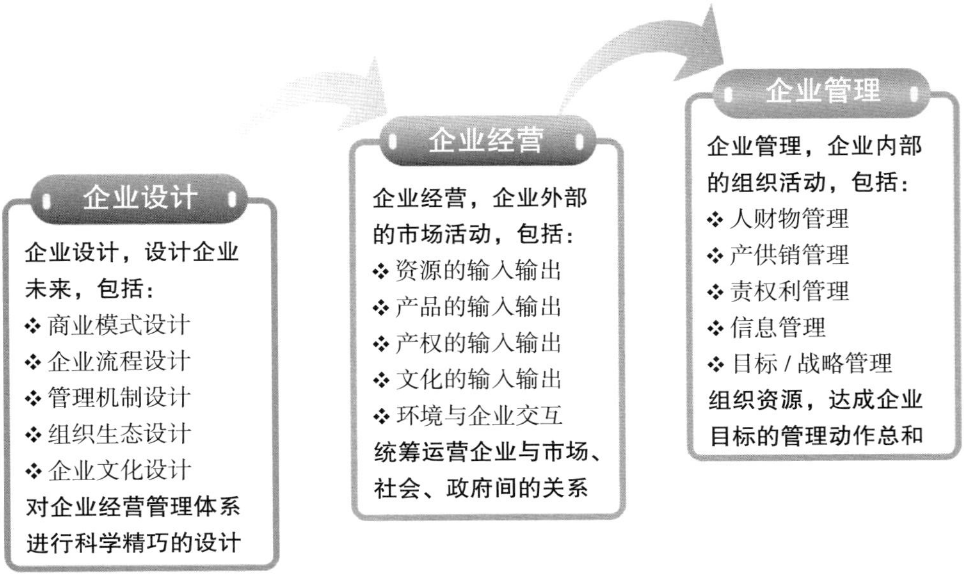

企业设计
企业设计,设计企业未来,包括:
❖ 商业模式设计
❖ 企业流程设计
❖ 管理机制设计
❖ 组织生态设计
❖ 企业文化设计
对企业经营管理体系进行科学精巧的设计

企业经营
企业经营,企业外部的市场活动,包括:
❖ 资源的输入输出
❖ 产品的输入输出
❖ 产权的输入输出
❖ 文化的输入输出
❖ 环境与企业交互
统筹运营企业与市场、社会、政府间的关系

企业管理
企业管理,企业内部的组织活动,包括:
❖ 人财物管理
❖ 产供销管理
❖ 责权利管理
❖ 信息管理
❖ 目标/战略管理
组织资源,达成企业目标的管理动作总和

图 0-6 企业设计、企业经营、企业管理之间的关系

过去,管理学对企业经营和企业管理这两个概念往往"拎不清",甚至将

其混在一起合称为"企业经营管理"。如今，随着企业设计的出现，企业设计、企业经营、企业管理三大平行版块之间的关系变得清清楚楚、明明白白。企业设计在前，经营管理在后。如果企业先天缺乏设计，即使后天努力弥补，也会事倍功半，运行起来磕磕绊绊，更何况"先天畸形"通常是难以根治的。许多企业之所以在经营管理上问题频发，疲于奔命，时时"冒烟"，处处"救火"，就是因为在模式、流程、机制、组织等各方面缺乏系统科学的设计。事前精巧设计，何须事后辛苦管理？反之，事后辛苦管理，多半是因为事前缺乏精巧的设计。经过精巧设计的企业，是可以做到"自适应、自调节、自运行"的。

当然，企业设计学的问世，不仅仅在企业经营、企业管理之外开辟出一个新的商学领域，作为一门"科学 + 艺术"的设计学科，它还天然具有创意、创新、创造的属性，为管理学从科学走向艺术，走向更高境界的艺术创作、自由创造提供了无限可能。事实上，人类社会最伟大的发明既不是某个产品，也不是某项技术，而是模式、流程、机制、组织等方面的设计、发明和创造，虽然无影无形、无声无息，却不断地革新着人类社会经济体系的底层运行逻辑和历史发展进程。

作为超现代管理学的方法论，企业设计学的做法与传统管理学的方法论大相径庭，甚至可以说是"反其道而行之"（如图 0-7 所示）。这些焕然一新、别开生面的做法，本身就在不断地将非线性、复杂性科学及现代系统论等"自然清新的思想"[①]引入商学领域，从而成为新商学的"开路先锋"。

唯创新，不平庸！

在许多西方人的眼里，中国人中庸保守，崇古成癖，缺乏质疑前人、挑战权威的勇气，虽然善于学习，却不善于独立思考和原始创新，尤其不善于进行"根"上的创新——基础理论的原始创新。这种看法固然大谬不然、不值一驳，

---

① 赵宏，汪浩. 社会经济系统的复杂性、组织性及其方法论 [C]. 太原：第三届全国青年管理科学与系统科学学术研讨会，1995.

但一个国家、一个民族，经济再繁荣，人民再富庶，国力再强盛，如果不能在基础理论的原始创新方面做出足够的贡献，依然会被视为二流国家、二流民族，依然难以赢得别人的"平视"甚至"仰视"。"一个民族要想站在科学的最高峰，就一刻也不能没有理论思维"[1]，而商学领域"百年未有之大变局"，正好给了中国人一个绝佳的机会，"向世界证明中华民族是一个有智慧的民族"[2]。

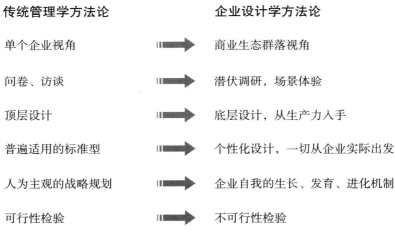

图 0-7　企业设计学方法论体系

事实上，在新旧商学更迭的世纪变革中，最有可能扛起这一历史使命的，将会是中国的年轻一代。因为只有亲历改革开放，打破条条框框，大胆试，大胆闯，亲眼见证旧商学的理论在实践面前洋相百出，才能知道旧商学的问题出在哪里，新商学重建的方向又在哪里。更何况，中国的年轻一代从来不缺乏求新求变的决心和勇气。用一句俗语，最能说明当今中国人的创新气概，那就是"旧的不去，新的不来！"

商学领域的觉醒年代，让我们一起从这里踏上除旧立新的行程。

---

[1]　马克思，恩格斯. 马克思恩格斯选集：第3卷［M］. 中文2版. 北京：人民出版社，1995：467.

[2]　饶毅. 中国未来与科学的隐患［J］. 留学生，2015（34）：30-33.

第 1 章
从企业战略到商业模式

本章导读

战略管理有三大"顽疾"。一是主观愿景凌驾于客观规律之上;二是人造逻辑取代事物自身的逻辑;三是机械思维,拿着标准模板、固定套路依样画葫芦。而商业模式研究则是寻找事物自身的逻辑,用客观规律取代主观愿景,用自然逻辑取代人造逻辑,用生态思维取代机械思维,所以和战略管理的"三观"是完全不同的。

有了企业战略，为什么还要研究商业模式？商业模式与企业战略之间到底是什么关系？

读者如果稍加留心，不难发现：商业模式与企业战略的研究对象有着高度的重合——都是研究企业的未来，都是研究企业的方向性、根本性、全局性、长远性问题并提前做出重大决策和部署。这两门学科的研究对象如此相近，许多人分不清，也就不足为奇了。

一些学者试图将二者区分开来，于是引经据典，训诂考证，发表多篇学术论文，非要给二者之间划出一道清晰的界线。但工作在实践一线的企业家和管理者们，一则几乎不看那些发表在学术刊物上的管理学论文，二则并不在乎这种学理上的析微察异。叫模式还是叫战略并不重要，有用才是硬道理。

另一些学者试图将二者调和起来。有的提出模式和战略的本质是"相同"的；[1] 有的提出模式和战略是"互补"的，必须结合在一起使用；[2] 有的认为模式只是战略的一部分；[3] 有的则认为战略是模式的一部分；[4] 还有的在文字上搞

---

[1] CASADESUS-MASANELL R, RICART J E. From Strategy to Business Models and onto Tactics [J]. Long Range Planning, 2010, 43（2-3）：195-215.

[2] FOURIE L C H, MANSFIELD G M. Strategy and Business Models-Strange Bedfellows? A Case for Convergence and Its Evolution into Strategic Architecture [J]. South African Journal of Business Management, 2004, 35（1）：35-44.

[3] SANTOS J, SPECTOR B, VAN DER HEYDEN L. Toward a Theory of Business Model Innovation within Incumbent Firms [J]. INSEAD Working Papers Collection, 2009（16）：1-56.

[4] HAMEL G. Leading the Revolution: How to Thrive in Turbulent Times by Making Innovation a Way of Life [M]. Boston: Harvard Business School Press, 2000：156-198.

发明，搞出"战略商业模式"①"商业模式之战略模式"②等。这么多的说法，莫衷一是，不但容易搞乱企业的思维，还有可能误导企业的实践。实话实说，这种牵强的调和意义并不大，商业模式明明就是一个新生事物，就是生而不同的，没有必要与旧事物"攀亲戚"，用旧概念去比附。

那么，商业模式与企业战略之间到底是什么关系呢？

说起来也简单，企业战略是旧商学（后现代管理学）的"当红明星"；商业模式是新商学（超现代管理学）的悄然亮相。二者研究的，虽然都是企业经营的根本性问题，许多概念术语也是相通的，但研究范式不同，认知角度不同，思维层面不同，如果硬要拉到一块儿做比较，只能是"鸡同鸭讲眼碌碌"。这两个维度完全不同的东西，就像西医和中医，虽然研究对象有许多重合，但彼此之间进行对话交流却非常困难，因为不在一个频道上。

进入新的世纪，新旧商学的更迭进程愈发明显。旧商学越发如夕阳西下，"斜晖脉脉水悠悠"，作为"帝国余晖"中的最后一抹亮色，战略管理也开始慢慢地滑向地平线。2012年11月7日，战略管理大师、哈佛大学商学院教授迈克尔·波特创办的战略咨询公司摩立特集团（Monitor Group）申请破产。当时就有学者指出，这是一个时代的终结，越来越多的企业家用脚做出了选择，企业不能靠战略来养活自己，企业不能活在自己的战略中，就像人不能整天活在自己的理想中。③多年以后再回头去看，这样一件具有里程碑意义的事件，已经不仅仅是战略管理盛极而衰的分水岭，也是整个旧商学走向衰落的关键标志。

---

① 亿图. 战略商业模式 [EB/OL].（2020-08-24）[2021-01-01]. https://www.edrawmax.cn/templates/file/1011450.
② 悟商言商. 商业模式之战略模式 [EB/OL].（2020-05-04）[2021-01-01]. https://baijiahao.baidu.com/s?id=1665669664446284873.
③ 欧俊松. 从Monitor咨询破产看战略管理咨询的衰落 [J]. 科技智囊，2013（1）：6-7.

1.1 企业战略：主观愿景

管理学的核心展开逻辑，一直存在着两种路线之争，二者针锋相对。

第一条路线由主观愿景出发。机械思维观认为，世界是线性的、确定的、可预测的，可以轻松掌控和驾驭，所以企业思考的出发点应当是自己的主观愿景，根据自身愿景去制订企业的发展规划。整个过程充盈着"我想怎么样"的豪情壮志，主观凌驾于客观之上。

第二条路线从客观实际出发。现代系统论认为，世界是非线性、非理性的、不确定的，只能应时而动，顺势而为，所以应当从企业的客观实际出发，敬畏规律，道法自然，寻找企业在客观约束下可行的生长之道。整个过程体现的是"我该怎么做"的审慎谦抑，主观服从于客观。

战略管理是第一条路线的典型代表，认为未来是可知的，世界是可驾驭的，剩下的问题，只是如何确立自己的愿景和使命，所以研究视角也就自然而然地以"自我"为中心，从这一立场出发去指点江山，去规划未来，去表达"我想怎么样"。豪气冲天的背后，是对商业世界这一充满不确定性的复杂巨系统缺乏最基本的敬畏，主观的愿景睥睨一切，这样制定出来的企业战略，成功与否真的靠运气了。

20世纪末，中国一家彩电巨头企业设定了一个雄心勃勃的战略规划：每年营收增长30%以上，10年时间成为《财富》（Fortune）世界500强企业。但后来的发展却一落千丈，甚至连企业生存都一度成了问题。问及原因，老总是这样回答的：都怪四川长虹的老总倪润峰，没事打什么价格战，价格崩盘，大家都挣不到钱，我们还怎么可能发展成世界500强企业？

这个回答，让人无语。战略管理，你能管住自己，你能管住竞争对手吗？

再来看一个例子，继续感受传统战略管理思维自身的偏颇之处。

某市相关部门想请笔者设计一个高层次人才引进的战略规划。具体来说，未来5年内全市每年引进高层次人才多少人，其中，微电子专业多少人，光电子专业多少人，硕士多少人，博士多少人……例如，2022年计划引进海外留学回国的集成电路设计方向博士100人。听完介绍后，笔者婉言谢绝邀请并解释道："人才引进就像'谈恋爱'，是你情我愿的事，不是单方面想引进就能引进的。人家硬是不来，我们能派警察从海外把人抓回来吗？不能！所以制订这种一厢情愿的战略规划毫无意义。当务之急，是尽快推出'高层次人才引进、激励、保障机制'，栽得梧桐树，自有凤凰来。至于'凤凰'每年究竟能够飞来100个还是200个，则不是我们可以左右得了的事情。"

道理很简单：战略规划，你能规划自己，你能规划得了别人吗？

以上这两个实例从不同角度说明，只考虑"我想怎么样"的企业战略，在相互博弈、相互制约、相互依存的现实世界里，是行不通的。历史从来不是单方面写成的，而是多方合力共同作用的结果。

但在过去，许多企业在制定战略时却并没有意识到这一点，往往以"我"为中心，运筹帷幄，指点江山，仿佛"我"是理所当然的主角，其他人都是天然的配角。可是，其他人不是战略棋盘上任你摆布的棋子，而是一个个活生生的自主行为主体，会以各种各样的方式与你进行博弈，怎么可能会老老实实地按照你的战略"剧本"去"演出"呢？战略规划，你能规划得了终端客户的决策吗？战略管理，你能管束得住竞争对手的行动吗？如果做不到，那些踌躇满志的企业战略目标只能是一厢情愿的，最后沦为自家小院里的黄粱一梦。

企业战略的出发点是主观愿景，制定过程同样是主观先行，也就是将一套既有的主观逻辑框架强加给研究对象，而不是找寻事物自身的逻辑。今天，企业战略制定已经标准化为一套流水线作业，套用一些"战略模型"照葫芦画瓢，就能批量生产出指引企业未来、决定企业命运的战略。可问题是，这些战略模型本身就是主观的产物，用它们制定战略，必然是主观强加于客观，又有多少科学性可言？举个例子，许多战略模型采用的都是老旧的线性思维，据此规划出来的企业发展，绝大多数是"今年增长11%，明年增长22%，后年增长33%"之类的目标，而这与非线性的真实世界的运行逻辑是相悖的。现代系统科学告诉我们，市场经济是一个复杂巨系统，各方面的非线性作用，使得直线达成目标的可能性几乎为零，因而在颠覆式创新不断涌现的今天，过去在简单线性思维下形成的"制定战略目标—通过自身努力—达成战略目标"的战略管理逻辑，更像是一种单方面的"想当然"，因为一个人、一个企业的成功，往往是其他人追求自身利益的副产品。

综上所述，战略管理处处呈现出来的，都是主观愿景凌驾于客观图景之上的傲娇。究其原因，一方面是因为单薄的机械思维支撑不起复杂的战略研究；另一方面，也是更重要的，是它对自然逻辑、经济规律缺乏起码的敬畏，[①]所以才敢如此放肆地用主观意志、主观构想代替事物自身的逻辑。殊不知，事物自身的逻辑才是管理决策最可靠的依据，管理学中真正靠得住的底层逻辑，正是经济学所揭示的那些客观规律。

---

① 卡彭特，桑德斯. 战略管理：动态观点［M］. 王迎军，韩炜，肖为群，译. 北京：机械工业出版社，2009：7.

1.2 企业战略：人造逻辑

撇开视角问题不谈，传统战略管理分析中常用的那些工具（图符模型或者字符模型），也大多"呆萌"刻板，问题多多，舛误多多。

以战略管理常用的SWOT分析法（态势分析法）为例（见图1-1）。

图1-1　SWOT分析示意

SWOT分析法通过综合比较企业自身的优势（S, Strengths）和劣势（W, Weaknesses）、面临的机遇（O, Opportunities）和挑战（T, Threats），从中找出企业可行的战略方向。看似严谨，实则不然，只消举一个反例，便可发现它的问题所在。

在井冈山革命根据地建立初期，毛泽东同志如果照搬SWOT分析法，机械地罗列优势和劣势，教条地对比机遇和挑战，会得出什么结论？决然得不出"星星之火，可以燎原"这一著名的论断，因为后者遵循的是辩证法，优势和劣势是可以转化的，机遇和挑战是可以变换的。而SWOT分析法呢？先翻出一堆相关因素，然后再将这些相互联系、相互依存的因素割裂开来，进行机械教条的对比。这种孤立静止看问题的方式，怎么可能得出正确的结论？

再譬如战略管理分析中常用的"波特五力模型"（见图1-2）。

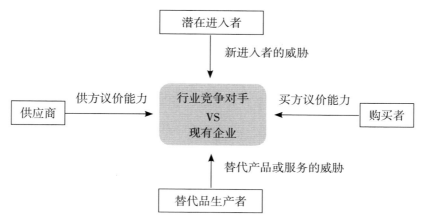

图1-2 "波特五力模型"分析示意

"波特五力模型"看上去十分完满，通过一个简单模型就能将所谓的五种"力"——供应商的议价能力、购买者的议价能力、潜在进入者的进入能力、替代品生产者的替代能力、竞争对手的竞争能力——汇总在一起做比较，从而快速揭示一个企业的战略竞争环境。

可是，战略竞争环境只有这五个方面的"力"吗？企业能对政府相关管理部门置之不理吗？企业能对互帮互衬的"小伙伴"〔例如智能手机生产商与App（应用软件）开发者〕置之不理吗？而"波特五力模型"却对这些至关紧要的因素置若罔闻，如此怎么可能得出正确的结论呢？笔者也曾试图在模型原有的基础上进行补充和完善，加入"有关部门"和"合作伙伴"，发展出"七力模型"（如图1-3所示），但终究差强人意，只能说相比原模型

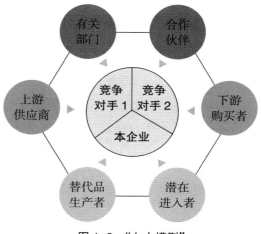

图1-3 "七力模型"

缺陷更少一点而已。

无论是"波特五力模型",还是改进后的"七力模型",都是用平面几何图形表示的管理学图符模型。实话实说,这种图符模型已经比那些在英语词典里搜寻单词然后拼凑出来的管理学字符模型(诸如 3A 管理、4B 模式、5C 理论、6P 模型、7S 原则等)好很多了,起码还有一些内在的逻辑性。然而,这种人"造"出来的管理学图符模型,如果背后缺乏坚实的经济学原理作为底层逻辑,终究只是个人的主观猜想,虽然也能自圆其说,但仍然是主观的产物。

管理学图符模型在使用时,就像在玩智力填图游戏——从 SWOT 分析法、战略环境 PEST(Political、Economic、Social、Technological,即政治、经济、社会、技术,如图 1-4 所示)分析到"波特五力模型""波特竞争战略轮盘模型"(如图 1-5 所示)等均是如此。

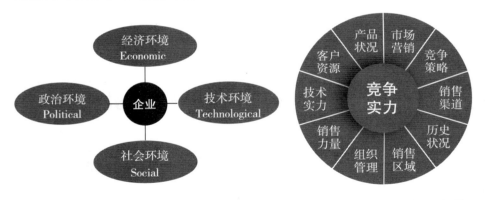

图 1-4　战略环境 PEST　　　　图 1-5　"波特竞争战略轮盘模型"

管理学字符模型在使用时,就像在玩智力拼字游戏,譬如 3C(Customer、Corporation、Competitor,即顾客、公司、竞争对手)模型[①]、5C(Compete、

---

① OHMAE K. The Mind of the Strategist: The Art of Japanese Business [M]. New York: McGraw-Hill, 1982.

Concentrate、Capture、Create、Cooperate，即竞争、集中、攫取、创造、合作）模型[1]、5P（Plan、Ploy、Pattern、Position、Perspective，即计划、计谋、模式、定位、观念）模型[2]等均是如此。

这些人造的管理学模型，做分析就像在玩游戏，自信心爆棚，所以从未对自身的适用范围加以约束，即告诉模型的使用者模型在什么情况下适用，在什么情况下不适用，结果造成了普遍的滥用。

由于人脑思维深度毕竟有限，所以能想出来的管理学模型，主要还是一些简单的、形而上学的思维框架。战略管理中充斥着大量的简易模板、固定套路和机械思维框架，照本宣科，按部就班，没有激情，没有创造，没有灵性，没有活力，没有打破常规，也没有颠覆想象。由此带来的一个尴尬现象是，许多企业家违背战略管理教科书制定出来的战略，创新性反而更强，成功率反而更高。这种情况过去很难被解释，便被神化为"战略直觉""商业悟性""第六感"[3]。其实背后真正的原因，乃是无意之中跳出了战略管理的机械思维框架。

战略管理学家们不是没有意识到危机，也对相关理论模型做了许多改良，包括将 PEST 分析升级为 PESTEL 分析（在 PEST 基础上增加 Environmental、Legal，即环境、法律）[4]，将"波特五力模型"升级为"六力模型"[5]，"发明"出新 7S 原则[6]等等，但在机械思维观的统治下，这些努力只能拼凑出更多的人造

---

[1] 王依娜. 滴滴打车如何"造血"：基于虚拟价值链理论的打车软件盈利模式研究[J]. 经济论坛，2015（12）：85-89.

[2] MINTZBERG H. The Strategy Concept I: Five Ps for Strategy [J]. California Management Review, 198vv7, 30（1）：11-24.

[3] 薛在君，刘进华. 企业战略与商业模式[M]. 北京：机械工业出版社，2016：24-30.

[4] KOZLINSKIS V. Evaluation of Business Macro Environment: Case of Economic Slowdown [J]. Journal of Business Management, 2008（1）：30-34.

[5] 项保华，李大元. 企业竞合分析新范式：六力互动模型——内涵、思路与策略[J]. 科技进步与对策，2009，26（3）：52-54.

[6] 何伟. 新 7S 与超强竞争理论[J]. 华东经济管理，1999，13（5）：66-67.

逻辑，在机械思维框架内无限"内卷"，治愈不了战略管理的"顽疾"，还使得传统管理学变得更加混乱。

人造逻辑已经成了战略管理的"顽疾"。犹太民族有一句古谚语："人类一思考，上帝就发笑。"因为有太多的人类思考，不是找寻事物自身的逻辑，而是拿着主观构想、自以为是的人造逻辑，去挑战自然逻辑，去取代自然逻辑，就像堂吉诃德一样。这种撇开事物自身逻辑、自创一套逻辑的自大做法，这种先造有色眼镜再去观察事物的蹩脚研究，已经成了战略管理走向科学的最大障碍。人造逻辑在发明之初可能会解决一点实际问题，但其误导性和危害性是无法估量的，而且会对人类的正确认识产生严重阻碍，可战略管理对人造逻辑的依赖如此之深，要想回头，"刮骨疗毒"，何其难也。对战略管理来说，"生存还是毁灭，这是个问题"。

在传统管理学中，战略管理是企业管理的核心[1]、是企业管理的灵魂[2]，如今却是三大"顽疾"缠身：主观凌驾、人造逻辑、机械思维。战略管理学如果不想随着旧商学一起慢慢逝去，就须要伐毛洗髓，脱胎换骨，才能如凤凰涅槃，浴火重生。

1.3 商业模式：自然逻辑

东汉伟大的思想家王充，针对当时盛行的封建神学，在其名著《论衡》中给出了一字千秋的光辉论断："万物自生"。按此说法，企业战略的作用就值得商榷了，万物自生，何须制定战略？企业自有其生长发育之道，又何须强加人

---

[1] 姚郁成. 战略管理是企业管理的核心[J]. 国有资产研究，1997（1）：51-52.
[2] 孙振强，鲁东岳. 战略管理是企业管理的灵魂[J]. 企业活力，2004（1）：60-63.

为的、自以为是的战略呢？

全盘否定，似乎太过极端。不过话说回来，传统战略管理确实对企业的"自生之道"不怎么重视。无论是企业生长的规律、企业进化的规律、产业演化的规律、商业生态共生的规律，还是市场规律、价值规律……在战略分析中就连影子都很难见得到，更别说对这些规律"心存敬畏，行有所止"了。如果不研究规律，不敬畏规律，那么所谓"战略就是做正确的事"[①]，就只是一句华丽的"心灵鸡汤"口号而已。

当然，板子不能都打在战略管理身上。以价值规律为例，西方主流经济学只承认主观效用，不承认客观价值，对价值规律强力封杀甚至将其压于"五行山下"，战略管理即便想遵守规律也无从谈起。

商业模式研究，如果不想重走战略管理的"弯路"，显然就要补上"敬畏规律"这一课。而补课的结果，不只是将价值规律、利润规律、商业生态共生规律等引入，同时也是用客观规律取代主观愿景，用自然逻辑取代人造逻辑，用生态思维取代机械思维，从而彻底刷新哲学观、思维观。商业模式由此走上一条全新的道路，和战略管理完全是两种维度、两个世界。

（一）传统的战略管理是机械思维，新兴的商业模式是生态思维

现代管理学诞生于 20 世纪初的机械化大生产时代，加之当时主宰人们思维的牛顿机械论，便形成了一套机械思维观：企业是一部标准化的机械装置，员工只是一颗颗螺丝钉，管理企业就是在操控一部机器，纠正每一个不符合"标准程序"的偏差，保证企业这部机器能够单调、重复、正确地运转。传统战略管理全盘继承了这一机械思维观。

今时今日，机械思维已经让位于生态思维。彼得·圣吉（Peter Senge）就

[①] 朱海权．浅析企业战略执行路径［J］．企业研究，2011（22）：13, 16.

提出"企业首先是一个人类社群"[①]。企业中,来自五湖四海的人汇聚在一起,碰撞、冲突、融合,最终形成一个姹紫嫣红、丰富多彩的人的生态系统,如同自然界的生态系统(如图 1-6 所示)。企业同时还是一个观念生态系统、文化生态系统、经济生态系统、价值生态系统……企业的发展更像是一场"生命进化"。而在企业外部,则是一个更大、更加绚丽多彩的商业生态圈。

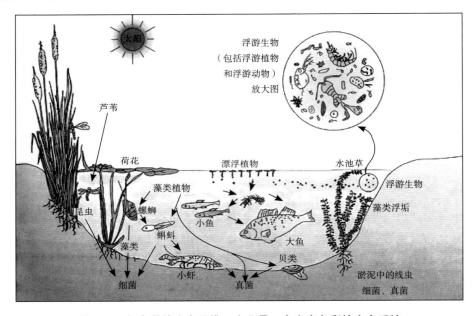

图 1-6　新商学的生态思维:企业是一个丰富多彩的生态系统

所谓商业生态圈,是指供应商、生产商、销售商、消费者、废品回收商、信息中介商、金融服务商、政府部门、行业协会、员工家庭等相互联系和作用所形成的经济共生体。其中各个参与者相互依存、互利共生,并依靠其他参与者而取得自身的生存和进化能力;其中各个环节分工协作、各司其职,推动着物质、能量、信息在生态圈中交换和流动。任何一个环节遭到破坏,都会影响

---

① SENGE P, KLEINER A, ROBERTS C, et al. The Dance of Change: The Challenges to Sustaining Momentum in Learning Organizations [J]. Performance Improvement, 1999, 38(5): 55-58.

整个商业生态圈的平衡和稳定，并最终损害商业生态圈中的各个参与者。这是新商学正在建立的全新视野。显然，与商业生态圈这一全景视野相比，传统管理学过去常用的产业链分析、供应链分析等概念，格局就显得有些狭小了。更恰当的说法，应该是商业生态圈分析。

（二）传统的战略管理是对抗理念，新兴的商业模式是共生理念

英国近代政治家、哲学家托马斯·霍布斯（Thomas Hobbes）对西方影响至深，其名言"人与人之间恰如狼与狼""所有人反对所有人的战争"更是成为西方主流商学中不言而喻的"政治正确"——倾轧同行，逼死对手。传统战略管理秉持的就是这样的理念，将市场视为一个没有硝烟但更加残酷血腥的战场，每天琢磨的，则是如何积聚自身的"战争实力"，如何打磨自身的"战争能力"，如何打垮竞争对手并消灭之，还美其名曰"竞争战略"。但事实证明，成本领先战略、差异化战略、集中化战略的"三板斧"都用上了，价格战、广告战、渠道战等"十八般兵器"也使上了，市场残酷厮杀的结果，却往往是"饿死同行，累死自己"，只落得一片废墟、满目疮痍。

新商学的生态思维观认为，同一商业生态圈里的企业，不是没有竞争，但竞争只是企业间众多关系当中的一种，此外，还有种内互助关系、互生关系、共生关系、共栖关系、寄生关系、拮抗关系、聚居关系等各种关系。商业模式研究的，正是上述立体的、多维的企业间关系，是物物相关、相生相克、共同进化的商业生态"命运共同体"，远远超越了狭隘的企业竞争关系。所以，"当今企业之间的竞争不是产品之间的竞争，而是商业模式之间的竞争"[①] 这一说法，是传统管理学的惯性思维，并不是新兴的商业模式学科自身的理念。

---

① DRUCKER P. The Daily Drucker: 366 Days of Insight and Motivation for Getting the Right Things Done [M]. New York: Harper Collins Publishers, 2004：209.

（三）传统的战略管理是主观导向的，新兴的商业模式是客观导向的

战略管理是以主观愿景为导向的，按照教科书规定的标准答案，战略制定的第一步，是确定企业的愿景、使命与目标，[①] 即"我想怎么样"。

商业模式的回答则是，对不起，这个世界不是"你要怎样就怎样"。商业生态圈是一个复杂巨系统。在商业生态圈内部，个体、种群、群落的关系错综复杂，各种未知或已知的因素纵横交织，共同发挥作用，很难分清孰为因、孰为果。结果往往是不确定的，单个企业的单方面的愿望很少能够实现。但与此同时，生态世界杂而不乱，自有其内在运行逻辑，就像一只"看不见的手"，驱动着商业生态圈的演化。商业模式研究的第一步，是调研商业生态圈，找出这只"看不见的手"以及商业生态圈里运行着的其他商业规律，并将其作为下一步研究的前提。显而易见，整个过程都是客观导向的。

（四）传统的战略管理是人造逻辑，新兴的商业模式是自然逻辑

传统战略管理的工具箱里，装的大多是主观构想出来的人造逻辑。这些自以为是的人造逻辑，虽然比自然逻辑更规整、更美观，但同时离真知也更远，不识庐山真面目，"只缘主观遮蔽眼"。

商业模式要做的，不是制造出更多的人造逻辑去取代老的人造逻辑，而是要找出事物自身的逻辑，即商业生态圈自身的运行逻辑。自然界的生态圈里，物种繁多，关系复杂，看似眼花缭乱，然则把握一条逻辑主线——食物链、食物网及其中的能量流动，就能够洞察自然生态圈的运转奥秘。商业生态圈的情况类似，企业繁多，关系复杂，看似扑朔迷离，但背后同样贯穿着一条逻辑主线——价值链、价值网及其中的价值运动。而商业模式研究，只需遵循这一自

[①] 人力资源和社会保障部人事考试中心. 工商管理专业知识与实务（中级）[M]. 北京：中国人事出版社，2019：2.

然逻辑即可。

至此我们可以回答，企业战略和商业模式到底有什么区别。二者之间不是枝枝蔓蔓的细节差异，而是"三观"的根本不同：一个是机械思维，另一个是生态视野；一个是以主观愿景为导向，另一个是以客观规律为导向；一个是人为构建的人造逻辑，另一个是事物本身的自然逻辑；一个是旧商学机械范式的最后荣耀，另一个是新商学生态范式的最初发端。

总之，商业模式的研究目的，是从价值规律、市场规律出发，在商业生态的世界里，在企业的相互依存中，寻找一种内生的、自我的企业生长、发育和进化机制，以取代过去那些人为的、主观的、外在强加的战略规划，让企业发展回归自我生态进化的轨道上来（如图1-7所示）。

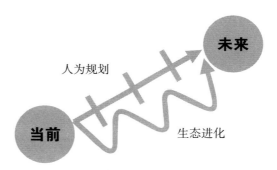

图1-7　人为规划 VS 生态进化

1.4　商业模式：自动运行

一个好的商业模式是可以自动运行的，也是可以自动盈利的，即"自运行""自盈利"。而传统战略管理从一开始就是强制性的产物，是为了将碎片化的职能管理模块强行"拢"在一起才出现的。

企业经营管理本来是一个浑然一体的有机整体，但在传统管理学中，却被硬生生地分割为行政、人事、财务、研发、生产、营销等支离破碎的一大堆"碎片"（如图1-8所示）。这种职能分割、分而治之的做法，必然造成企业内部流程碎片化、组织碎片化、管理碎片化、信息碎片化和思维碎片化，进而带来部门分割、画地为牢、推诿扯皮、敷衍塞责等管理"顽疾"。传统管理学采取的"补救"办法，便是在"碎片"之上再加一个企业战略的"紧箍儿"，试图把这一大摊支离破碎的"碎片"箍成一个整体，朝着一个战略目标前进。然而，战略目标是企业的目标，战略规划是企业的规划，不是员工的，不是合作伙伴的，须要外在地强加给它们，并且逼迫它们朝着战略目标的"正确方向"前进，时不时还要打压它们的抗拒或偏离。如此一来，美好的战略规划，就变成了强制性的战略管理。于是乎，逼迫与反逼迫、强制与反强制、打压与反打压，就贯穿于企业战略实施的全过程。

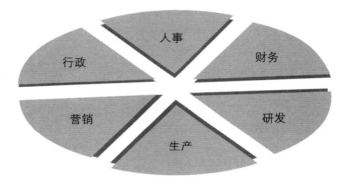

图 1-8　管理学传统视角：职能"碎片"

不同于企业战略的强推，商业模式是可以自然形成的，也是可以自动运行的。任何一家企业，只要正常地活着，就一定有自己的商业模式，而且在商业模式概念出现之前，就已经在那里自动自发地运行着了。这就给了我们一个启示：遵循自然逻辑、经过科学设计的商业模式，是可以做到像自然生成的商业模式那样自动运行的。

更具体地说，商业模式的自动运行，须要在三个方面坚守初心：遵循商业生态、遵从经济规律、遵行利益机制。

首先，是商业生态方面。商业模式设计作为企业设计的一个分支，秉持的正是商业生态思维，可以使设计出来的模式天然具备生态理念：一是生态多样性理念，每个企业都是独特而美丽的，一切从企业实际出发，量体裁衣，量身定制，给企业设计适合自己的商业模式，这样的理念，可以保证设计出来的模式最大限度地符合企业的实际；二是生态适应性理念，企竞天择，适者生存，所以设计的核心是企业自我变形、变异和进化的能力，这样的理念，保证了设计出来的模式天生"身段柔软"，能够从容应对外部环境不确定性的挑战。

其次，是经济规律方面。科学的商业模式设计，是建立在经济规律的基础之上的，既严格遵从规律，又巧妙利用规律，让经济规律为我所用、为我服务。经济规律不能违背，但在不同的局部范围内，经济规律发挥作用的形式和结果是不同的。商业模式设计，其实就是遵照经济规律的要求去构建一定的前提条件，让经济规律在局部结构中按照设计者的意图去运行。这样设计出来的商业模式，就能够借助经济规律的必然性，实现自动运行。

最后，是利益机制方面。科学的模式设计，还会对各个参与方的利益进行统筹安排，包括利益结构方面的精巧设置和控制参量方面的精心计算。这一方面会尽量消除各个参与方之间的博弈和"内耗"，从而减少商业模式的运行成本；另一方面会尽量兼顾各个参与方的利益追求，同时会借助这种利益追求，顺水推舟，自动自发地达成商业模式的预设目标。

商业模式自动运行的内在机理，可以用五个短语来概括：遵循商业生态，遵从经济规律，遵行利益机制，秉持共生理念，演化达成目标。

第 2 章
商业模式究竟是什么？

本章导读

人们对商业模式的认识，已经走过了三个阶段：商业模式 1.0（局部认知阶段）、商业模式 2.0（整体认知阶段）和商业模式 3.0（微观认知阶段）。要想透过现象看商业模式的本质，还须深入底层微观——现象在表观，逻辑在底层。商业模式究竟是什么？表观是"利益相关者的交易结构"；底层是"价值环节的生态组合"。

第 2 章
商业模式究竟是什么？

要想设计商业模式，首先就得弄清楚：商业模式究竟是什么？

这个问题不弄清楚，理论上失之毫厘，实践中就会谬以千里。

一个典型的例子：生男生女到底是由男人决定的还是由女人决定的？

起初人们直观地认为，生孩子的是女人，生男生女当然是由女人决定的，生不出儿子当然怪女人。后来，性染色体被发现，女性的组合为 X+X，两条一样；男性的组合为 X+Y，两条不一样。当女性的 X 染色体与男性的 X 染色体结合，则生女孩；当女性的 X 染色体与男性的 Y 染色体结合，则生男孩。于是一些女人觉得"冤屈"洗刷了，生不出儿子是男人的问题。再后来，生殖生理学发现，孩子是由受精卵发育而来的，卵子只有一个，只含 X 染色体；精子却有几亿个，一半含 X 染色体，一半含 Y 染色体。其中哪一个精子会与卵子结合呢？事先谁也不知道。因此，在自然生育中，生男生女到底是由谁决定的呢？由概率决定，由上天决定。无论男孩还是女孩，都是上天的礼物！

人类的认知过程似乎天然存在一个"三段论"。要把握事物的本质，没有捷径可走，必须经历三个阶段：先局部，再整体，后微观。人们对商业模式的认知，同样经历了三个阶段，就像盲人摸象一样，从 1.0 到 2.0 再到 3.0。三个回合下来，才算真正看清了商业模式的内在本质。

2.1 商业模式认知：从 1.0 到 2.0 再到 3.0

商业模式一词，最早是由美国著名经济学家约瑟夫·熊彼特（Joseph

Schumpeter）于1939年提出来的，[①]但在随后的几十年里乏人问津，直到20世纪末，才又开始见诸报端。21世纪初，随着电子商务和互联网创业的兴起，中国的企业界开始关注商业模式问题，并引发学术界的跟进研究。2009年，魏炜、朱武祥两位教授首次出版《发现商业模式》一书，恰如当年的哥伦布，将一块"新大陆"展现在了世人面前。这是一部开辟鸿蒙的著作，也是国内少有的构建原创商学理论体系的著作。从此以后，中国商业模式研究便驶入了"快车道"，人们对商业模式的认知一日千里，短短数年，即从1.0发展到了3.0。

（一）商业模式1.0：局部认知阶段

在这个阶段，少数先行者懵懵懂懂地闯入了商业模式这片既神秘又陌生的未知研究领域，初步获得了一些感性认识。譬如，商业模式说明企业如何运作；[②]商业模式描述企业如何持续获得利润；[③]商业模式是赚钱的方式；[④]商业模式是一种交易内容、结构和治理设计，人们据此可以更好地把握和利用商业机会[⑤]……这些早期的认识零碎而粗浅，就像盲人摸象（如图2-1所示）一样，张三摸到大象的耳朵，说它像蒲扇；李四摸到大象的身子，说它像堵墙；王五摸到大象的腿，说它像柱子；马六摸到大象的尾巴，说它像草绳……谁都没错，谁也不对。

[①] SCHUMPETER J A. Capitalism, Socialism, and Democracy [J]. American Economic Review, 1942, 3（4）：594-602.

[②] MAGRETTA J. Why Business Models Matter [J]. Harvard Business Review, 2002, 80（5）：86-92.

[③] STEWART D W, ZHAO Q. Internet Marketing, Business Models and Public Policy [J]. Journal of Public Policy & Marketing, 2000, 19（3）：287-296.

[④] COLVIN G. What's Love got to do with it [J]. Fortune, 2001, 144（9）：60.

[⑤] AMIT R, ZOTT C. Value Creation in E-business [J]. Strategic Management Journal, 2001, 22（6-7）：493-520.

图 2-1 盲人摸象，逐步接近真相

盲人摸象虽然以偏概全，但毕竟实事求是，有一说一，有二说二，应当予以"点赞"。然时至今日，人们已经看清了大象的全貌，如果还有人说大象像草绳，就会闹笑话。同样，今时今日，人们已经看清了商业模式的全貌，如果还有人固执地宣称"商业模式是盈利模式""商业模式是企业赚钱的方式"，就属于知错不改、执迷不返了。

（二）商业模式 2.0：整体认知阶段

盲人摸象，如果时间足够，一点一点地摸，把大象上上下下、里里外外、前前后后都摸个遍，最后总能摸出一头大象的完整形象：长长的鼻子、厚厚的身子、大大的耳朵、粗粗的腿、细细的尾巴……这是盲人通过反复地摸，在摸的过程当中不断清晰起来的整体认识。

商业模式的 2.0，也是从局部认知上升到整体认识的阶段。只是不同的学者，虽然看到的是同一头"大象"，但归纳角度不同、概括逻辑不同，得出的结论也就不同，因而提出了形形色色、五花八门的商业模式组成要素说，粗算下来，说法已近百种。譬如商业模式三要素说Ⅰ（客户价值主张、资源和生产过程、盈利公式）[①]，商业模式三要素说Ⅱ（价值主张、价值支撑、价值保持）[②]，商业模式三要素说Ⅲ（市场定位、经营系统、盈利模式）[③]（如图2-2所示），商业模式四要素说（客户界面、战略资源、核心战略、价值网络）[④]，商业模式五要素说（利润源、利润点、利润渠、利润杠杆、利润屏障）[⑤]，商业模式六要素说（定位、业务系统、盈利模式、关键资源能力、现金流结构、企业价值）[⑥]（如图2-3所示），商业模式九要素说（价值主张、目标客户、分销渠道、客户关系、盈利模式、核心竞争力、资源配置、合作伙伴、成本结构）[⑦]（如图2-4所示），商业模式3-4-8构成要素说（3种联系界面、4种构成单元、8种组成要素）[⑧]……凡此种种的商业模式组成要素说，都是在摸完商业模式这头"大象"的各个部位之后，再以某种自创的"逻辑结构"呈现出来，形成了对商业模式的某种全面认识。

各式各样的"要素说"及其几何框图，各有各的道理，而且都很有说服力。只是这些道理大多不是从公认的经济学原理中推导出来的，而是通过个人的主观构想发明出来的。这样做，等于又走回传统战略管理的老路——"主观构想，人造逻辑"，人造一套逻辑强加给事物，而不是具体事物具体分析，找寻每个事物自身的逻辑。由于人造逻辑"造"起来比较容易，所以形形色色的"要素

[①] JOHNSON M W, CHRISTENSEN C C, KAGERMANN H. Reinventing Your Business Model [J]. Harvard Business Review, 2008, 87（12）：52-60.

[②] 翁君奕. 商务模式创新：企业经营"魔方"的旋启 [M]. 北京：经济管理出版社，2004.

[③] 张敬伟，王迎军. 基于价值三角形逻辑的商业模式概念模型研究 [J]. 外国经济与管理，2010，32（6）：1-8.

[④] HAMEL G. Leading the Revolution: An Interview with Gary Hamel [J]. Strategy & Leadership, 2001, 29（1）：4-10.

[⑤] 栗学思. 商业模式设计五步法 [J]. 经理人内参，2010（7）：43-44.

[⑥] 魏炜，朱武祥. 发现商业模式 [M]. 北京：机械工业出版社，2009.

[⑦] 奥斯特瓦德，皮尼厄. 商业模式新生代 [M]. 王帅，毛心宇，严威，译. 北京：机械工业出版社，2011.

[⑧] 原磊. 商业模式分类问题研究 [J]. 中国软科学，2008（5）：35-44.

说"不断涌现,数不胜数,进而形成一种尴尬的局面:本来想另辟蹊径、推陈出新的商业模式研究,反而越来越像战略管理了,甚至大有"熔于一炉"之势,

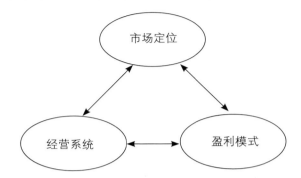

图 2-2 商业模式三要素说 III

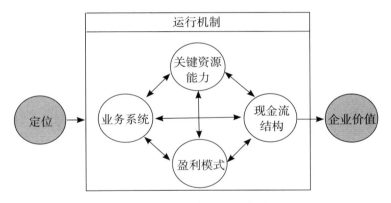

图 2-3 商业模式六要素说

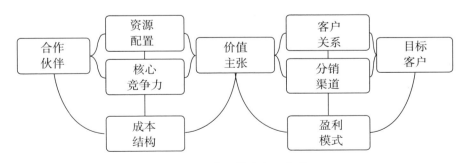

图 2-4 商业模式九要素说

搞得企业家和管理者们都分不清谁是谁了。试图在管理学丛林[①]中开辟出一条新路的商业模式研究，结果却成了丛林本身。

这种人造逻辑，在帮助人们认识和理解新生事物方面确实能够起到一定的作用，但其负面效应也不容忽视：一是人造逻辑造起来不难，所以说法众多，莫衷一是，容易带来商业模式认识上的混乱；二是人造逻辑是人脑的主观构想，但人脑的思维深度毕竟有限，所以想出来的商业模式模型，主要是一些简易的框架；三是人造逻辑是主观先行的——未见事物先有逻辑，未见企业先有模板。研究者和企业管理者可能会拿着既定的商业模式分析模板到处套，按照人为设定好的"切法"，将对象企业分解成若干个"组成部分"或"构成要素"，而不是顺着事物的自身纹理进行解剖，这是庖丁"剁"牛，而不是庖丁"解"牛。

更重要的是，要素说属于结构剖析，而结构剖析到底能不能把握住商业模式的真谛，还要打一个大大的问号。因为"开膛破肚""大卸八块"，只能看到有形的"筋骨皮"，看不到无形的"精气神"，更不要说触及商业模式"活的灵魂"了，正如将大象的身子、耳朵、腿、尾巴等各部分重新"拼装"在一起，也得不到一头活生生的大象。

（三）商业模式3.0：微观认知阶段

要想把握商业模式的内在本质，研究须要向更深处漫溯，而不能仅停留在外在形象和组成部分的描述上。

仍以盲人摸象为例，如果摸到的大象先天残疾，天生没有耳朵和尾巴，那么它还是大象吗？外观长相迥异或组成部分缺失，也仍然是大象！现代生命科学进展使得人们对大象的认识，从表面的要素组成深入微观的基因组成。大象

---

① KOONTZ, H. The Management Theory Jungle Revisited [J]. Academy of Management Review, 1980, 5（2）: 175-188.

长不长耳朵、长不长尾巴、长什么样的耳朵和尾巴，都是由基因决定的，这套基因组才是大象的本质。对大象的认定乃至品种的鉴别，外观描述也罢，组成要素也罢，都不如基因检测来得准确，因为它直接抓住了事物的本质。

事物的本质隐藏在微观层面，事物运行的底层逻辑同样隐藏在微观层面，就连许多表层现象，也只有下沉到微观层面才能看明白，因为表观层面的两种现象之间往往不是直接产生联系的，而是存在一个"表—里—表"（表层现象—底层逻辑—表层现象）的迂回过程。如父亲的血型是 AB 型，母亲是 O 型，孩子的血型则是与父母完全不同的 A 型或 B 型！（如图 2-5 所示）如果只在表观层面看问题，是理解不了的。

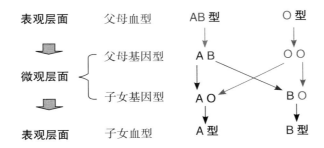

图 2-5　认识事物本质，须要下沉到微观层面

深化对商业模式的认识，同样要进入微观世界，要到微观层面上去考察商业模式的微观构造，去寻找商业模式纷繁芜杂的外在形态背后的简单逻辑，即要透过表现型去看基因型。这便是商业模式在 3.0 的主要研究内容，也即回答三个问题：商业模式的微观构造是什么？商业模式运行的底层逻辑是什么？每一种商业模式背后对应的"基因密码"是什么，如何变异和进化？

当然，探秘微观世界，不能像以往那样仅凭"肉眼"观察，而要在头脑里树立起"宏观—微观""表现型—基因型""外在形式—内在因素"的双层思维，才能透过表观层面去洞察商业模式的微观奥秘。

2.2 商业模式的"基因密码"

研究企业的商业模式，正如研究生物的遗传变异，也可以从两个层面入手：表现型和基因型。

表现型即肉眼可见的企业实体层面。企业众多的外在性状，譬如所属行业、主营业务、收入来源、资产规模、客户构成，以及与其他企业的商业交易关系等，都属于商业模式的表现型。但如果我们只研究表现型，对商业模式的了解，将会只有一半，而且是浮于表面的那一半。在表现型的背后，商业模式的基因型又是什么呢？

珠三角地区许多制造型企业的发展历程，同时也是商业模式的演化历程。考察这一历程，不难理解商业模式的基因型。

首先画出整条价值链，一条价值链是由若干个价值环节组成的，从研发开始，到设计、采购物流、生产制造、市场营销、销售物流、批发、零售，直至售后服务。如果是一体化企业，所有环节都由自己设立相应的部门完成；如果是专业化分工，各个环节则由不同企业分头完成，如图2-6所示。

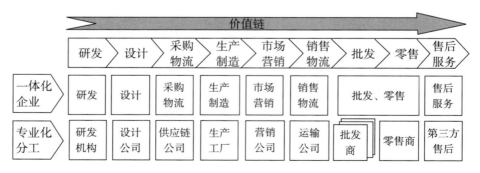

图2-6 价值链：一体化企业与专业化分工

改革开放之初,大部分珠三角企业一穷二白,要资金没资金,要技术没技术,就连原材料在国内都很难买到。于是这些企业选择和海外公司合作,由海外公司提供原材料、图纸、设备和品牌,产品生产出来,也是交由海外公司销售。换言之,珠三角企业在整条价值链上只做了一个环节——生产制造,其他环节均由海外公司完成。这便是"三来一补"中的CMT(Cutting,Making,Trimming,即来料加工)模式,如图2-7所示。

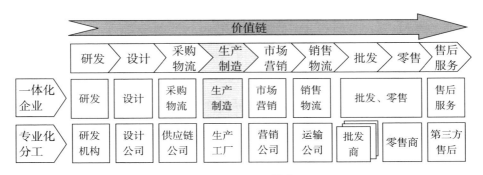

图 2-7　CMT 模式

随着时间推移,珠三角企业完成了原始资金积累,国内原料供应也有了保障,而且价格更低、质量更好,于是采购物流环节便由海外公司转移给了国内企业,即变为OEM(Original Entrusted Manufacture,即委托制造)模式,也称"代工"模式,如图2-8所示。

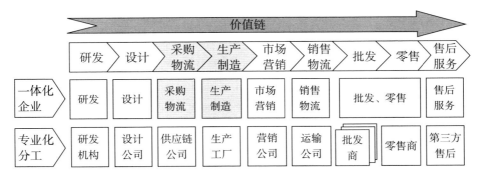

图 2-8　OEM 模式

再后来，随着珠三角企业的技术实力增强，又承接了研发和设计这两个环节，商业模式即从 OEM 模式变为 ODM（Original Design Manufacture，即委托设计与制造）模式，如图 2-9 所示。

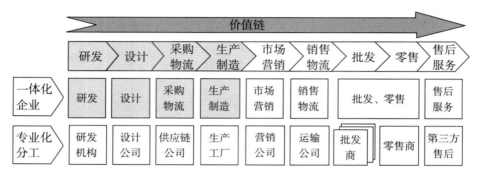

图 2-9　ODM 模式

有一些珠三角企业，不甘于只做代工，还想做自己的品牌。而做自有品牌，就要求在整条价值链上，要亲自承担市场营销和销售物流两个环节，商业模式即变为 OBM（Original Brand Manufacture，即代工厂自有品牌运营）模式，如图 2-10 所示。

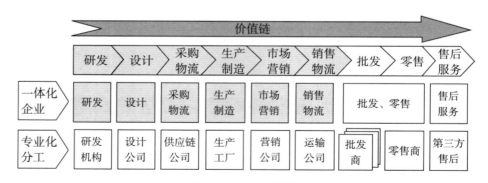

图 2-10　OBM 模式

如果一家企业，从研发到售后服务，将价值链上的所有环节都干了，商业模式就又发生了改变，变成了全价值链模式，如图 2-11 所示。

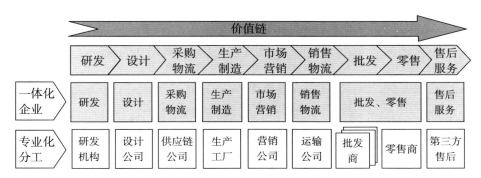

图 2-11　全价值链模式

从 CMT 模式到 OEM 模式到 ODM 模式到 OBM 模式再到全价值链模式，珠三角企业的商业模式不断发生改变，那么问题来了：到底是什么变化导致商业模式发生了改变？很简单，在整条价值链上，企业所拥有的价值环节都发生了变化——你的增加了，别的企业的就要相应减少，价值环节在不同企业之间的分布、排列与组合就会发生变化，从而导致商业模式发生变化。一言以蔽之，是价值环节变化引发了商业模式变化！

所谓价值环节，是价值链的基本组成单位，是价值链上能够导致价值发生变化的最小功能片段，就像染色体上的 DNA 片段（基因）。价值链是由一系列价值环节组成的，对价值链不断地进行分解，直至分解到无法再分解的最小功能单位，即价值环节。通俗地理解，价值环节是价值链上可以单独拿出来成立企业在市场上赚钱的最小单元。

以前述的分析为例，研发、设计、售后服务等环节，其实还不是最小功能单位，还可以继续分解。譬如售后服务，就可以继续分解为送货上门、安装调试、使用培训、定期保养、故障维修、废旧产品回收等环节，分解到这种程度，才能被称为价值环节（如图 2-12 所示）。举个例子，给彩电企业做第三方服务，成立"棒棒公司"，帮助彩电企业送货上门，每台 100 元，送货上门就是一个价值环节，只做送货上门就是一种商业模式；成立"螺丝刀公司"，帮助彩电企业做安装调试，每台 200 元，安装调试就是一个价值环节，只做安装调试也是一种商业模式；当然，也可以成立"棒棒＋螺丝刀公司"，送货上门和安装调试这两个价值环节都做，则又变成了第三种商业模式。

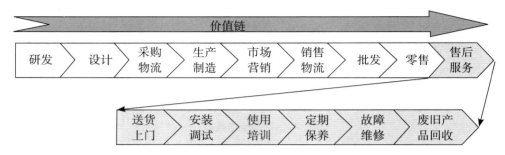

图 2-12　价值链上的基本功能单位——价值环节

一条价值链上，价值环节的总数是相对固定的，从数个到数万个不等。譬如现代芯片产业价值链的价值环节近十万个，是最长的价值链之一（见图 2-13），既可以全部交由一家企业完成（全价值链模式），也可以分拆给多家企业，再通

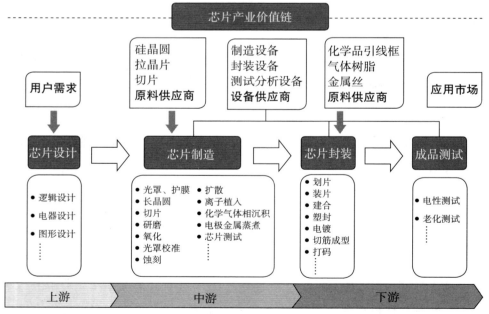

图 2-13　现代芯片产业价值链，最长的价值链之一 ①

---

① 转引自托比研究. 中国半导体产业发展情况浅析 [EB/OL]．（2019-08-21）[2021-01-01]. https://www.sohu.com/a/335354292_129010

过交易连接起来，重新形成一条完整的价值链。不同的分布方式和连接方式，就会形成不同的商业模式。由此可见，价值环节在企业之间的分布与组合，是理解商业模式的关键。

至此我们不难得出结论：价值链上的价值环节就是商业模式的"基因"；价值环节的分布与组合，则构成了商业模式的"基因型"。

2.3 民营快递的模式变革

以上我们讨论了制造型企业的商业模式与价值环节之间的关系，发现：企业拥有的价值环节不断增加，从单个环节变化到全价值链，商业模式便随之发生改变，价值环节就是商业模式的"基因"片段。那么，在服务型企业中，譬如民营快递企业中，情况也是这样的吗？

民营快递企业在出现之初，其实并不完全符合当时的邮政法规，但巨大的利润空间，使得以农民为主体的千军万马纷纷杀入快递业，抢食一杯羹。恰如托马斯·约瑟夫·邓宁（Thomas Joseph Dunning）的名言：（资本）有百分之二十的利润，它就活跃起来；有百分之五十的利润，它就铤而走险；为了百分之一百的利润，它就敢践踏一切人间法律。这些如雨后野草般生长起来的民营快递企业，很快就不满足于小打小闹、混口饭吃了。它们开始铺设全国性的快递网络，抢占全国市场。这意味着，要在全国范围建立起成千上万的网点和中转站，其中所需的资金、人才、人脉等资源数量可以用"海量"来形容，资源又从哪儿来呢？

快递业具有典型的网络效应，每增加一个新的网点，客户可以寄达的地方就会增加，老网点对客户的服务能力就会增强，快递单量就会增多，就能更好地分摊成本，提升市场竞争力。因此，尽快形成覆盖全国的快递网络，对快递企业来说，是关系到生死存亡的大事。

同时，快递是一个时效性要求极高、协同性要求极强的行业，从揽件开始到派件结束，中间往往只有两三天时间，却要完成十多个步骤和环节，并且环环相扣，无缝衔接，不能有丝毫差错。为了保证全程做到这一点，中国邮政速递物流（EMS）和国际四大快递巨头（FedEx、DHL、UPS、TNT）都采用了全价值链模式（有人从外在形态上将其称为直营模式），所有的环节全部自己做，包括在全国范围内铺设自己的直营网点，统一建设，统一运营，统一管理，统一指挥，统一调度。

可这套模式，刚起步的民营快递企业根本"玩不起"。在广阔的中华大地上铺设全国性的快递网络，意味着在每一个社区、每一个乡镇都要设立直营网点，巨额的资金从哪儿来？海量的人才又从哪儿来？即便砸钱设立了直营网点，能不能在当地立足也是个问题。怎么办？

上海申通快递总公司通过商业模式变革解决了上述难题，怎么做到的？老办法，先画出整条价值链及之前的商业模式（见图2-14）。

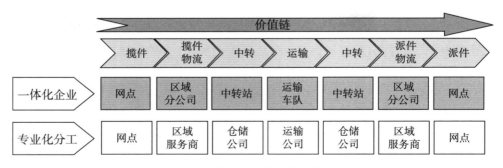

图2-14 快递行业的全价值链模式

整条价值链两端的价值环节，也就是本地业务——延伸到市县乡镇的揽件和揽件物流、派件和派件物流——是申通快递总公司力所不能及的，只能交给第三方去做。可如果采用承包制，第三方与总公司之间只有经济利益关系，第三方就有可能不服从总公司的调度和指挥，所以也行不通。承包不行，直营也不行，申通快递总公司于是选择走中间道路，也就是将特许加盟模式引入快递行业，在当地招揽加盟商，将本地业务交给加盟商负责。加盟商既相对独立，又受总部调度，从而一举解决了资金、人才、人脉等资源瓶颈问题。不过考虑到网点数量成千上万，如果以网点为单位进行加盟，会导致总部的交易成本过高，所以申通快递总公司实行的不是网点加盟，而是区域加盟模式，即把一个地区的分公司及其下辖的网点，全都交给区域加盟商负责和打理。

此外，现代管理学对有些类型的管理问题"先天无能"，譬如"公家养车比私人养车贵"，所以申通快递总公司干脆将运输环节也外包出去，只留下中转环节在自己手上，以便对整条价值链进行必要的调控。新的商业模式如图2-15所示。

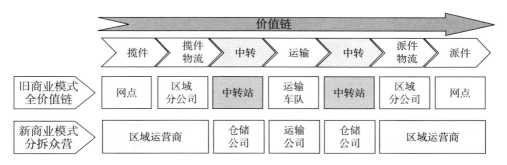

图2-15　申通快递的商业模式变革

申通快递模式变革的例子再次说明，价值环节就是商业模式的"基因"，变化价值环节的分布与组合，就能变换出新的商业模式。

不难看出，在申通快递的模式变革中，价值环节的变化是第一位的，交易方式的变化是第二位的。本地业务须要外放给第三方，至于采用承包还是加盟，主要看哪种交易方式更有利于价值链的可持续运行。

2.4 商业模式到底是什么？

人们早就意识到价值链的客观存在，只不过因为关注重点和使用场景不同，所以出现了产业链[①]、供应链[②]、需求链[③]、供需链[④]、经济链[⑤]、经营链[⑥]、服务链[⑦]、生态链[⑧]等各种说法，而在这些形形色色的"链"的背后，则是无形的、起着决定性作用的价值链。

价值链的客观存在，源于价值的客观存在、价值生命周期的客观存在，即价值从无到有、从生到死的生命过程。价值"诞生"后，或者说价值被创造出来以后，还会继续向前运动，历经增值、交换等环节，最后因为使用或消费而不断被消耗（如折旧）直至消亡。在时间上表现为价值生命周期，在空间上呈现为价值链。

价值的生命周期（价值链）：创造→增值→交换→消耗→消亡。

[①] 张文合. 青海省工业战略性优势产业群抉择[J]. 北京师范学院学报（自然科学版），1988（3）：55-61.

[②] 日本交通政策研究会グローバルロジスティクス研究プロジェクト. Supply Chain Management and Global Logistics of Multinational Companies [J]. Yale Law Journal, 1906, 15（3）：146.

[③] TREVILLE S D, SHAPIRO R D, HAMERI A P. From Supply Chain to Demand Chain: The Role of Lead Time Reduction in Improving Demand Chain Performance [J]. Journal of Operations Management, 2004, 21（6）：613-627.

[④] 柴跃廷，韩坚，吴澄. 敏捷供需链及其管理[J]. 中国机械工程，2000（3）：352-355.

[⑤] 德鲁克. 21世纪的管理挑战：德鲁克管理经典[M]. 朱雁斌，译. 北京：机械工业出版社，2006.

[⑥] 李丹. 企业经营危机与核心经营链[J]. 经营与管理，2000（1）：41-42.

[⑦] 胡正华，宁宣熙. 服务链概念、模型及其应用[J]. 商业研究，2003（7）：111-114.

[⑧] 王森. 生态工业：一种新的假说[J]. 中国工业经济，1991（7）：77-78.

为便于进行价值链分析，有必要建立一套图符系统，如图 2-16 所示。

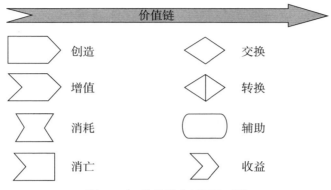

图 2-16　价值链分析图符系统

以大家喜欢的果汁饮料为例，水果品种选育属于价值创造环节（价值从 0 到 1）；种植采摘、果汁加工、调配灌装、市场营销、物流配送等属于价值增值环节（价值从 1 到 100）；市场销售属于价值交换环节；杀菌、冷藏、储存等是为了减少价值消耗；消费者购买以后，果汁饮料被喝到肚子里消化了，无影无踪了，荡然无存了，就属于价值消亡环节。整个过程如图 2-17 所示。

图 2-17　果汁饮料的价值运动

自然经济时代，这条链上的所有价值环节，很可能都是由一家手工作坊自己完成的——自己育种，自己种植，自己采摘，自己榨汁，自己灌装，自己销售，没有必要研究商业模式。但是随着社会化大生产的出现，按照专业分工原则，完整的价值链被打碎了，不同的价值环节被分布到不同的企业中。譬如，品种选育有专门的育种公司，种植采摘有专门的种植农场，果汁加工有专门的果汁加工厂，调配灌装有专门的果汁饮料企业，市场营销有专门的广告公司，物流配送有专门的运输公司，市场销售有专门的批发商、零售商……如图 2-18 所示。

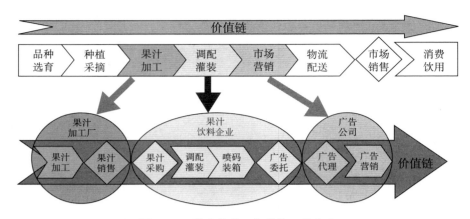

图 2-18　社会化分工与价值环节分布

分布到不同企业的价值环节，又通过交易方式再次连接起来，在更广阔的社会范围内，重新连接成一条完整的价值链。多条价值链纵横交织，便形成了价值网，如图 2-19 所示。

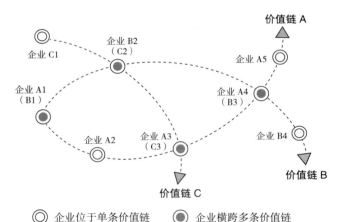

图 2-19　价值链纵横交织成价值网

在此基础上，我们便可以展开讨论：商业模式究竟是什么？

魏炜、朱武祥两位教授给商业模式下过一个定义：利益相关者的交易结构。[①]

这一定义颠覆了传统管理学的研究视角，不再以自我为中心，不再从单个

---

① 魏炜，李飞，朱武祥. 商业模式学原理［M］. 北京：北京大学出版社，2020：3.

企业的角度去思考问题，而是跳上云端俯瞰众生，在广阔的视野里考察企业与企业的相互博弈，并在这种互动中把握个体的生存法则，从而开创了管理学研究的新视野。

不过，如果细究起来，这一定义还有不少的含糊之处，甚至可以说是一种"未完成状态"。

首先，"利益相关者"的边界是什么，并不清晰。谁是"利益相关者"，谁不是"利益相关者"，边界应该划在哪儿？对这些问题须要给出清晰明了的指引，否则实践中就没有办法操作。可这个划分标准恰恰是给不出来的，因为世界不是非黑即白的。按照美国心理学家斯坦利·米尔格兰姆（Stanley Milgram）的"六度分离理论"，最多通过5个人，你就能认识世界上的任何一个陌生人，并产生某种关联。① 因此，在这个相互依存、休戚与共的"人类命运共同体"中，又有谁和谁不是"利益相关者"呢？

其次，"交易结构"的内涵是什么，并不清晰。虽然魏炜教授、朱武祥教授给出过一个多达12项要素（交易主体、交易内容、资源、交易方式、构型、角色、能力、关系、收支方式、收支来源、现金流结构、价格）的复杂描述②，但这些要素都停留在肉眼可见的表观层面。而早在2001年，商业模式研究的先行者奥托·彼得洛维奇（Otto Petrovic）就已经明确地指出：商业模式不是对利益相关者关系的描述，商业模式真正研究的，是在相关者的关系背后的商业系统创造价值的逻辑。③ 简言之，交易结构只是外在的呈现形式，价值创造的逻辑才是商业模式真正的内涵。

因此，交易结构的定义不是终点，而是起点。在此基础上继续向前进，由表及里，由宏入微，便可获得对商业模式更深一层的认知。

---

① MILGRAM S. The Small World Problem [J]. Psychology Today, 1967, 2（1）：60-67.
② 魏炜，李飞，朱武祥. 商业模式学原理[M]. 北京：北京大学出版社，2020：55.
③ PETROVIC O, KITTL C, Teksten R D. Developing Business Models for E-business[C]. Proceedings of the International Conference on Electronic Commerce, Austria, 2001.

市场经济中，交易的实质是价值交换。交易结构指经常性的价值交换结构，只换一两次的，不是交易结构。而经常性的交换，意味着必然存在源源不断的创造、增值、消耗等价值的新陈代谢活动，同时承载这些活动的价值环节，还要分布于不同的企业。由此可得出结论：交易结构的背后，是价值交换结构；价值交换结构的背后，是价值环节在企业之间的分布与组合。

事实上，把交易结构中的每一家企业都掰开揉碎了，就会发现，任何一家企业都是价值环节的组合体，都可以分解成若干价值环节。这些环节包括价值创造环节、价值增值环节、价值交换环节以及辅助环节四种类型。企业之间的关系，到了微观层面上，就是价值环节之间的关系。

因此，"利益相关者的交易结构"，是站在交易主体层面而言的。可如果透过交易主体这层炫彩外壳往深了看，往更深的微观层面看，则会看到分散在各个企业中的价值环节通过各种交易方式重新连接起来并纵横交错形成的立体组合、生态组合。宏观层面上的"利益相关者的交易结构"，到了微观层面上，就变成了"跨企业的价值环节的生态组合"。由于生态组合几乎都是"跨企业"的，所以表述可以简化为"价值环节的生态组合"，如图2-20所示。

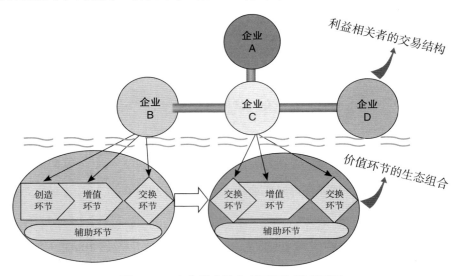

图 2-20　商业模式的宏观层面与微观层面

由是，我们将商业模式重新定义为：价值环节的生态组合。

这一定义和魏炜、朱武祥的定义既相通又不相同。研究视角是相通的——都将研究视角从单个企业扩展到了全体相关者；研究层面是不同的——一个停留在宏观的企业层面，另一个深入微观的价值层面。

企业层面的研究不可或缺。把握一个事物，首先要了解它的外在特征与构成。但研究毕竟要向深层次迈进，即便是生态学，要想揭示更内在的规律，也得到"基因"层面上展开研究。商业模式也是如此，不仅要在肉眼可见的企业层面上去分析"利益相关者的交易结构"，还要到肉眼看不见的基因层面上去研究"价值环节的生态组合"。利益相关者、交易结构只是性状表现，价值环节、生态组合才是基因构造。宏微观相结合，才有可能完整地把握商业模式及其变化规律。

当然，"价值环节的生态组合"这一新的定义，并不是"利益相关者的交易结构"定义在微观层面的翻版，因为前者考察的范围要比后者更加立体和全面——既包括价值的交易环节，也包括价值的创造、增值、消耗和消亡环节；既包括单条价值链上的价值环节排列组合，也包括多条价值链的交叉、重合、嫁接、杂交等——涵盖范围已经远远超过了"利益相关者的交易结构"。

深圳市家易通家政服务有限公司（以下简称家易通）的例子说明，商业模式不仅仅是利益相关者的交易结构。

传统的家政公司其实是中介公司，一头是阿姨，另一头是雇主，家政公司把阿姨介绍给雇主，从中收取中介费。中介费通常是阿姨一个月的工资。

家易通想打造"中式菲佣"，服务国内高端家庭，所以在商业模式上做了大胆创新。家易通雇佣阿姨后，先进行技能培训，最重要的，是培训阿姨使用平板电脑看视频的能力。阿姨到雇主家中上班，是带着平板电脑去的，而平板电脑则连着家易通的后台数据库，数据库里存放着大量操作视频，包括烹饪、熨烫等工作的详细步骤。一般的阿姨只懂一两个菜系，但家易通的阿姨却几乎什么菜系都会做。雇主想换一种新的口味，阿姨只要在平板电脑上点开视频，一步一步照着做下来即可。虽然离五星级大厨还有差距，但味道也是像模像样的。一般的阿姨只会照顾猫猫狗狗，面对特殊的宠物譬如蜥蜴、角蛙等就束手无策了，而家易通的阿姨打开平板电脑，各种宠物照顾事宜都在视频里讲得很清楚，照着操作就能八九不离十。如果遇到身患特殊病症的老人，家易通的视频会教阿姨如何去照顾，而且还会定时提醒（如图 2-21 所示）。这么无所不能的阿姨，工资自然比一般的阿姨高出一大截。

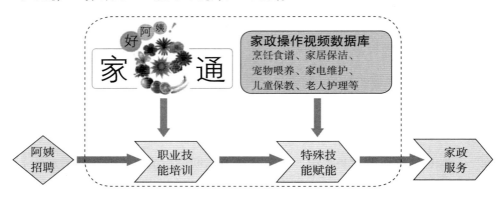

图 2-21　家易通：不改变交易结构的商业模式创新

家易通的探索已经成为商业模式创新的典型案例。① 和一般的家政公司相比，家易通的交易结构并没有变化——一头是阿姨，另一头是雇主，而且也是以阿姨一个月的工资作为中介费，只是阿姨的工资上涨，家易通的中介收入也就跟着水涨船高。交易结构没变，商业模式却变了，因为阿姨的劳动力价值发生了变化，价值创造和增值环节发生了变化。

这个典型案例说明，商业模式不仅是利益相关者的交易结构。将商业模式

---

① 谢罗群. 建设智慧社区，重塑商业模式：专访深圳家易通达公司董事长张践 [J]. 中国物业管理，2013（8）：36-37.

定义为"交易结构",只研究价值的交换,不研究价值的创造、增值、消耗乃至消亡,显然是不全面的。因为交易只是价值运动的一部分,价值的实现固然依赖相关方的交易,但价值的创造和增值还要依赖研究和生产,价值的消耗和消亡还要依赖消费和使用。将视野局限在交易结构上,就有可能"只见树木,不见森林"。

仅管还存在一些争议,但"利益相关者的交易结构"这一定义对商业模式的认知高度却是"飞步凌绝顶""回首白云低"。新的定义"价值环节的生态组合"也是在巨人肩膀上的继续深化。在接下来的章节中,我们将细致分析价值环节、价值链乃至价值本身,从中找出商业模式生成、遗传、变异和进化的微观逻辑,从而为商业模式的创新设计提供理论依据。

第 3 章
价值环节：商业模式的基因

本章导读

价值环节是价值链上的基本功能单位，是商业模式背后的基因；基因或其组合发生变化，就有可能产生新的商业物种。商业模式的基因工程主要分为四种类型：单个价值环节的基因突变、多个价值环节的基因重组、整条价值链的变异以及跨价值链的杂合。

第 3 章
价值环节：商业模式的基因

在微观层面上，商业模式被重新定义如下：价值环节的生态组合。

价值环节是价值链上具有价值变化效应的片段，正如基因是染色体上具有遗传效应的片段，价值环节则是商业模式的基因。

在生命的世界里，染色体上的基因或其排列组合发生变化，生物体就有可能发生变异，甚至演变出新的生物"物种"。同样，在商业的世界里，价值链上的价值环节或其分布组合发生变化，企业的商业模式就有可能随之发生变化，甚至产生出新的商业"物种"。

那么，价值环节都有哪些类型？在企业中又是如何分布组合的？都会发生哪些变化？如何带动商业模式的变化？让我们一一解析之。

3.1 企业内部的价值环节

企业最传统的赚钱方式，是买进原材料，加工成产品后，再卖给客户。正常情况下，企业卖出去的产品要比买进来的原材料贵一些，为什么会这样？原因很简单：从原材料变成产品，在此过程中，企业创造或者增加了价值。

这说明，一个正常的企业，在其内部必然存在着价值创造环节或者增值环节。其中，使价值从 0 到 1 的环节，被称为价值创造环节，譬如品种选育、新品研发、创意设计等；使价值从 1 到 100 的，被称为价值增值环节，譬如生产制造、广告营销、物流配送等。这两个环节可以合在一起统称为价值创增环节。价值创增环节是企业能不能活下去的关键依据。一个不能创增价值的企业，迟早会遭遇"社会性死亡"。所以在经济生活中，有没有价值创增环节是判断一个企业是否正常的重要依据,像洗钱公司、电信诈骗公司等,大多没有价值创增环节。

除了价值创增环节,企业内部还必须配备价值交换环节,包括向上游的采购、向下游的销售等。须要说明的是,批发、零售等销售环节能否使价值增值,要分具体情况。创造出来的价值是一种时空分布,会随时间空间的变化而变化,价值位于不同的时间点(空间点)上,数值就会有差异,如果交换能使价值从低位点流向高位点,则可认为价值增加了。[①] 因此,批发、零售许多时候也可以被归为价值增值环节。

此外,为了使价值的创造、增值、交换过程更加顺畅和高效,企业往往还要配备各种辅助环节,譬如计划、组织、指挥、控制、协调等,虽然这些辅助环节自身并不直接创造价值。

因此,一个正常企业至少拥有三种类型的价值环节(如图3-1所示):

(1)价值创造/增值环节,简称价值创增环节;

(2)价值交换环节;

(3)辅助环节。

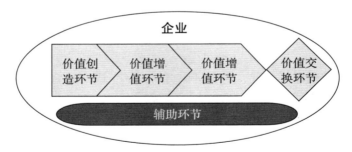

图3-1 企业内部三种类型的价值环节

不同类型的价值环节,功能和作用不一样,衡量方式也不一样。

首先来看创增环节。创增环节对输入的价值进行作业,增值以后再输出(如图3-2所示),所以主要考察四项指标:(1)增值,也称增加值或附加值,

---

① 戴天宇. 经济学: 范式革命 [M]. 北京: 清华大学出版社, 2008: 116.

增值 = 输出价值 − 输入价值；（2）增值比率，也称增加值率或附加值率，指增值部分在输出价值中所占的比重，增值比率 = 增值 / 输出价值；（3）增值速率，即单位时间内（如一年内）的增值，增值速率 = 增值 / 时间；（4）增值效率，价值创增环节往往还须要配备机器设备等资产，才能对输入的价值进行作业，增值效率 = 增值 / 资产。资产越重，增值难度越高，但增值效率不一定更低，所以不能一味地追求"轻资产运营"。

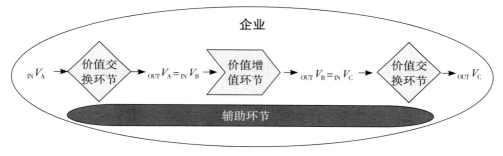

图 3-2 价值环节的输入输出

其次来看交换环节。交换环节负责价值在不同主体间的输入输出，可以通过四项指标来考察：（1）交易价值，由于上游的销售就是下游的采购，如果中间没有价值消耗，则交易价值 = 上游输出价值 = 下游输入价值；（2）交易效率，即每笔交易活动所需耗费的平均时间[①]；（3）交易成本，即每笔交易活动所耗费的平均成本，包括搜寻交易信息的成本、考察交易对象的成本、讨价还价的成本、签订交易合同的成本、监督合同履行的成本、处理合同纠纷的成本等，交易成本率 = 交易成本 / 交易价值；（4）交易风险，交易活动中暴露出的各种不确定性[②]，包括政策变化的风险、给钱不给货的风险、给货不给钱的

---

① "一切节约，归根结底都是时间的节约，任何稀缺，归根结底都是经济空间的稀缺，进而也是时间的稀缺。"参见戴天宇. 新范式经济学 [M]. 北京：清华大学出版社，2017：115.

② DREZE J H. Axiomatic Theories Choice, Cardinal Utility Subjective Probability: A Review [C] //Dreze J H, Allocation under Uncertainty, Equilibrium and Optimality. New York: Wilsy, 1974: 53−70.

风险、货不对板的风险、交期不及时的风险,以及在物流、通关、汇率、利率等各方面可能存在的各种"变数"。交易风险目前主要采用 VaR(Value at Risk,风险价值)模型来衡量。[1]

阿里巴巴集团给自己确立的使命,是"让天下没有难做的生意",也就是专门在交易环节下死功夫,结硬寨,打呆仗,以提升交易效率,降低交易成本,减少交易风险。

在提升交易效率方面,阿里巴巴将那些条件具备的线下交易尽可能地搬到线上,通过"浏览—下单"的方式"秒速"交易,取代了当面磋商、现场验货的传统交易方式,使交易效率突飞猛进。这些年,阿里巴巴陆陆续续推出的阿里妈妈、阿里云、菜鸟网络、花呗和借呗等,则从服务流、信息流、物流、资金流等各个方面持续提升交易的速度和效率。

在降低交易成本方面,阿里巴巴多管齐下,通过交易技术和交易机制设计,有效地降低了各种类型的交易成本,譬如用大数据技术减少信息搜寻的时间;用在线聊天工具阿里旺旺降低沟通成本;用店小二机制快速处理交易纠纷;用全球速卖通降低海外市场拓展成本……

在减少交易风险方面,阿里巴巴做了一系列的交易机制创新,譬如实名制、第三方担保支付(支付宝)机制、芝麻信用机制、买卖互评机制等,消除了人们对网购的顾虑,使在线交易从不可能变为可能。

翻开阿里巴巴的商业版图,不难看出,大部分业务都是围绕着这一逻辑主线展开的(如图3-3所示)。

最后来看辅助环节。辅助环节是不可或缺的,虽然并不直接创造价值,且

---

[1] WIENER Z. Introduction to VaR (Value-at-Risk)[C]. Risk Management and Regulation in Banking, Jerusalem, 1999.

会形成管理费用，衡量指标如下：管理费用率 = 管理费用 / 增值。

此外，多数企业内部还存在着价值消耗环节，譬如固定资产折旧。

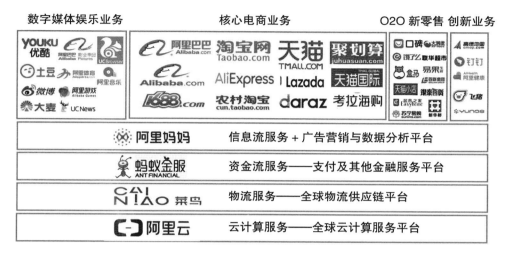

图 3-3　阿里巴巴集团的商业版图①

从表面上看，企业是人、财、物等经济资源的组合体，但在价值层面上，企业是价值环节的组合体。就像一层包装纸，将若干价值创增环节、价值交换环节和辅助环节封装在一起，这些价值环节无缝衔接，紧密配合，使得企业的价值创造、增值、交换活动成为可能。

在企业内部，各种类型的价值环节不是胡乱堆砌在一起的，而是按照一定的逻辑有序组合的，从而形成企业的内部价值链。这是从价值层面上打开企业这个"黑箱"所看到的全新视野，如图 3-4 所示。

一家企业拥有的价值环节，往往只是整条价值链的一部分，其他部分则会进入其他企业中，从而形成该企业的外部价值链。其中，在上游企业中的部分被称为上游价值链，在下游企业中的被称为下游价值链。

---

① 参见马涛，王一鸣. 详解阿里新零售商业版图 [J]. 广告大观（媒介版），2017（2）：3. 本图结合了新的资料和数据进行绘制。

企业的内部价值链与外部价值链如图 3-5 所示。

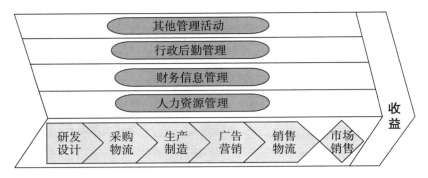

图 3-4　企业内部的价值环节有序组合，形成内部价值链

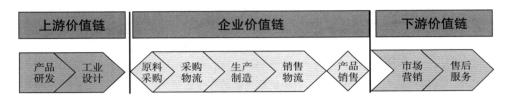

图 3-5　企业的内部价值链与外部价值链

企业内部价值链和外部价值链之间往往是联动的，任何一个价值环节发生变化，都有可能带来连锁反应。譬如，企业内部价值链增加一个价值环节，就意味着外部价值链会相应地减少一个价值环节，同时导致相关方之间的交易内容和交易方式发生相应的变化。这正是商业模式的魅力所在，即商业模式的变化从来不是单个企业的事情，而是多个企业的协同变化。只有跳出单个企业的狭隘视角，到价值链上的相关企业的相互关系中，才能看清商业模式的全景图。

对企业内部价值链上的价值环节"动手术"，或数量增减变化，或排列顺序变化，或组合方式变化，或自身发生"基因突变"……同时，带动外部价值链发生相应变化，便可演绎出千姿百态、千变万化的商业模式。

由此可知，商业模式的改变或创新，大体上可以分为以下两种方式。

一种是"整形手术式"的商业模式仿制，即在企业实体层面上"抄作业"，将别人的商业模式拿来作为模板,对其进行借鉴、模仿、山寨、改良等,然后移植到自己企业中。这种仿制确实可以帮助相当一部分企业解决问题,但同时也存在两大隐患:一是"画虎不成反类犬",如果不顾自身企业的实际及所处的商业生态环境的差异,生搬硬套别人的商业模式,就有可能适得其反,在别人那里赚大钱的商业模式,到了自己企业却赔得一塌糊涂;二是排斥反应,盲目移植别人的商业模式,如果与自身的企业特征、文化理念、历史传统不相容,与基因型不匹配,就有可能出现十分强烈的"商业模式移植排斥反应",轻则产生长期的副作用,重则危及企业的生命。

另一种是"基因工程式"的商业模式创造,即在价值环节层面上,对商业模式的基因片段——价值环节进行手术,如剪切、分离、插入、替换、拼接、诱发突变等,最终为企业量身打造出符合其自身实际、适合其自身需要的商业模式。

相比较而言,"基因工程式"的商业模式创造工作更多,要求更细,难度更大,不过正因为如此,才能自由自在地进行商业模式的原始创新,创设出之前从来没有过的、独树一帜的商业模式新品种。[①]

3.2 基因突变与商业模式

如果一个企业或行业的商业模式先天存在缺陷,普通的模仿、借鉴、照搬等做法都解决不了问题,就要在基因层面动手术了。

商业模式的基因工程主要分为四种:单个价值环节的基因突变、多个价值环节的基因重组、整条价值链的变异以及跨价值链的杂合。

---

① 黄力泓.商业模式之进化与机会[J].经营管理者,2013(7):66-68.

（一）基因突变：单个价值环节发生改变，带动商业模式变化

这种突变往往是由技术创新、工艺创新引发的。譬如，LED（Light Emitting Diode，发光二极管）车灯的发明及其对卤素灯、氙气灯的替代，导致汽车生产价值链上的车灯安装与调试这一价值环节发生变异，甚至汽车整车厂采购的交易对象都发生变化，但汽车生产价值链总体保持不变。再譬如，水性车漆对油性车漆的替代，会使汽车生产价值链上的车漆喷涂环节发生变异，同时还会使车漆烘干环节、废气处理环节、车漆仓储环节等价值环节都发生变异，但汽车生产价值链总体仍然保持不变。

基因突变一般发生在单个价值环节，故而更多出现于单个企业内部。如果不能引起其他企业的关联反应，则基因突变只会被视为一个企业内部业务流程或生产组织的改变。因此，我们只把能够引起关联企业发生关联变化的价值环节突变，列入商业模式基因工程的研究范畴。

（二）基因重组：多个价值环节组合改变，带动商业模式变化

基因重组，即价值环节的分布与组合发生改变。如果重组发生在单个企业内部，仍然只会被视为单个企业的业务流程或组织改变；如果重组发生在不同企业之间，则会带来企业之间分工与交易关系的改变，并导致相关企业整体效率的提升。同样地，我们只把能够引起其他企业发生关联变化的价值环节重组，列入商业模式基因工程的研究范畴。

（三）价值链变异：整条价值链发生改变

整条价值链都变得和原来不同，价值链变异具体又分以下四种情况。

（1）方向变异：价值链指向的用户需求发生改变，如酒精生产从食用级转向医用级，便可认为是价值链发生了方向变异。

（2）数量变异：新价值链的诞生（如智能手机的发明催生了手机软件价值链）和旧价值链的消亡（如寻呼业退市导致寻呼机生产价值链的消亡）都属于数量变异。导致价值链新旧更替最主要的原因，是原始技术创新。[①] 从商业的角度看原始技术创新，就是看能不能孵化出新的价值链，能不能创造出新的价值空间。

（3）结构变异：目前所知共有五类，包括价值链缺失、移位、易位、重合和转化。以价值链的缺失为例，自动挡变速器对手动挡的替代，导致汽车生产价值链上的离合器踏板制造、安装、调试等环节不复存在了。又譬如，生产效率的提升导致现在的小家电产品"修不如换"，维修、保养等售后环节于是就消失了。

（4）拓扑变异：同一条价值链可以形成不同的空间拓扑结构，即拓扑异构，包括交易结构异构、位势结构异构和端点结构异构。

（四）价值链杂合：跨价值链的杂交聚合，带动商业模式变化

价值链杂合是指不同价值链上的价值环节拼接起来或聚合起来，形成新的组合的过程，包括跨价值链的嫁接和聚合（即价值环节平台）。

综合以上分析，技术创新及其商业化应用与商业模式创新之间并不存在直接的关联。技术创新不一定会带来商业模式变化；没有技术创新，商业模式也可以单独变化。技术创新引发商业模式创新，可能的途径有三种：一是技术创新引发单个价值环节突变，并带动关联企业变化，导致商业模式发生变化；二是技术创新引发价值链数量变异，价值链的新生或消亡导致商业模式的产生或消亡；三是技术创新引发价值链结构变异，譬如价值链缺失或杂交，导致商业模式发生变化。

---

① 葛维东. 原始技术创新的概念辨析[J]. 科学学研究，2005，23（S1）：236-239.

这一节，我们先来讨论商业模式基因工程中的基因突变方式。

深圳光峰科技是一家全球领先的拥有原创技术、核心专利、核心器件研发制造能力的激光显示科技企业。

2007年，光峰科技率先发明了ALPD技术（荧光激光技术）并实现了产业化，成为国内首家能够生产激光数字电影放映机的企业。2014年，光峰科技与中国电影成立中影光峰，致力于国内放映设备的革新与升级。

不过此前，国内影院刚刚经历了一轮设备更新潮，购买的主要是日本品牌的放映机，采用氙灯作为光源，耗电大，寿命短，维护成本高。而光峰科技推出的激光数字放映机，在色域、亮度、画质、对比度、光衰减等指标上都远胜于传统的氙灯光源。在3D、4D、IMAX、巨幕等体验性观影时，激光放映机更能够发挥出影片应有的特效表现力。此外，激光放映机还能有效地降低影院的日常运营成本：氙灯放映机每1000小时就要更换一次灯泡，价格在数千元，同时氙灯灯泡内部压力极大，一旦炸灯，十分危险；而激光光源无须进行特殊的维护，免除了氙灯定期更换带来的人力成本、购灯成本、炸灯风险。

光峰科技的产品虽然更加先进，进入市场时却遇到了巨大阻碍。多数影院的放映设备都还非常新，不愿白白扔掉，再花几十万元买新的。怎么办？

激光放映机和氙灯放映机的最大差异是光源：一个是激光光源，另一个是氙灯灯泡。最初光峰科技在研发时，就力图与老产品相区隔，从研发设计到生产制造，构建起一条新的激光放映机生产价值链。但巨大的市场进入障碍，迫使公司不得不回到氙灯放映机生产价值链，然后只做一个环节（氙灯更换服务）的异变。放映机还是别家的，但可以提供自家的激光光源计时服务，替换过去的氙灯更换服务（如图3-6所示），由此形成了"核心部件计时服务"模式：影院不须要购买任何新设备，中影光峰提供合适的激光光源，更换原有放映机中的氙灯灯泡，然后接入远程网络，提供网络授权、远程维护和智能计时等服务，根据激光光源的使用时长收取服务费。

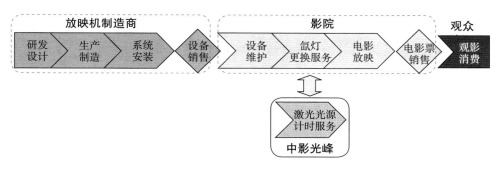

图 3-6 价值链上的单个价值环节异变

通过这种模式,到 2020 年 10 月底,中影光峰的激光影院光源安装量突破 20000 套,累计服务时长达 1.28 亿小时。[①]

须要说明的是,商业模式的基因突变,指的是单个或多个价值环节发生变异,而不是原料或产品发生改变。譬如咖啡店将甜味剂从方糖换成阿斯巴甜,交易对象便从糖厂变成了生物化工企业,但由于咖啡制作这一价值环节保持不变,所以不能认为商业模式发生了改变。

还须要说明的是,一个企业内部的价值环节,即便发生了基因突变,如果没有引起外部关联反应,也不能说商业模式发生了变化。

三顿半,是一个成立于 2015 年的精品速溶咖啡品牌,品牌定位为"速溶咖啡界的星巴克(Starbucks)"[②],即比速溶咖啡(如雀巢咖啡)口感更好,比现磨咖啡(如星巴克)更便捷。

为此,三顿半做了多项创新。在咖啡液提取环节,三顿半摒弃传统速溶咖啡的高温蒸干法,采用低温萃取技术,使得速溶咖啡既能保持现磨咖啡的口味,

---

[①] 矫月,李昱丞. 光峰科技激光放映设备安装量破 20000 套,按时长付费"服务模式"加速市场开拓[EB/OL]. 证券日报网,(2020-11-23)[2021-10-01]. http://www.zqrb.cn/gscy/gongsi/2020-11-23/A1606132672821.html

[②] 姜楠. 消费升级趋势下速溶咖啡品牌的营销策略:以三顿半为例[J]. 消费导刊,2019(36):1.

还能 3 秒速溶，不须要搅拌。在产品包装环节，三顿半摒弃传统速溶咖啡的塑料袋包装，改用颜色鲜明、辨识度强的迷你塑料杯，并且标上不同的符号，以此来区别咖啡豆的产地及烘焙程度，打造品牌的超级符号。不过，塑料杯毕竟不环保，于是三顿半又推出塑料杯"返航计划"，用户通过小程序预约，在指定的开放日前往线下咖啡馆等"返航点"，以空杯兑换各种物品，还可以参与抽奖。

咖啡液提取和产品包装这两个环节，虽然在三顿半内部都发生了变异，并导致输出的产品和价格发生改变，但并没有引起外部价值环节的变化，所以没有带来新的商业模式。只有新增加的迷你塑料杯回收与交易环节，才使得三顿半的商业模式发生变异，使其不同于其他速溶咖啡品牌。这说明，只有引起外部关联反应的基因突变，才能带来商业模式的变化。

3.3 基因重组与商业模式（上）

这一节，我们继续讨论商业模式基因工程中的基因重组方式。

商业模式的基因重组，简单来说，就是将价值链上的上下游企业都分解成一个个细小的价值环节基因片段；然后再对这些价值环节基因片段进行移位、易位、增减、分拆、合并等微操作；最后，再将改变之后的价值环节重新组合，重新穿上企业这层"外衣"，就形成了新的价值环节组合和新的连接，同时也就创设出了新的商业模式，而且有可能是之前从来没有出现过的商业模式新品种。这种价值环节的重组过程，可以形象地被视为价值链先"解构"后"重构"的过程。[①]

我们仍然以果汁饮料生产为例，来演示价值环节是如何重组的。

---

① TIMMERS P. Business Models for Electronic Markets［J］. Journal on Electronic Markets, 1998, 8（2）：3-81.

第 3 章
价值环节：商业模式的基因

一家专门从事果汁饮料代工生产的企业，不想放弃自己的"果汁饮料生产"这一看家本领，却又想改变自己的商业模式，怎么做？

很简单，通过简单的价值环节组合变化，就能演绎出各式各样的商业模式，企业可以悠然自得地从中选择出适合自己的商业模式。

先绘制出企业所在的价值链（如图3-7所示），然后将其分解为一个个小的价值环节，再重新分布组合，配置到不同的企业中，就会发现：不同的价值环节分布组合方式，会形成不同的商业模式。

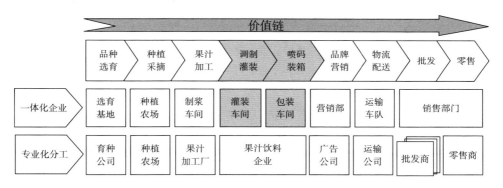

图 3-7　粗略绘制的果汁饮料生产价值链

商业模式变化1：向前端延伸，企业中加入"果汁加工"环节，即可变化出"果汁加工—果汁饮料"的一体化生产模式（见图3-8）。

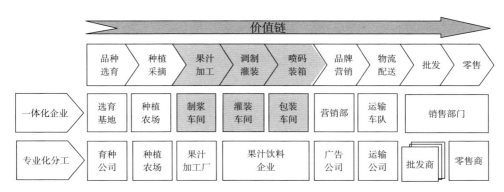

图 3-8　向前延伸出"果汁加工—果汁饮料"的一体化生产模式

商业模式变化 2：继续向前延伸，加入"种植采摘"环节，便可演化出"种植采摘—果汁加工—果汁饮料"的纵向一体化生产模式（见图 3-9）。

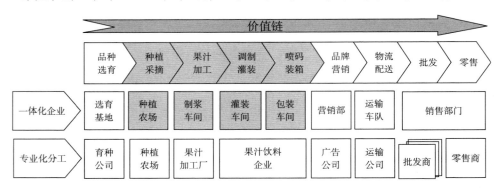

图 3-9　继续向前延伸出"种植采摘—果汁加工—果汁饮料"的纵向一体化生产模式

商业模式变化 3：向后端延伸，加入"品牌营销"和"物流配送"环节，即建立自有品牌，自己负责品牌建设、市场营销和物流配送，销售交给代理商去做，变化出"自有品牌运营"模式（见图 3-10）。

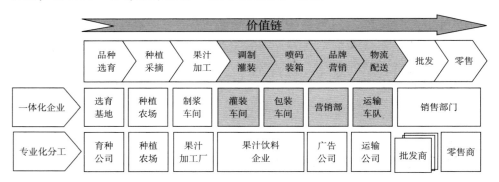

图 3-10　向后延伸出"自有品牌运营"模式

商业模式变化 4：继续向后延伸，加入"批发"和"零售"环节，自建销售渠道和网络，通过实体店或网店直达市场终端，延伸出"自有品牌运营加销售"模式（见图 3-11）。

商业模式变化 5：同时向前向后延伸，向前纳入"种植采摘"和"果汁加工"环节，向后纳入"批发"和"零售"环节，形成"种植采摘—果汁加工—

果汁生产—物流配送—销售"的纵向一体化商业模式（见图3-12）。

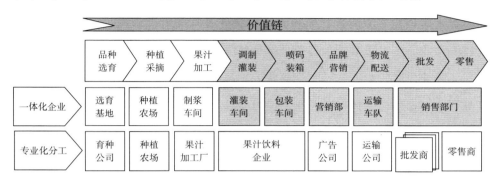

图3-11 继续向后延伸出"自有品牌运营加销售"模式

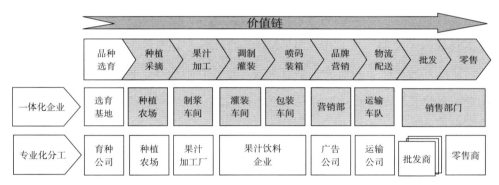

图3-12 前后延伸出"种植采摘—果汁加工—果汁生产—物流配送—销售"的纵向一体化商业模式

商业模式变化6："品种选育—种植采摘—果汁加工—果汁生产—物流配送—销售"的全价值链（全产业链）模式（见图3-13）。

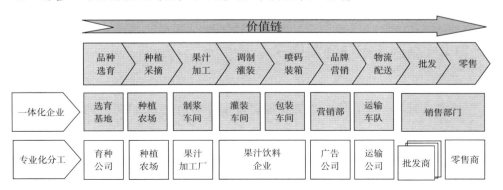

图3-13 全价值链（全产业链）商业模式

中粮集团采用的便是全价值链（全产业链）模式。作为一家以粮食生产为主的超大型国企，为了保证食品安全的全程可控，中粮集团从2009年开始着力打造食品"从田间到餐桌"的全价值链模式，从价值链的源头做起，将品种选育、种植收储、加工包装、分销物流、品牌推广、食品销售等每一个价值环节都纳入自身的运营体系中，从而实现食品安全可追溯，形成健康、安全的食品供应全过程。①

在农业和林业领域，全价值链（全产业链）模式还有利于资源的最大化利用。譬如芬兰最大的森林工业集团芬欧汇川集团（UPM-Kymmene），将森林种植、木材加工、纸张生产销售、回收再利用等价值链全过程都纳入企业运营，将木材的每一寸都"吃光用光"。木材厂的废料（如木屑）会送到造纸厂打纸浆，造纸厂的废料（如浆渣）会送到胶合板厂作为能源，胶合板厂包装回收的废料（如填充纸屑）会送到林场改善土壤，这些厂都毗邻而居，以实现全价值链运营和资源的充分利用。②

纵览以上的价值环节重组过程，大家是不是有这样的感觉：价值环节的重新组合，就像变魔术一般，源源不断地"变"出了新的商业模式？一句话，改变商业模式，就是如此简单，而又如此美妙！

3.4 基因重组与商业模式（下）

许多人都有一个误解，以为价值链一定是串行的，恰似一条直线走到底。

---

① 谭雅.中粮"全产业链"再造[J].现代商业银行，2009（11）：65-67.
② 滕波.造纸企业绿色供应链管理研究：以芬欧汇川纸业为例[D].苏州：苏州大学，2009.

第 3 章
价值环节：商业模式的基因

但事实上，多数价值链上都存在着价值环节的并行。并行的价值环节又该如何重组，变化出新的商业模式呢？

以管理培训行业为例。国内的管理培训机构大多有自己的明星讲师，以及围绕着明星讲师而展开的个人 IP（Intellectual Property，知识产权）打造、市场营销等活动。此外，往往还会涉及课程研发、课件制作、教学设计、招生报名、教育准备、会务准备、授课、课后服务、咨询服务等多个环节，这些环节可以划归为研发、招生、课前、课中、课后、延伸服务六大类别。

一家管理培训机构如果不想走寻常路，如何设计新的商业模式？

首先，还是将所有的价值创增环节都尽可能地找出来，然后绘制出管理培训行业的价值链（如图 3-14 所示，因篇幅有限，只绘制了略图）。显然，这是一条局部并行的价值链。部分环节并没有前后时序之分，可以同时进行；部分环节是可选项，可以单选、多选或者不选，它们在价值链上呈现为并行的状态。对并行的价值环节进行重新组合，同样可以演绎出丰富多彩的商业模式。

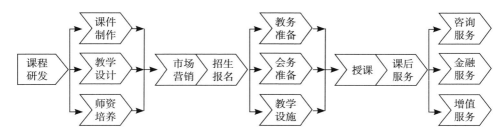

图 3-14　管理培训行业价值链（略图）

商业模式 1：只做课程研发一个环节，自己并不授课，而是通过授权给其他培训机构获取收益，这便是 ARM 模式（见图 3-15）。

英国 ARM 公司是半导体知识产权提供商，只做芯片设计，然后授权给其他企业生产。全世界超过 95% 的智能手机和平板电脑采用的都是 ARM 的设计架构。那么，管理培训行业可不可以采用 ARM 模式呢？几乎没有可能，因为课件很难进行知识产权保护。那怎么办？一家人力资源培训机构的做法是，将课件和软件结合，授课内容必须与软件配合使用才能进行下去，软件可以加密保护并注册著作权，然后对外授权并收费。

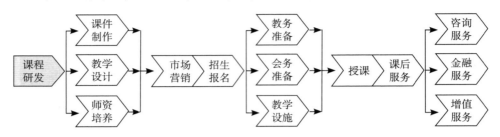

图 3-15　管理培训行业的 ARM 模式

商业模式 2：自己做课程研发、课件制作和教学设计，自己授课，通过课酬获得收益，这便是培训讲师"走穴"模式（见图 3-16）。

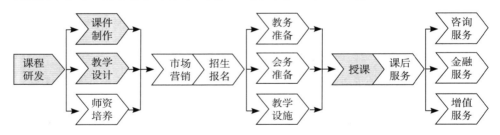

图 3-16　管理培训行业的培训讲师"走穴"模式

商业模式 3：课程很受欢迎，一个人讲不过来，于是组建和培养一支讲师团队，经过包装宣传和市场营销后，向别的培训机构输出，这便是讲师团队模式（见图 3-17）。有些管理培训机构没有自己的师资，这种模式便有了市场。

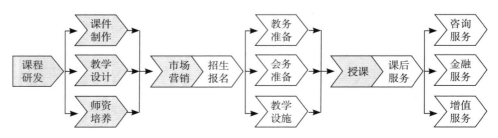

图 3-17　管理培训行业的讲师团队模式

商业模式 4：和上面的商业模式 3 相反，一不建师资团队，二不搞课程研发，而是实行会员制，收会员费，同时建立合作平台，由别人提供师资和课件，自己提供学员，这便是培训平台模式（见图 3-18）。

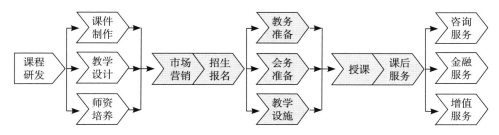

图 3-18　管理培训行业的培训平台模式

深圳聚成企业管理顾问股份有限公司（简称聚成）采用的就是培训平台模式，一度成为营收规模最大的单体培训机构。它没有自己的讲师，但是和其他优秀讲师合作；它没有自己的课件，但讲师的课件经过认证之后，就可以在聚成课堂上使用。在整条价值链上，聚成只做规模化的市场营销、招生报名、教育准备、会务准备等环节，而将个性化的师资培养、课件制作、教学设计等环节留给授课讲师自己，从而突破了规模瓶颈，打破了管理培训行业"做不大"的尴尬局面。

商业模式 5：课件制作、师资培养、市场营销、招生报名、授课等诸环节全部自己做，通过学费获取收益，就是传统的培训公司模式（见图 3-19）。

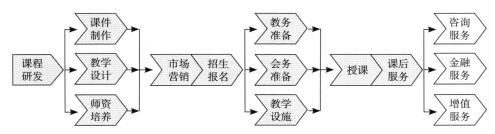

图 3-19　管理培训行业的培训公司模式

商业模式 6：培训＋管理咨询模式（见图 3-20），收入来源为学费＋咨询费。只不过这种模式在市面上并不多见，因为讲得好的不一定会做，做得好的不一定会讲，许多管理培训课程只空谈美丽动人的道理，落不了地，做不了须要"见真章"的管理咨询。

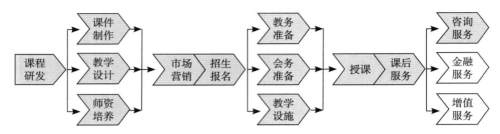

图 3-20 管理培训行业的培训 + 管理咨询模式

商业模式 7：培训 + 管理托管模式。管理咨询的效果很容易产生争议，所以，有些自信的培训机构干脆要求学员企业交出管理权，派自己的管理团队接手，必要时双方还会进行股权绑定。这种模式达成合作的难度很大，因而只存在于一些小众的行业和领域。

商业模式 8：培训 + 增值服务模式。管理培训只是流量入口，目的是将流量引向增值服务，如理财服务、税务服务、法律服务、IT 服务等，这便是"请君入瓮"。中国拥有培训讲师数量最多的两家机构，其实是做管理软件的金蝶公司和用友公司。

商业模式 9：培训 + 投资参股模式（见图 3-21）。成立 VC（Venture Capital，即风险投资）或 PE（Private Equity，即私募股权投资）基金，用管理培训将众多企业家聚在一起，从中挑选出优秀的企业进行股权投资，如果企业上市了，就可以获取高额的投资回报。

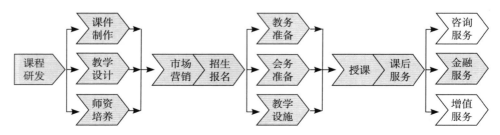

图 3-21 管理培训行业的培训 + 投资参股模式

北京盛景网联实行的便是这种模式。这种模式虽然带来了更多接触企业的机会,但并未从根本上解决投资行业的痼疾——被投资企业的信息不透明、信息不对称问题,再加上在风险控制、投后管理方面的专业性还不如传统的投资机构,所以投资成功率并没有明显提升。

商业模式10:打通价值链,所有价值环节都做,即管理培训—咨询服务—常年顾问—增值服务—参股企业—企业上市。一路陪伴企业成长,在此过程中,企业到底优不优秀、能不能上市也就摸得清清楚楚,然后择其优者换取股权。这样一来,投资成功率就能得到大幅度提高,这便是学习链金融模式(如图3-22所示)。在这种模式下,管理培训机构实现盈利,不是靠前端的培训,而是靠后端的投资。

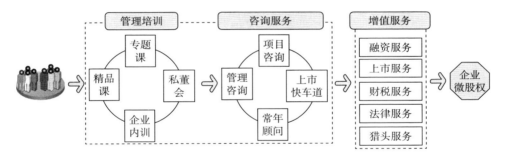

图3-22 管理培训行业的学习链金融模式

以上概略地介绍了管理培训行业的几种价值环节重组。大家如果有兴趣,还可以继续沿着价值链,向前或向后延伸出更多的模式。

第 4 章
价值链：商业模式的 DNA 链

本章导读

商业模式的核心是价值。商业模式研究的真正对象是价值流运动。而价值链是价值流的静态呈现，所以成为商业模式最主要的研究对象。收支流图是价值流的外在描述，所以成为商业模式最适宜的展示工具，一张图就能将商业模式清晰地展示出来。

第 4 章
价值链：商业模式的 DNA 链

在第 3 章，我们简要介绍了商业模式基因工程中的基因突变和基因重组。在这一章，我们继续讨论商业模式基因工程中的价值链变异。

1985 年，哈佛大学商学院教授、战略管理大师迈克尔·波特在其名著《竞争优势》（Competitive Advantage）一书中提出了价值链的概念，并将它定义为从原材料选取到最终产品送至消费者手中的一系列价值创造的过程。①

价值链理论认为：企业是由一系列作业组成的，每一项作业都要消耗资源，同时形成价值，作业链就表现为价值链，企业的经营活动就表现为价值活动。价值活动包括基本活动（如生产、销售、进料后勤、发货后勤、售后服务）和辅助活动（如人力资源、企业基础设施、研发、采购）。不是每项活动都能创造价值，只基本活动才创造价值，才是价值链上的"战略环节"（如图 4-1 所示）。

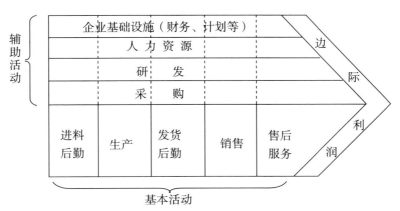

图 4-1　迈克尔·波特提出的基本价值链分析模型

管理学建基于经济学，但在西方主流经济学统治下的经济学界，并不承

---

① 波特.竞争优势[M].陈小悦,译.北京：华夏出版社,1997：33-39.

认客观价值的存在，而且"以沉默扼杀之"①。在此背景下，迈克尔·波特以非凡的勇气和创新精神，冲破学术"铁幕"，创立了与主流经济学体系格格不入的基本价值链分析模型，不愧为一代宗师。

然而，正因为缺乏经济学理论支撑，这一模型存在诸多不足和问题：一是对价值环节的分类太过粗糙，将其仅仅分为基本和辅助两种类型，忽视了对价值的创造、增值、交换、消耗、消亡等丰富的价值环节的详细考察；二是搞错了部分价值环节的类型，譬如研发本来是价值创造环节，因为研发成果可以对外直接"卖钱"，却被错误地归类为辅助环节；三是逻辑上存在一些自相矛盾，譬如采购和销售都属于价值交换环节，却一个被归为辅助环节，另一个被归为基本环节；四是对企业内部价值链的考察是静态的，没有考察它的动态演变，也没有考察它与外部价值链之间的联动；五是没有说明白价值链的箭头到底指向哪里，也就是创造出来的价值最终都去了哪里；六是没有说清楚价值链上创造出来的价值到底是如何转化为边际利润的。

针对以上缺陷，我们对迈克尔·波特的基本价值链分析模型做了多方面的补正，包括细化分类标准、订正分类错误、厘清价值链的输出内容等，从而得到一个新的基本价值链分析模型（如图4-2）。

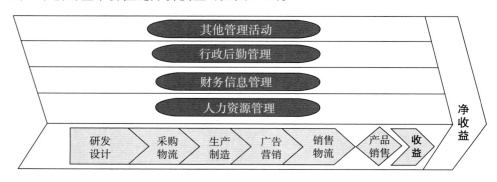

图 4-2 新的基本价值链分析模型

---

① 希尔，迈亚特. 你最应该知道的主流经济学教科书的荒谬［M］. 夏愉，译. 北京：金城出版社，2011：3.

不过，即使补正了以上缺陷，迈克尔·波特的基本价值链分析模型依然存在一个严重的问题，那就是自始至终都没有对基本概念给出说明：价值到底是什么？价值链到底是如何形成的？

4.1　商业模式背后的价值

商业模式研究的先行者们曾经对商业模式给出过多个定义或者描述。纵览这些定义或者描述，不难发现，最高频的词只有一个：价值。

商业模式的核心是价值，这一点几乎是可以达成共识的。[①] 问题是，尽管大家都认识到商业模式与价值之间是息息相关、表里相依的，但对价值概念的理解和使用，却各说各话，莫衷一是。某些西方经济学家更是"不讲武德"，不承认客观价值却又乱用价值概念，甚至胡乱演绎，随意编造出"XX 价值"之类的新名词，这种做法其实也是一种科学不端行为。历史经验告诉我们，没有精确的定义，理论的胜利在其运用中就可能变成灾难。[②] 因此，要想展开对商业模式的科学研究，首先须要对价值概念进行科学的界定。

那么，到底什么是价值呢？

对于这个基础的问题，西方主流经济学给不出答案，因为在它那儿，价值概念被彻底阉割了，取而代之的是所谓的效用，也就是消费者消费商品时的主观感受。可问题是，效用这种东西和中国气功学中的"内力""真气"类似，都是一种主观感觉，到底有没有，有多少，谁也说不清，道不明，检测不出，

[①] 王雪冬，董大海. 国外商业模式表达模型评介与整合表达模型构建［J］. 外国经济与管理，2013，35（4）：49-61.
[②] 贡斯当. 古代人的自由与现代人的自由［M］. 阎克文，刘满贵，译. 北京：商务印书馆，1999：56.

验证不了。如此神乎其神、玄而又玄的东西，根本就没有办法用在商业模式这种服务企业实践、来不得并点虚假和浮夸的学科中。主观的效用没法用，客观的价值不承认，所以，在西方主流经济学的框架内研究商业模式，只能自创概念和逻辑，研究者各凭想象，各显神通，五花八门，无奇不有，大混乱由此而产生。可以这样说，对于当今的商业模式研究在学科概念和共识上的混乱局面，西方主流经济学要承担相当大的责任。

这个基础的问题，政治经济学给不全答案。因为在它那儿，只有"物质商品价值"——凝结在物质商品中的一般人类劳动，可是在商品的世界里，既有物质商品，也有精神文化商品，而当商品被用来赚钱时，又变成资本品，性质发生改变，价值计量方式也要另起炉灶。

价值并非像人们通常所认为的那样，只有一种单一的类型，而是存在三种形态。[①] 例如，商品房就同时包含着三种价值类型。

（一）物质商品价值：第一类价值，实价值形态

对商品房来说，物质商品价值指的是建筑成本或重置成本，也即建造房屋所耗费的全部人力和物力。所谓力的耗费，其实是力在做功，是人的脑力驾驭人的体力和物力（畜力、蒸汽力、电力等）在做功。所以，物质商品价值的真正含义，是商品从原料形态变化到成品形态的过程中所做的有效经济功，即

物质商品价值 = 价值水平 × 生产商品所做的有效经济功 [②]

[①] 实际上，性质不同的东西也能进行比较，譬如 A 是实体、B 是图像、C 是影子，A 的像可与 B 比大小，A 的影可与 C 比大小，B 和 C 之间即能比大小。价值同样存在着"实""像""影"三种测量维度。

[②] 戴天宇. 新范式经济学［M］. 北京：清华大学出版社，2017：64.

其中价值水平是单位有效经济功对应的货币数量，单位可以是元/焦耳、元/千瓦时、元/（人·年）等。

功 = 功率 × 时间，所以可以用多种方式去衡量物质商品价值。

（二）精神文化价值：第二类价值，拟价值形态

对商品房来说，精神文化价值指的是通过美学设计、品牌宣传、广告营销等为房屋"涂脂抹粉"，从而拉高边际需求，进而形成社会普遍接受的溢价。显然，它和客观物质商品价值不是一回事，是一种拟态价值，即

精神文化价值 = 拟价值水平 × 边际需求/边际供给[①]

如果将边际需求与边际供给之比，扭曲地解释为商品边际效用与货币边际效用之比，而货币的边际效用恒等于1，即可得到

精神文化价值 = 拟价值水平 × 边际效用

于是乎精神文化价值就取决于边际效用了。西方主流经济学用来解释几乎一切经济现象的"神"概念——边际效用，其实就是这么来的。

（三）资本价值：第三类价值，映价值形态

当商品房用被来赚钱时，譬如说出租或者倒买倒卖，房屋就从商品变成了资本品。它值多少钱，取决于用它能赚多少钱，赚的钱越多，它本身就越值钱。从这种颠倒的视角出发，任何能够带来预期收益的物品都具有价值，甚至商品价值为零的股票、期权也是如此。这种从未来预期收益倒推回来的价值，

---

① 戴天宇. 新范式经济学[M]. 北京：清华大学出版社，2017：86.

就是资本价值。显然它和人们熟悉的商品价值不是一回事儿，乃是一种倒映价值，即

资本价值 = 未来 N 年预期净收益之和的贴现[1]

其中 N 为社会投资平均回本年数。假定社会平均利润率常年稳定在 7.2%，按照"七十二法则"[2]，社会平均回本年数即为 10 年，进而有

资本价值 = 未来 10 年预期净收益之和的贴现

举个例子，2020 年 2 月 2 日某公司做了一项投资，买下房屋对外出租，则从 2020 年 2 月 2 日到 2030 年 2 月 1 日这 10 年间预计能赚到的钱的总和，贴现回来，就是该项投资的资本价值。因此，闹市茅屋和乡间别墅，建筑成本大相径庭，商品价值天差地别，可如果对外出租价格相同，二者的资本价值则是一样的。

预期收益又有两种来源：预期利润（如房屋租金）和预期利得（如房屋买卖价差收入 = 预期卖出价格 − 当期买进价格）。以获取利润为目的的是投资，以获取利得为目的的是投机，从而有

资本价值 = 未来 10 年预期净利润与预期净利得之和的贴现

由此形成一个"疯狂正反馈"：预期利得越高→资本价值越高→当期价格越高→进一步推高未来价格预期→进一步推高预期利得，直至"高处不胜寒"，人们产生恐惧，预期逆转，掉头向下，又会形成踩踏式的价格暴跌。从股市到

---

[1] 戴天宇. 新范式经济学 [M]. 北京：清华大学出版社，2017：92.
[2] 胡炜林. 投资中的"七十二法则" [J]. 经营管理者，1998（3）：53.

房地产，资本危机频发的根源，即来自资本价值独特的计量方式。

有了资本价值的概念，价值投资便容易理解了。投资，说白了就是买卖资本品，和买卖商品的逻辑是一样的，买进还是卖出，主要是看价格和价值之比，只不过比较的基准是资本价值而已。如在股票市场中，看的就是股票价格与资本价值之比：价格/资本价值→价格/预期收益→市盈率。在房地产市场中，同样是看价格与资本价值之比：价格/资本价值→价格/预期收益→价格/房屋租金→1/租售比。

资本社会中，理解了资本价值的概念，就能看懂半部《金融学》。甚至高新技术、商业秘密、设计专利、著作权等知识产权的价值，也并不是基于智力劳动或智慧创造，而是来自资本价值，即未来能用它赚多少钱，不赚钱的人类智力劳动成果在资本眼中一文不值！

以上三种价值类型，性质完全不同，各有各的适用面，不能混为一谈。用一种价值类型就想解读商业社会的全部奥秘，结果自然是各说各话，不在一个频道上。

以上三种价值类型，计量方式完全不同，数量上也天差地别，"微笑曲线"（如图4-3所示）反映的正是不同价值类型的量的差异。[①] 制造增加的是物

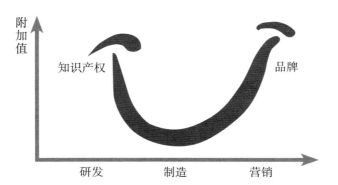

图4-3 "微笑曲线"形象展示了不同类型价值创增的难易程度

---

① 施振荣."微笑曲线"[J].三联竞争力，2010（4）：50-52.

质商品价值，营销增加的是精神文化价值，研发增加的是资本价值（在资本的眼中，技术成果值多少钱取决于用它能赚多少钱）。相比较而言，精神文化价值和资本价值的创造，既不用那么辛苦，在数量上由于计量方式的差异，也更容易出现起伏和放大，这便是"微笑曲线"两端高、中间低的奥秘所在。

（四）全价值公式

当商品被当作赚钱的工具时，其既是商品，也是资本品，既具有资产（商品）价值，也具有资本价值，以哪个为准呢？很简单，取大计算，谁大就按谁来！资本价值大于资产价值时，按资本价值来，譬如，净资产近乎为零的互联网企业上市时，依据的就是所谓的估值或市值。资本价值小于资产价值时，按资产价值来，譬如，盈利无望的企业破产重整，资本价值等于零，就按净资产处置。由此得到全价值公式（Whole Value Expression）为

全价值 =MAX（商品价值，资本价值）=MAX（物质商品价值与精神文化价值之和，预期净利润与预期净利得之和的贴现）[①]

此外，我们还能得到新的价值规律。传统价值规律是这样表述的：商品价值量取决于社会必要劳动时间，商品按照价值量相等原则进行交换。这一说法只看到物质商品价值，没有看到精神文化价值和资本价值；只看到价值生产和交换，没有看到价值消耗和消亡；只看到价格变化，没有看到价值本身也会随着时间和空间的变化而变化。[②] 有鉴于此，我们将价值规律重新表述为商品交换以全价值为基础实行等价交换，全价值是时空动态变化的。

过去国有企业改制中的资产流失，很多就是因为有些企业高管故意不按全

---

① 戴天宇. 新范式经济学［M］. 北京：清华大学出版社，2017：94.
② 戴天宇. 经济学：范式革命［M］. 北京：清华大学出版社，2008：115.

价值公式全面计量而造成的。而一些聪明的公司，则利用该公式构造出了巧妙的模式。

1971 年，星巴克在美国西雅图开出第一家店；1992 年上市时，市值仅为 2.5 亿美元。2021 年，星巴克门店达到 3.3 万家，市值达到 1485 亿美元[①]。上市后，星巴克是如何做到持续快速增长的呢？

星巴克每进入一个新市场，首先会采用加盟模式，由当地加盟商投入资金建店运营，但同时会约定几条股份增持的标准线：

（1）当门店的利润率达到星巴克已有门店的平均水平时，总部按照该门店盈利的 6 倍（即 6 倍市盈率）与净资产之间的较大值，参股 35%；

（2）当门店的利润率达到平均水平的 150% 时，总部再按照 9 倍市盈率与净资产之间的较大值，继续参股 16%，即合计参股 51%；

（3）当门店的利润率达到平均水平的 200% 时，总部再按照 12 倍市盈率与净资产之间的较大值，继续参股 16%，即合计参股 67%。

这种模式，对加盟商而言，等于间接实现了上市；对投资者而言，未来将会有更多、更优质的加盟店转化为由星巴克参股和控股。这些加盟店的财务报表能够与上市公司的财务报表合并，所以星巴克的股价想象空间极好，大家都愿意购买和持有，现有股价也能维持在高位上。1996—2021 年，星巴克的市盈率稳定在 50 倍以上，市值良性循环，各方皆大欢喜。

4.2 价值链转化与商业模式

掌握了价值的三种类型，接下来，我们继续讨论价值链变异中的价值链转

---

① 石后武. 星巴克：2021 第三财季营收暴涨 77.6%，预计中国同店销售增速放缓 [EB/OL]. (2021−07−28)[2021−10−01]. http://news.winshang.com/html/068/8238.html

化，以及由此带来的商业模式变化新路径。

价值链转化，是指从一种价值类型的价值链转换为另一种类型的价值链。通常是在商品价值链的末端，再增加一个价值类型转换环节，将创增出来的商品价值或其收益进一步转化为资本价值，从而实现更大的收益（如图4-4所示）。

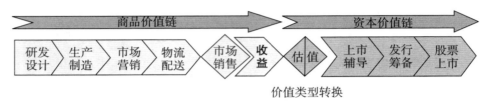

图4-4 价值链转化

换言之，企业盈利（更准确的表述，是股东盈利、投资者盈利）是在资本价值层面上实现的，而不是在商品价值层面上实现的。以第3章介绍的管理培训行业学习链金融模式为例，学习链金融模式是通过被参股的企业上市或股权转让来赚钱的，而不是通过惯常的管理培训、咨询服务赚钱。

其中的奥秘就在于，股权转让的价格基准，是资本价值。资本价值独特的复利式计量方式（未来N年预期净收益之和的贴现），会使得计量结果很容易出现大起大落。预期收益率每提高数个百分点，股权转让的价格就有可能飙升数倍，一夜暴富也不是神话。

举个例子，假定全社会所有企业的净资产收益率都是一样的，都是7.2%。一家小企业净资产为100万元，每年的收益率也是7.2%。一家大公司想把这家小企业买下来，出多少钱合适？答案是100万元。

这不是逗你玩吗？不是！因为接下来，情况便发生了变化：

（1）小企业预期年化收益率上升为10%，多少钱合适？ 105万元！

（2）小企业预期年化收益率上升为20%，多少钱合适？ 326万元！

（3）小企业预期年收化益率上升为30%，多少钱合适？773万元！

小企业的预期年化收益率越高，股权转让的价格基准，即资本价值，就会成倍地往上翻。这也是拜"神奇"的复利计算方式所赐。

充分利用资本价值这一特性，就可以赋予商业模式更加多彩的玩法。

连锁加盟的传统玩法，是通过向加盟商收取名目繁多的各种费用以及保证金、供货差价等赚取收益。总部旱涝保收，而加盟商承担大部分经营风险，自然担心赔本甚至血本无归。因而在决定加盟时，加盟商往往顾虑重重，难下决心。总部如何解除加盟商的"后顾之忧"呢？

根据国家要求，开展连锁加盟的特许方，自身要有直营店。直营店的员工训练有素，服务规范，管控到位，盈利有保障。加盟店虽然可以利用社会资金迅速占领市场，但运营效率、服务水平、客户体验和盈利能力等各方面与直营店相比，总是差一截，而且个别的加盟店经营不下去，总部也不能撒手不管，因为最终损害的还是连锁品牌形象。

事实上，加盟商申请加盟时，如果可以在接手一家赚钱的老店和从头开一家新店之间做选择，相信大多数人都会选择前者，毕竟前者盈利更有保障。那么，总部直营的赚钱的老店以什么价格转让呢？答案是资本价值！

原理清楚了，玩法就简单了。首先，增加第三种形态——控股店，并事先约定好直营店、控股店和加盟店三者之间的转换条件和转让价格。其次，当少数加盟店经营不善并影响到连锁品牌的形象时，总部按照事先的约定"兜底"，回购股权，将加盟店转化为控股店或直营店。譬如每年赚不到10万元的生意萧条的加盟店，总部按照3倍市盈率即30万元的价格回购（净资产大于30万元时，则以净资产为准），重新予以控股或直营。然后，总部派出团队接手，改善运营。当店面的盈利能力得到大幅度提升，譬如每年赚50万元后，总部则会以 150 万元的价格将店面转让给新的加盟商，使其重新变回加盟店。一进一出之间，总部获利自然不菲（如图 4-5 所示）。

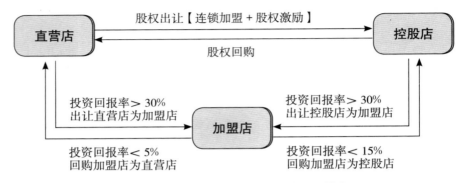

图 4-5 自带资本价值交易的连锁加盟模式

这种模式，对加盟商而言，有了总部的"兜底"保障，不再怕血本无归，加盟意愿大大增强；对总部而言，相当于在做投资银行业务，只不过买卖的是自身连锁品牌下的店面股权。有了这笔资本利得，像加盟费、管理费、保证金之类的"苛捐杂税"就可以少收或不收了。

在这一新的玩法中，门店股权的出让和回购，都是按照资本价值进行的，将门店的未来收益提前变现到当期进行交易。事实上，在现代金融体系中，资本市场的主要作用，就是不断地将未来收益转化为当期可交易的资本价值，预期便成为转化的关键和计量的依据。所谓"炒题材""炒热点"，其实都是"炒预期"。因而在实践当中，价值链转化的商业模式，往往是借助资本市场，操作"预期"去实现的。

以往上市公司重组是在资产层面上理解和操作的，俗称"资产重组"。但现在我们知道，这种理解是不正确的，真正决定股价的，不是资产价值，而是资本价值，是预期收益，重组资产其实也是为了重组预期。所以"预期重组"

才是完整准确的表述,巧妙地运用"预期重组",就能借助资本市场,创设出商业模式新的玩法。

以一家 LED 封装厂为例。LED 封装厂的上游是芯片厂,下游是 LED 屏厂、工程商(见图 4-6)。终端客户都是分期付款的,工程商不得不向上游的 LED 屏厂要账期,LED 屏厂不得不将向上游的 LED 封装厂要更长的账期……

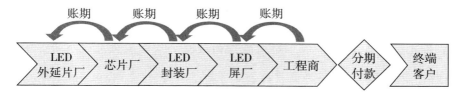

图 4-6　LED 封装厂的主产业链

产业链上的每家企业都在设法挤压别人的空间,不仅造成供应链关系紧张,还导致大家都面临着令人头痛的账期问题。在这种情形下,单个企业融资贷款其实是饮鸩止渴。一方面,银行输入的"高价血"都会慢慢渗流给产业链上的其他企业;另一方面,企业规模扩大,又会在未来爆发更严重的"贫血症"。许多实体企业都身陷这种困局而无法自拔。

显然,只在商品价值链上想办法,摆脱不了困局。只有跳出来,走向资本市场,实现价值链转化,才有可能形成"良性血液循环"。

香港投资者习惯于把股价在 0.1 港元以下的股票称为"仙股"。2018 年 2 月 1 日,香港股市共有 106 只"仙股",某些股票的股价更是低到只有 0.01 港元。"仙股"虽然投资价值并不大,但很适合作为企业借道上市的"壳"。而有了"壳",就可以通过"装流水""装预期"实现"预期重组",助推企业曲线上市。

"装流水"第一步。联合第三方金融机构,共同设立离岸的 BVI(British Virgin Islands,英属处女岛,即免税岛)公司,在香港股市上收购合适的"仙股",控股"壳"公司,然后将债权债务剥离,使之变成相对干净的"壳"(见图 4-7)。

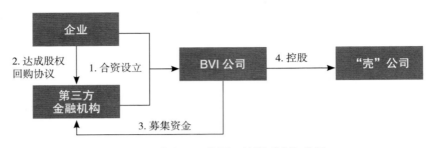

图 4-7 设立 BVI 公司，控股"壳"公司

"装流水"第二步。"壳"公司在国内设立一家全资供应链公司。下游的 LED 屏厂采购产品时，不再直接向企业下单，而是向"壳"公司下单，再由"壳"公司向企业下单；同理，企业采购物料，不再直接向上游供应商下单，而是向"壳"公司下单，再由"壳"公司向上游供应商下单（见图 4-8）。上下游的交易流水就变成"壳"公司的营收，再抽取 1% 作为交易佣金。这样一来，流水越多，盈利越多，"壳"公司的股价越高。

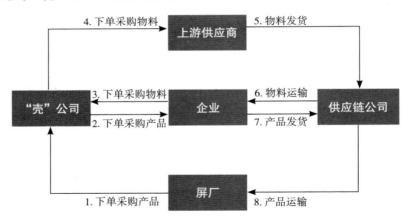

图 4-8 "装流水"交易方式

"装流水"第三步。再将上游与上游的上游、下游与下游的下游等的交易都纳入，装入更多流水，进一步抬升股价。事实上，股票从"仙股"（如 0.01 港元）变成 1 港元并不难，但股价涨了百倍。

"装流水"第四步。股价上升到一定程度，"壳"公司恢复融资能力，即可通过配股、供股、股权质押等方式进行融资（见图 4-9）。

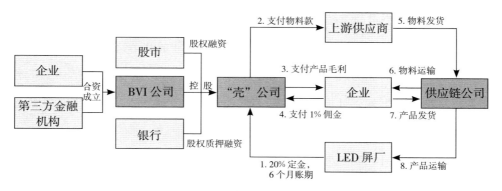

图 4-9 "装流水"交易模式

"装流水"第五步。融资后，"壳"公司就可以收购企业资产。而企业利用出售资产获得的资金，按照事先的约定，回购第三方金融机构所持有的 BVI 公司股份，从而实现对"壳"公司的间接控股。

"装流水"第六步。当上下游企业纷纷加入"壳"公司的交易体系时，"壳"公司自然而然升级成为整个产业链的交易平台与金融平台，从而借助资本市场实现了全产业链布局，如图 4-10 所示。

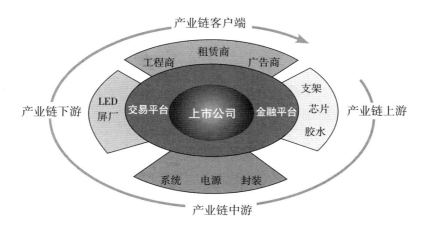

图 4-10 借助资本市场实现的全产业链布局

这一模式设计的核心点，是"壳"公司的交易方式采用固定比例佣金制。

交易流水越大，佣金收入及利润就越高，而且利润清晰可预期，按照资本价值计量方式，"壳"公司的市值将会成倍地放大。这样一来，通过资本市场这座桥，源源不断的产业链上下游交易流水（商品价值），就转化为上市公司的收益及预期收益，进而转化为其市值（资本价值），从而形成"产业链扩张—上下游交易流水增加—上市公司收益增加—市值增加—融资增加—反哺产业链"的良性闭环。

2019年5月14日，开心汽车在美国纳斯达克以SPAC（Special Purpose Acquisition Company，特殊目的收购公司）模式快速借壳上市，采用的就是"装流水"。只不过开心汽车装入交易流水更多是为了财务报表好看，以满足上市的要求。①

4.3 价值流、价值链与价值网

迈克尔·波特解释不了的价值链成因，其实是"价值流运动"。

价值是有生命的，也是不断运动的，呈现为一种流动的形态，即价值流。商品社会最突出的特征，是各种生产要素的充分流动，并形成波澜壮阔、川流不息的商业流，而在"商业四流"——产品流、资金流、信息流和作业流——的背后，则是无声无息的价值流。

价值流的产生，与资源配置息息相关。现代商业社会，经济资源配置主要有四种方式：一是按照使用价值分配（谁更需要，配置给谁）；二是按照商品价值分配（谁出价高，配置给谁）；三是按照剩余价值分配（谁现在赚钱多，

---

① 苏龙飞，潘玉蓉. 开心汽车上市背后：收入流水刷单造假［N/OL］. 证券时报网.（2021-03-25）［2021-05-01］. http://stock.stcn.com/djjd/202103/t20210325_2949477.html

配置给谁);四是按照资本价值分配(谁将来赚钱多,配置给谁)。除了第一种方式,后面三种方式对经济资源的配置和流转,都会形成价值流。事实上,GDP(Gross Domestic Product,国内生产总值)所统计的,正是一段时期(如一年)内价值流的流量总和,也即通过某一假想的社会经济体系横切面的价值流总量。

价值流分为商品价值流和资本价值流。商品价值流指的是商品中的价值随商品一起进行的社会流转[①],且与商品流互为表里,难解难分。不过二者终究有差别:一是"性格"不同,与喧嚣热闹的商品流相比,静水流深的商品价值流只有在商品交易时才偶尔露出真容;二是"运动"不同,商品流运动主要表现为商品的时空平移,商品价值流运动更多表现为价值的断续增加,因为商品从生产者"流"向消费者的过程中,须要经历一系列的作业环节,耗费一定的人力和物力,商品价值将不断地增值,直至形成到达最终消费者手上的最终价值。[②]

货币出现以后,商品价值便有了对立统一的两种形态:商品是价值的实物形态;货币是价值的纯粹形态。[③] 价值流正是通过两种形态的交替,实现波浪式前进,从最初的创造者到达最终的消费者的。因此,商品价值流共有四种存在形式(见图 4-11),一体四面,互相关联:

(1)价值的实物形态运动所形成的产品流;

(2)价值的纯粹形态运动所形成的资金流;

(3)由生产、物流等活动所构成的作业流;

(4)在价值流运动中起调节作用的信息流。

---

① 戴天宇. 经济学:范式革命[M]. 北京:清华大学出版社,2008:305.
② 覃家琦. 基于价值链的 ABC:原理与应用[J]. 商业研究,2003(21):64-67.
③ 戴天宇. 经济学:范式革命[M]. 北京:清华大学出版社,2008:202.

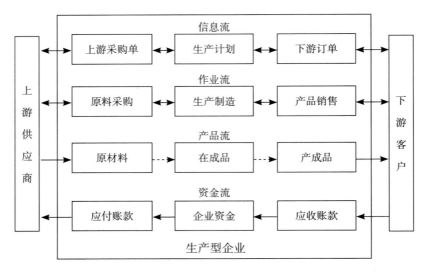

图 4-11 生产型企业的商品价值流示意 Ⅰ

四种形式中,可以缺失的是产品流,譬如生产性服务就没有实物形态的产品流;最熠熠闪光的则是资金流,追踪资金流的流量、流速、流向等,就可使无色无相的价值流"显影"出来(见图 4-12)。

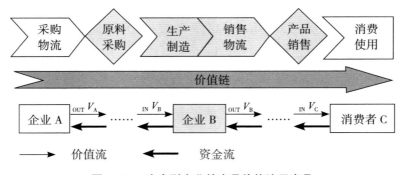

图 4-12 生产型企业的商品价值流示意 Ⅱ

在此基础上,绘制出收入-支出资金流图(简称收支流图)。收支流图是商品价值流的外在呈现,因而也是表观层面描绘商业模式的最适宜工具,用一张图就能将商业模式清晰地展示出来。以图 3-7 中的企业为例,其收支流图如图 4-13 所示。

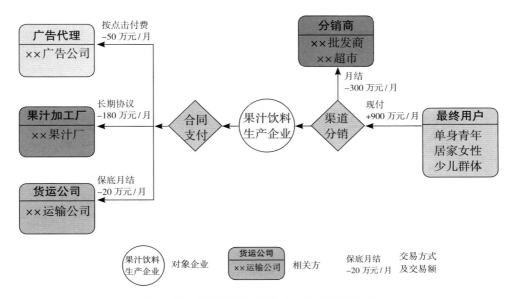

图 4-13 果汁饮料生产企业的收支流图示意

商业模式研究的真正对象，是价值流运动。承载价值流运动的"渠"便是价值链。价值链在哪，价值流便到哪，故而可以将价值链视为静态的价值流。价值链层面的价值环节分布组合图与资金流层面的收支流图，一个描述商业模式的微观基因型，另一个描述商业模式的宏观表现型，宏微观结合，将二者结合起来，就能实现对商业模式的全景立体刻画。

雾芯科技成立于 2018 年 1 月，主要从事 RELX 悦刻品牌电子烟的研发、设计和销售。2020 年，悦刻品牌在中国的市场占有率达到 68.9%。2021 年 1 月 22 日，雾芯科技以 ADS（American Depositary Shares，美国存托股份）方式在美国纽约证券交易所上市。

雾芯科技发展得如此快速，除采用"小步快跑、快速迭代"的互联网打法做零售外，还有着比同行更加聪慧的商业模式。那么，雾芯科技的商业模式是怎样的呢？不需要长篇大论，两张图就能说清楚：一张是表观层面的收支流图

（见图 4-14）；另一张是微观层面的价值环节分布组合图（见图 4-15）。

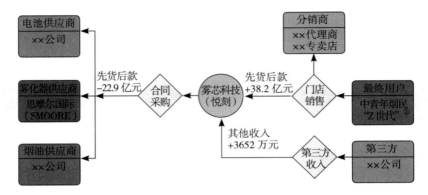

图 4-14　表现型：雾芯科技的收支流图示例

数据来源：雾芯科技 2020 年年报。

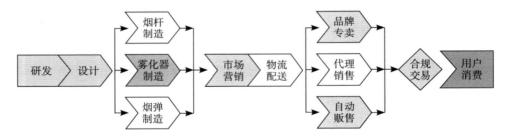

图 4-15　基因型：雾芯科技的价值环节分布组合图示例

与同行相比，雾芯科技将同行关注的烟杆、烟弹等生产制造环节外包出去，而将重心放在价值链的三个关键环节上。

首先，雾芯科技深知价值链末端用户销售环节的重要性，故以加盟方式快速扩张店面数量，开设一家悦刻专卖店，初始投资仅为 5 万—15 万元，最小面积要求仅为 3 平方米，从而降低门槛，加快开店速度。仅用两年时间，悦刻专卖店覆盖国内 32 个省的 310 座城市，数量突破 4500 家。[2]

---

[1] "Z 世代"指新时代青少年，他们一出生就与网络信息时代无缝对接，受信息技术、即时通信设备、智能手机产品等影响比较大，所以又被称为"网生代""互联网世代"等。

[2] 周迎. 悦刻：电子烟的商业迷雾 [J]. 商界（评论），2001（3）：64-69.

其次，雾芯科技深知价值链关键技术环节的重要性，因而与全球最大电子雾化器制造商思摩尔国际共同设立专属工厂，保证自身产品总是具有快人一步的技术先进性。

最后，雾芯科技深知合规交易环节的重要性，所以在这一环节上，不惜工本，将能用的技术手段都用上，包括智能年龄识别、电子围栏、"一店一码"以及"一物一码"等，截断向未成年人售卖电子烟的可能，降低了社会的顾虑。

抓住这三大关键环节，雾芯科技取得了超常的发展速度。

资本价值流是另外一种价值流，是资源配置的又一条途径。随着商品经济向其更高阶段——资本社会过渡，引领资源流转和配置的，更多是预期收益，而不是价格，更多是基于资本价值，而不是基于商品价值。VC、PE 等各种投资基金已经主导了社会经济资源的配置，以股票交易所为代表的资本市场已经成为资源配置的"总司令部"，经济资源配置更多是在资本价值空间内完成的（见图 4-16）。所谓"经济金融化"[1]，描述的就是这一趋势。当然，由于资本价值的计量基础，首先还是来自实体经济所带来的预期收益，从这个意义上说，虚体经济和实体经济既对立又统一。

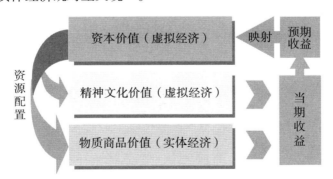

图 4-16　资本价值与资源配置

---

[1]　ARRIGHI G. The Long Twentieth Century: Money, Power and the Origins of Our Times［M］. London：Verso, 1994.

资本价值链的起点，是实体经济产生的预期收益，所以资本价值链往往跟在商品价值链的后面。而由于资本利得（价差）本身又能带来预期收益，所以在资本价值链的后面，又会形成新的资本价值链。例如商品的预期价差会派生出期货价值链，而期货的预期价差又会派生出期权价值链（见图4-17）。一层套一层，可以套出很多层，金融衍生品就是这样源源不断被派生出来的。

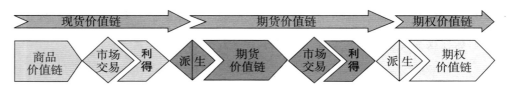

图4-17 资本价值链的派生

国庆中秋，大闸蟹肥美，尝鲜正当时。但大闸蟹不易保存，民间智慧便催生出蟹券，俗称"纸螃蟹"。蟹券价格从几十元到几千元不等，消费者购买以后不用再储存大闸蟹，凭券便可随时提取。因为便捷，许多人便买来蟹券作为赠礼送给亲朋，许多单位买来蟹券作为福利发给员工。

蟹券从性质上说，是一种期货仓单。蟹券的出现使得大闸蟹成为一种期货。商家往往在大闸蟹还未上市时便发售蟹券，以提前锁定客户和吸纳资金。为了吸引顾客购买，商家还会给出较大折扣。一些"黄牛"从中发现了商机，以3—5折的价格从收礼者或商家手中买进蟹券，等到大闸蟹正式上市时，再加价卖出。而有些商家则以5折的价格卖出蟹券，待到大闸蟹季节将过，再以3折的价格回收，称为"空赚"。这样一来，便在实物交易之上，派生出了套利的期货乃至期权交易，进而派生出新的商业模式。①

除了派生关系，价值链和价值链之间的关系还有包罗（譬如汽车生产价值链包罗仪表总成价值链）、单点交叉（譬如汽车生产价值链与饮料生产价值链

---

① 陈新焱."蟹券"疯狂：送礼经济中的商业模式[N].南方周末，2011-09-29（7）.

毫不相干，但共同使用银联支付环节）、多点重合（譬如燃油汽车价值链与电动汽车价值链区段重合）等。多条价值链纵横交织，构成价值网络，甚至在一个企业内部，也可以形成价值网络。

片仔癀是具有四百多年历史的名贵中成药，采用天然麝香、天然牛黄等名贵药材，通过特殊工艺精制而成。其配方和工艺都属于国家绝密级，而且是国家卫生部特许可以使用天然麝香的极少数中药品种。

天然麝香和天然牛黄是片仔癀的两大核心原料，极其难得又极其珍贵。有鉴于此，片仔癀药业股份公司确立的商业模式如下：一方面，介入价值链上游，采用"养殖基地＋养殖户"的模式，以保障原料供应；另一方面，扩展价值链下游，将名贵药材和神奇药效延伸到保健品、日化品、化妆品等多种产品上，延伸出多条价值链，以实现价值增值最大化。而多条价值链纵横交织，也就形成了企业内部的价值网络，① 见图 4-18。

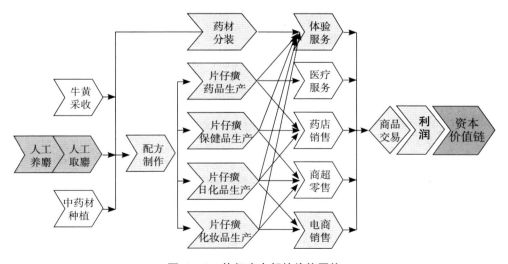

图 4-18　片仔癀内部的价值网络

---

① 刘建顺，黄进明，洪绯，等.漳州片仔癀四位一体可持续发展模式[J].创新世界周刊，2020（2）：98-104.

价值链交织成网，不同的产业和行业都在一张价值网上，因此，商业模式研究的不是价值链的一部分，而是价值网的一部分。其既可能在一条价值链上，也可能横跨多条价值链，所以商业模式"跨行重构""跨界颠覆"是很寻常的事，①这也是我们超越价值链的范畴，将商业模式定义为"价值环节的生态组合"的原因所在。

4.4 用户价值链与商业模式

过去人们认为，价值流运动到终端用户就停止了，剩下的只是价值的消耗和消亡。但今天人们发现，事情远没有那么简单，即便是终端用户，也仍然存在价值的增值和交换活动，其中又分三种情形。

（1）厂家后续的增值服务：产品购买后的使用过程中，厂家为用户继续提供的增值和交换活动，如维修保养、废旧回收、耗材销售等。而对于电脑、智能手机等，则还存在着软件的二次销售。

（2）用户端的价值转移：用户将产品赠与或转售他人。如果将转售环节集中起来，便形成了二手交易平台模式，如闲鱼App等。

（3）用户端的增值：包括物质商品增值（譬如用户储藏的普洱茶、酱香白酒等还会继续发酵，继续增值）、精神文化价值增值（譬如用户收藏的艺术品，如果创作者去世，意味着未来的边际供给等于零，价值就会增加）和资本价值增值（譬如"炒鞋"）。

将以上的价值增减变化环节连接在一起，便形成了用户价值链。

---

① 魏炜，李飞，朱武祥. 商业模式学原理［M］. 北京：北京大学出版社，2020：11.

得物App发迹于"炒鞋"。

鞋之所以能"炒",是因为一双"有故事"的鞋,已经变成了一种精神文化载体。精神文化价值=拟价值水平×边际需求/边际供给,不断激发边际需求(通过媒体、直播、明星代言,激发更多人追捧,即形成"潮"),刻意减少边际供给(如限量版、典藏版、绝版等),鞋的精神文化价值就会提升,进而带动价格上升。更进一步地,如果买鞋就是为了获取预期利得,那么鞋又从商品变成了资本品。只要预期未来价格会高于当下价格,就会有人"接盘","接盘"后,如果预期价格还会继续走高,又会有新的人"接盘",从而形成一条不断膨大的资本投机链条。

得物App定位为新一代潮流网购社区,为用户转售全新或二手的"潮品"提供中介服务,即"C2B2C"(客户—企业—客户)模式,目标人群是追逐时尚潮流的"Z世代"青少年。由于"潮品"天然具有的增值特性,因此普通的二手商品买卖大概率会变异为资本品投机,许多年轻人在得物App上买鞋,不是因为热爱,而是为了赚钱。

得物App号称"鞋穿不炒",但商业模式决定了其很难拒绝资本价值膨大带来的巨大利益。得物App首创"先鉴别,后发货"的购物流程:卖家先寄货到平台,平台经过鉴别,确保是正品后再发货给买家,平台从中抽取总价的5%作为手续费,同时还能沉淀买卖双方的交易保证金。显然,"潮品"倒来倒去的次数越多、价格越高,手续费和保证金就越多,得物App的利益其实和"炒鞋"用户是一致的。[①] 得物App的用户价值链见图4-19。

[①] 田丰沛. 金融风险视域下球鞋炒作的原因问题及对策研究[J]. 营销界, 2019 (12): 147, 198.

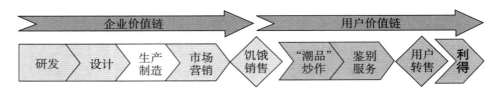

图 4-19 得物 App 的用户价值链

目前，得物 App 的商品品类已经从"潮鞋"扩展到"潮服""潮帽""潮饰""潮妆""潮玩""潮漫"等。据说，每 3 个年轻人中就有 1 个使用得物 App。[①]

以上我们讨论了企业价值链、用户价值链与商业模式之间的关系。不过在价值链上，影响商业模式的因素，除了价值链的组成结构，还有价值链的空间拓扑结构。在接下来的一章中，我们将继续讨论价值链的三大空间拓扑结构及其与商业模式的关系：连接结构（交易结构）、位势结构和端点结构。

---

① 王文娟. 得物 App："90 后"占比超七成，解锁年轻新消费[EB/OL].（2020-09-16）[2021-05-01].http://sh.people.com.cn/n2/2020/0916/c134768-34296859.html

第 5 章
价值链：拓扑结构

本章导读

商业模式的实质就在价值链上，而价值链＝价值环节组合＋空间拓扑结构，拓扑结构包括连接结构、位势结构和端点结构。拓扑结构不同，商业模式便有所差异。由此形成商业模式的五大微观组成——需求定位、价值组合、交易结构、盈利模式和商业位势，以及商业模式的"界门纲目科属种"基因组分类体系。

第 5 章
价值链：拓扑结构

平生不识价值链，再谈商模（商业模式）也枉然！

对商业模式的科学认识离不开价值链，因为商业模式的实质就在价值链上，商业模式绝大部分的结构和逻辑也在价值链上。[①] 以往出现的一些商业模式分析框架，很多只是个人的主观构想和"人造逻辑"。只有价值链才是实打实的客观存在，是事物自身的客观逻辑，是商业模式科学研究可以立足的基石。

不过，价值链并不是一根单向的直线，而是有着复杂结构的，有柔性、有弹性、可伸缩、可弯曲、可变形，具有一定的空间拓扑结构。因此，价值链＝价值环节组合＋空间拓扑结构。一条价值链，即使价值环节及其组合相同，也可形成不同的拓扑结构，即拓扑异构。影响商业模式的，除了价值链及其上的价值环节，还有价值链的拓扑结构。如果拓扑结构发生了改变，也会带动商业模式发生相应变化。

什么是拓扑结构？所谓拓扑，就是将实体抽象成点，将连接实体的线抽象成线，点、线之间的位置关系即为拓扑结构。拓扑结构和几何结构是两个不同的数学概念，譬如三角形、正方形和圆形的几何形状是不同的，但三者的拓扑结构却是一样的，都是环型拓扑。

价值链的拓扑结构，指的是价值链上的价值环节与价值环节之间，以及价值环节与外部实体之间的空间位置关系，主要包括三部分：

（1）价值环节之间的连接关系，交易关系只是其中的一种；

（2）价值环节之间的位势高低——哪个位势高，哪个位势低；

（3）价值链最末端的端点结构，包括终端用户和终端需求。

[①] 张戟. 价值链整合：商业模式的创新源泉 [J]. 销售与市场（管理版），2012（3）：49-51.

拓扑结构对于价值链的动态运行乃至商业模式有着举足轻重的影响。接下来，我们将一一解析这些拓扑结构，以便使读者完整地了解价值链的微观构造，从而完整地把握商业模式的微观逻辑。

5.1 拓扑结构之一：连接结构

价值链上，价值环节之间的连接是一种微结构，包括连接方式、连接面和连接管道（见图5-1），其中连接管道又包含价值传递的管道、信息对接的管道、物料传输的管道等。

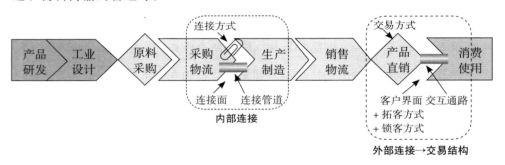

图 5-1 价值环节之间的连接

价值环节之间的连接，如果发生在同一企业内部，则为内部连接，属于生产组织学的研究范畴；如果发生在企业与上游供应商、下游客户之间，则为外部连接，在市场经济中通常是以市场交易形式出现的。由于交易方式连接不稳定，所以交易双方往往还会设立专门的交易环节来保证连接成功。相比于内部连接，外部连接更加复杂和不确定，是商业模式研究重点关注的对象。

相应地，外部连接的微结构也要比内部连接的微结构复杂得多，如连接方式升级为交易方式、连接面升级为客户界面、连接管道升级为交互通路。此外，还会多出来两个组件——拓客方式和锁客方式，前者用来寻找可以连接的客户，后者用来固定已经连接的客户。客户界面、交互通路、拓客方式和锁客方式合称为交易构型，再与交易方式一起组成交易结构。

（一）交易构型1：客户界面

客户界面是客户与企业发生联系、产生互动的界面。通过这一界面，客户可以感知、接触、体验企业的产品和服务，乃至企业本身。

客户界面既是有形的也是无形的，覆盖范围极广。凡是客户的"行动范围"与企业的"势力范围"接壤的地方，凡是客户能够看到、摸到、闻到、尝到企业的产品或服务的地方，从店面门头到货架陈列，从网站页面到微信朋友圈，从导购介绍到消费者的使用场景，都是企业需要关注的客户界面。如何规划、设计、建设和运营客户界面，按照企业意图展示产品、服务乃至企业本身，已经形成专门的研究，[①]并正在生成一门新的学科——客户界面管理学[②]。

客户界面的确定，不能站在企业的角度，而要站在客户的角度。假装自己就是客户，到客户经常出没的地方多走几趟，全程模拟客户的所见、所闻、所感，最后找出客户与企业、与产品、与服务等产生交集的感知点、接触点、体验点，将这些点连起来，即为客户界面。

一家以销售大克拉钻石（俗称大钻）为主的珠宝企业的老总雄心勃勃，着手打造一支销售"铁军"。他采用的方式包括亲自面试和录取销售人员，请成功学大师、"心灵鸡汤"演讲大师给销售人员"打鸡血"，通过野外拓展训练培养销售人员的团队精神，制定极富激励性的销售奖金机制，甚至还亲手拟定了

---

① 如2007年，清华大学深圳研究生院成立"管理场景实验室"；2013年，IBM成立"客户体验实验室"（Customer Experience Lab）等。

② 谢朝武. 顾客服务体系的界面管理：理论、机制与酒店业的实证研究［D］. 厦门：华侨大学，2009.

一些热血沸腾的励志口号……但他忘了一个根本的问题：能花数十万元甚至数百万元买大钻的人，大多数非富即贵，这些人主要在什么地方生活，在什么地方出没，在什么地方驻留，又在什么地方消费？这些人，这些地方，是普通的销售人员能够轻易接触到的吗？

读者朋友，你怎么看？这家企业的客户界面应当如何构建呢？

客户界面是客户与企业打交道的"窗口"，也是企业展示产品和服务的"前沿阵地"。但这个"前沿阵地"需要梯次布局，在纵深上按照前后顺序和深浅程度，可以依次分为感知界面、接触界面和体验界面，然后企业设置自己主动发力的营销界面。仍以果汁饮料企业为例，企业可能的感知界面、接触界面、体验界面和营销界面如表 5-1 所示。

表 5-1 果汁饮料企业的客户界面

	感知界面	接触界面	体验界面	营销界面
客户界面 1	便利店门头	便利店货架	便利店休息区	便利店 POP[①]
客户界面 2	餐饮店菜单	餐饮店餐桌	餐饮店餐桌	促销员
客户界面 3	网络软文	淘宝店	家中	淘宝直播
客户界面 N	……	……	……	……

（二）交易构型 2：交互通路

交互通路是企业的产品和服务到达目标客户的通路，也是企业与目标客户在产品、服务、资金、信息、知识、文化、理念、思想、心智、情感、体验、权益等各个方面进行全方位对接和互动的管道。

仍以果汁饮料企业为例，可能的交互通路如图 5-2 所示。

---

① POP，Point of Purchase，指卖点广告。

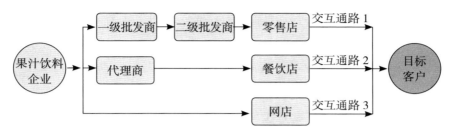

图 5-2 交互通路示意

交互通路可以用三个指标来衡量：通路径流、通路损耗、通路速度。其中通路速度又分为物流速度、信息反馈速度、服务响应速度和资金回流速度，具体见表 5-2。

表 5-2 交互通路的比较

	通路径流	通路损耗	通路速度			
			物流速度	信息反馈速度	服务响应速度	资金回流速度
交互通路 1						
交互通路 2						
交互通路 3						
交互通路 N	……	……	……	……	……	……

交互通路以传输体验为核心，将各种体验元素传送到客户界面，与客户发生"化学反应"。因此，交互通路不是一个简单的产品分销或者直销渠道，而是企业与客户之间全方位的、多媒介的互动管道，产品只是其中的一种载体，服务只是其中的一种媒介。

国内许多企业的交互通路，完全是一种工业化时代的思维。企业为了降低成本，将产品销售委托给渠道，将客服热线外包给第三方呼叫中心，将售后服务委派给特约维修站……交互通路完全是支离破碎的，根本不可能将文化、理念、知识等这些比产品更重要的东西传导给客户。客户在生命周期内需要与多方打交道，体验非常糟糕。反观苹果（Apple）公司，之所以要花重金建立直营店，就是为了打造完整而完美的交互通路。

（三）交易构型3：拓客方式

拓客方式指向客户界面导入客源的方式，事关企业的生死，重要性毋庸赘言。粗粗梳理，目前已知的拓客方式共有六类：业务员拓客、广告拓客、活动拓客、代理拓客、客户拓客、异业联盟拓客（见表5-3）。

表5-3　拓客方式的主要类型

业务员拓客	扫街、扫楼、扫村组、扫社区、扫商圈、扫公交站、扫地铁站、扫加油站、扫电话号码、扫电子邮箱、扫微信号……
广告拓客	媒体广告、邮寄广告、赠品广告、户外广告、POP、网络广告……
活动拓客	体验活动、促销活动、团购活动、亲子活动、学术活动、讲座、沙龙、展会、年会……
代理拓客	代理商、中间商、营销公司、短信公司、直邮公司……
客户拓客	客户转介绍、员工转介绍、捐客转介绍、环销、连销……
异业联盟拓客	店中店、商家联合、战略联盟、商会/协会/俱乐部会员共享……

随着网络社交媒体的兴起，客户拓客，也就是客户转介绍，越来越成为拓客的主流形式。只不过，客户转介绍不能依赖于所谓的口碑传播，因为市场经济会榨取每一个人的"剩余时间"，使得大家越来越忙，没事传播口碑的闲人毕竟只是少数，比口碑更靠谱的是利益。

曾入选2013年《福布斯》（Forbes）美国小型公司100强的Medifast减肥食品公司采用的便是客户拓客方式。凡是通过公司产品减肥成功的顾客，都可以申请成为公司的健康教练，获得公司注册的网络ID号，宣扬自身的成功经验,分享自身的减肥故事,促进成交并从中获得佣金。

(四)交易构型4:锁客方式

所谓锁定客户,可用一句俗语来概括:不买我的,也得买我的。

锁定客户是在企业和客户之间构造一种"利益黏性机制"。客户一旦被"黏"上,就很难再摆脱,只要买一次,就得买多次;只要买多次,就得终身买。依据锁定程度的不同,又可分为轻度锁客、中度锁客和重度锁客。即使是轻度锁客,也能起到一定的客户羁绊作用。

最原始的锁客方式是产品锁定,如惠普(HP)的打印机+墨盒、雀巢(Nestle)的咖啡机+粉囊、利乐(Tetra Pak)的灌装机+纸盒、吉列(Gillette)的刀架+刀片……两样东西必须搭配才能使用,而且耗材是专属的,用别家的不行。然后,厂家故意将设备卖得非常便宜,甚至采用倾销策略,但耗材很贵,而且只能买专属的,客户就只能一次又一次地贡献利润。这便是产品锁定。

雀巢不仅生产速溶咖啡,也生产一种能够新鲜蒸馏,使咖啡口感接近现磨咖啡的胶囊式咖啡机——Nespresso。用户在家中或办公室中,每次只需压入一个胶囊,按一下按钮,新鲜的咖啡便自动流入杯中。

但新式咖啡机推向市场后,因为价格高昂,销量惨淡。1988年,雀巢公司改变了交易策略,将咖啡机的价格压到极低,同时放在老佛爷百货、哈洛德百货、梅西百货等知名百货商场,作为商场引流的特价产品大肆售卖。而当顾客购买咖啡机以后,就得不断地购买咖啡胶囊,由于胶囊具有专属性且专利受到保护,所以顾客只能购买雀巢的,而胶囊的利润是非常高的。自此以后,Nespresso及胶囊业务的业绩一路飙升。到了2013年,该项业务创造的年收入达到 90 亿美元，其中 92% 来自小小的咖啡胶囊。[①]

为了进一步锁定客户，雀巢还规定：顾客只要购买了咖啡机，就自动成为雀巢的会员。咖啡机坏了可以免费更换，需要订购胶囊时，顾客只需要给会员服务热线打个电话，胶囊就会在 24 小时内送货上门。

需要澄清的是，有些学者将上述做法视为一个完整的商业模式，其实这些做法还不是一套完整的模式，只是解决了其中的一个问题——锁客。

（五）交易结构 = 交易方式 + 交易构型

狭义的交易结构，在交易构型之外，还包括交易方式。广义的交易结构则还要加上交易位点和交易内容。

首先来看交易方式。交易方式"自带人间烟火气"，并不是什么"高大上"的概念。在日常生活中，有交易的地方，就有交易方式。举个例子，你到楼下小卖部买盒烟，一手交钱，一手交货，就是一种交易方式——现付；你忘了带钱，先拿走烟，回头再给钱，则为另一种交易方式——赊账；店里缺货，你先给钱预订着，货到之后给你送上门，即是第三种交易方式——预付。

交易的实质是价值交换。既然是交换，就必然存在两个相向而行的过程：我手上的价值如何到你的手上，你手上的价值又如何到我的手上。交易方式要解决的，正是价值"一去一回"的问题，包括"去"和"回"的路径、时间、价值载体等。高度发达的商业社会，"去"和"回"中至少有一边是货币，所对应的就是支付方式。

价值有物质商品价值、精神文化价值和资本价值三种形态，交换本身又包含"去"和"回"两个阶段，再加上在路径、时间、载体等方面的多样化选择，

[①] MATZLER K, BAILOM F, STEPHAN F, et al. Business Model Innovation: Coffee Triumphs for Nespresso［J］. Journal of Business Strategy, 2013, 34（2）：30-37.

这些因素的组合，形成丰富多彩、形态万千的交易方式（如表 5-4 所示）。

表 5-4　丰富多彩的交易方式

交易		方式
"去"	商品交易	批发/零售/代理；经销/包销/代销；展销/直销；现货/远期/期货/期权/掉期；"三来一补"/易货贸易/转口贸易；招标/拍卖/团购/众筹；邮购/电话行销/电视购物/电子商务……
	资本交易	租赁、承包、托管、兼并、参股、控股、授权、加盟、信托……
	特殊安排	统购、统销、专卖、专营、统配、配额、配给、限购、限售
"回"	支付方式	现金/转账；全额/分期/按揭；本票/汇票/支票/汇兑/委托收款/托收承付；预付/保证金/信用卡/信用证；支付宝/财付通……

其次来看交易位点，也就是交易发生在价值链的哪一个位置上。价值链是一条开放的链，不是只在最后的环节才对外输出，每个环节都有可能对外输出，与外部进行价值交换，如研发环节可以对外技术服务，设计环节可以对外 IP 授权。所以一条价值链上的交易位点有可能很多，就像千足虫一样。而在每一个交易位点上，都可能有一个向外伸出的价值交换环节。同一条价值链，向外伸出的位置及数量可能会随时变化，有时伸出去，有时缩回来，拓扑结构就不一样了（如图 5-3 所示）。

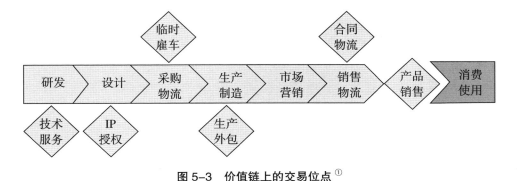

图 5-3　价值链上的交易位点[①]

---

① 交易位点图中，价值输入交易环节一般画在价值链的上方，价值输出交易环节一般画在价值链的下方。

每一个交易位点上，都有特定的交易方式和交易构型，其中交易方式为主，交易构型为辅。交易构型是为交易方式服务的。

再次来看交易内容。交易方式解决的是"怎么卖"的问题；交易内容研究的是"卖什么"的问题，也就是你手上的价值将以何种形态——物质商品价值、精神文化价值还是资本价值，对外进行交易。

这个问题之所以出现，是因为在商业社会中，同样的产品或服务，物理属性虽然相同，但在交易中的价值形态却有可能大相径庭，交易结果也就天差地别。譬如一辆汽车，既可以当作产品卖，也可以当作服务卖（譬如蔚来汽车，买车送终身质保和换电，赠送的价值超过车价，买服务送车[①]），既可以当作收藏品卖，也可以和出租车牌照合在一起当作资本品（赚钱的工具）卖，甚至还能当作某种资格（譬如劳斯莱斯俱乐部）的"入场券"卖。当然，不同的卖法，背后对应的价值形态是不同的，交易价格乃至企业盈利也就大不一样。

因此，盈利模式实际上指的是企业的产品和服务以何种价值形态销售出去。在商海浮沉中摸爬滚打的企业家们更加具有洞察力，早就发现了这个秘密，并对此进行了总结："一流的企业卖标准，二流的企业卖品牌，三流的企业卖产品"[②]或"一流的企业卖标准，二流的企业卖技术，三流的企业卖服务，四流的企业卖产品"[③]。将以上两种说法融会贯通便得到五种盈利模式，即卖产品、卖服务、卖文化、卖技术和卖标准，可以概括为"一流的企业卖标准，二流的企业卖技术，三流的企业卖品牌，四流的企业卖服务，五流的企业卖产品"（如图5-4所示）。

---

① 王娜. 数字经济下的企业商业模式创新——以新能源汽车企业蔚来为例[J]. 现代交际，2020（21）：254-256.
② 项立刚. 3G要看中国脸色[J]. 知识经济，2001（11）：82.
③ 乔楠. 卖标准的并非都是一流企业[J]. IT时代周刊，2006（14）：26.

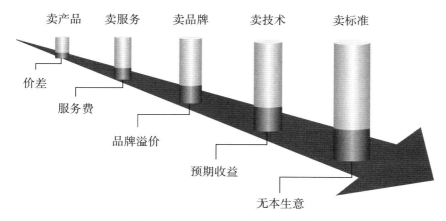

图 5-4　实践中总结的五种盈利模式

盈利模式这样分类，既来自商业实践的总结，也与商品经济的历史发展进程高度吻合。商品经济从初级阶段（实体经济）到中级阶段（虚拟经济）再到高级阶段（虚体经济），正是以物质商品价值、精神文化价值和资本价值分别在社会经济中占据主导地位来分野的。

5.2　拓扑结构之二：位势结构

价值链上的每一个价值环节，经济地位是有差别的，有高有低，参差错落，这便是"位势"，就像食物链上生物所处的营养级（Trophic Level）一样。

营养级概念是由美国生态学家雷蒙德·劳伦·林德曼（Raymond Laurel Lindeman）于1942年提出的。如在青草→兔→狐狸→狼这一食物链上，青草是第Ⅰ营养级，兔是第Ⅱ营养级，狐狸是第Ⅲ营养级，狼是第Ⅳ营养级。能量沿着食物链一级一级地向后传递并衰减，所以营养级大多为四级。

价值链上，价值环节的层级和生态系统中的营养级一样，从最低到最高也可以划分为四个等级：价值链底端（第Ⅰ营养级）、价值链中端（第Ⅱ营养级）、价值链高端（第Ⅲ营养级）和价值链顶端（第Ⅳ营养级）。同一条价值链上的价值环节的位势高低各不相同，且在每一个层级上都有排布，这便是价值链的位势分布（如图5-5所示）。

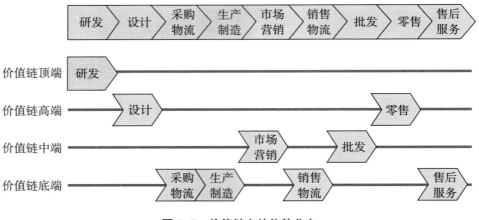

图5-5　价值链上的位势分布

价值环节的位势不同，在价值链上的话语权就不同，议价能力和收益率也不一样。同样的一元钱，投入不同的价值环节上，获得的回报是不同的，即便在自由充分竞争的市场经济中也是如此，等量资本并不能获得等量利润。仅凭这一点就足以说明，所谓"完全竞争实现资源最优配置"，只是一些经济学家在书斋里的主观想法而已。

价值链上，位势相对较高的价值环节主要有三类：一是源头的价值创造环节，如研发和设计，下游都是由其延伸出来的；二是最末端的价值实现环节，掌握甚至锁定最终用户，决定价值链能否持续运行下去；三是垄断环节，拥有独一无二的资源能力，成为价值链的瓶颈，很难被替代。

简言之，位势的高低，只与一样东西有关，那就是不可替代性。价值环节所处的位置及所需的资源能力越难被替代，位势就越高。要想提升某一价值环节的位势，关键也是在不可替代性上做文章，即强化自身的不可替代性，弱化其他环节的不可替代性。

社会分工不断细化深化，意味着价值链上的价值环节被不断打散，分散到更多的企业中，由更多企业分头完成。这样一来，价值环节的位势，便转化为企业的商业位势、生态位势。企业商业位势的高低，同样只与不可替代性有关。提升商业位势，同样是在不可替代性上下功夫，而与企业规模、品牌知名度等没有太大关系。

一家商业地产策划企业，服务的对象主要是财大气粗的商业地产开发公司。在强势的甲方面前，商业地产策划企业的工作很难做，费用低不说，还往往得不到平等的对待，许多时候只能忍气吞声。企业能不能打破这一被动的局面，提升自身商业位势，成功实现"逆袭"呢？

商业地产的核心是人气，人气需要通过进驻的知名品牌来带旺，业内说法叫先搞定"主力店"。市场上能够带动人气的品牌非常有限，譬如麦当劳、必胜客、星巴克、海底捞、优衣库、百丽、ZARA等。无论大型商场、商业综合体怎么定位，都得找它们。这家商业地产策划企业于是抓住这一点，和上述知名品牌建立起良好的合作关系，将它们的选址、店面、装修、配套等各方面要求掌握到极致，甚至比它们自己的选址部门做得还到位，最后给这些品牌商留出的位置一定是最贴合它们需求的。合作数年后，该企业和众多品牌商进一步发展为同进退的战略伙伴关系。有了这些大牌在手，该企业与商业地产开发公司终于可以平等协商了，除了策划费，还能轻松赚取丰厚的招商代理费。

5.3 拓扑结构之三：端点结构

价值链的最末端，是价值链指向的终端用户需求，故又被称为需求端点。譬如酒精生产价值链所指向的"医用需求"、手机制造价值链所指向的"移动通信需求"。如果需求指向发生改变,如酒精生产价值链从"医用需求"转向"食用需求"、手机制造价值链从"移动通信需求"转向"炫富需求",则可认为价值链发生了方向变异。

需求端点,从价值流运动的角度看,是价值消耗直至最终消亡的地方;从链上企业的角度看,则是生产出来的产品和服务流向的最终目的地。过去人们认为,需求端点只是一个"点",如果价值链指向多个需求点,则是一个"点集",不过仍然可以被视为一个更大的"点"。但是现在人们发现,需求端点并不是一个简单的"点",而是一个非常复杂的结构体系,包括四个组成部分:终端用户及其组织形式、终端需求及其组合方式、终端用户需求链、终端用户价值链(如图5-6所示)。

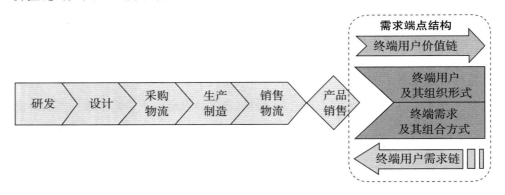

图5-6 价值链上的需求端点结构

(一)终端用户及其组织形式

终端用户和目标客户不是一个概念,终端用户是价值链的,目标客户是企业的。只有企业采用全价值链模式,或者企业就在价值链的最末端,目标客户才有可能与终端用户重合,但其范围也往往小于或等于终端用户。因为只要使用价值链最终产出的,就是终端用户,而目标客户往往还要从终端用户中再次筛选。譬如终端用户是"成年女性",而目标客户则可能被精准地定位为"一线城市中 20—35 岁的时尚白领女性"。

终端用户的组织，是一个在互联网时代才开始普遍出现的商业现象。在此之前，只有企业的组织形式，没有用户的组织形式。用户只与企业产生纵向联系，而与其他用户之间缺乏横向联系，所以在与企业打交道时，没有组织的散户在信息、交易、结算、售后等各方面经常处于弱势和被动的位置，即使个别情况下出现了一些组织形式，也是极少数企业出于自身目的牵头组建的，不仅主导权牢牢掌握在企业手上，而且开展的活动也完全是为企业服务的，譬如用户俱乐部、多层次直销体系等。

互联网及社交媒体的兴起为建立用户组织提供了完美的手段，甚至在用户成为用户之前，就已经将他们组织起来了，例如读书会、分享会、粉丝会、后援会等各种网络社群，然后持续运维。组织者在过程中会不断地以隐秘的方式兜售各种产品和服务，一茬一茬地"收割韭菜"。由于兜售的东西并不限定于某个企业、某个产品，所以这种方式实际上经营的是"人"，经营的是"用户"，而非过去经常说的"经营企业""经营产品"。"经营用户"才是互联网思维的核心与精髓，这一认知要比"以用户为中心"[1]"用户至上"[2]的早期认识，向前跨进了一大步。

互联网在经济生活中的第一位作用，是组织用户，而采用的组织形式，按照组织化程度可以分为临时组织（譬如团购）、半正式组织（譬如微信社群）和正式组织（譬如互联网传销）。其中，最早进入商业化运作的用户组织形式，就是团购，虽然简单粗糙但也切实有效。

2010 年年初，中国第一家团购网站上线。至 2011 年年底，团购网站数量便已超过了 5000 家，史称"千团大战"，美团即是其中之一。

线上团购，是将消费者通过互联网联合起来进行购买的活动，以"抱团购买"的组织形式，减少交易成本，享受更低价格。这种模式适用于边际成本很

---

[1] 赵大伟. 互联网思维之"独孤九剑"[J]. 科学之友，2014（5）：13-15.
[2] 连勇. 用户至上，体验为王：浅谈互联网思维[J]. 兽药市场指南，2015（8）：54-56.

低的服务行业，例如美团在 2017 年的三八妇女节就联合商家推出了 3.8 元的特价电影票、3.8 折的美容护理套餐……

团购让"团员"直接享受低价。如果在此基础上，故意留出一个成团所需人数的"缺口"，让用户为了凑够人数而去拉"人头"，则还能实现"客户拓客"，这种形式即为"拼团"，以拼多多为代表。

团购属于比较初级的用户组织形式，就已催生出多个互联网企业巨头。可以想见的是，未来谁能掌握更新、更有效的用户组织形式，谁就有可能成为下一个互联网巨头。只不过，千千万万的用户在"被组织"的同时，将不得不忍受的，是日趋牢固的利益锁定和精神控制。

（二）终端需求及其组合方式

终端需求，更通俗的说法，是"最终用户的最终需求"，也就是价值链的最终用户对价值链的最终产出（产品或服务）的需求。毫无疑问，终端需求对价值链上的每一家企业都产生着至关重要的影响。

以液晶电视机为例。三星电子将液晶显示屏以 1000 元人民币的价格卖给创维；创维生产出液晶电视机，以 3000 元的价格卖给国美电器；国美电器再以 4000 元的价格卖给终端用户。那么，国美电器的 4000 元收入、创维的 3000 元收入以及三星电子的 1000 元收入，都来自谁呢？不言而喻，都来自链条最末端的终端用户，如果产品和服务不符合他们的需求，他们不买账，这一链条上的所有企业都会受到影响。因此，最终决定企业兴衰荣辱乃至生死存亡的，是终端需求。

用户不是自然人，而是需求的集合。[①] 所以终端需求通常是一个集合。以液晶电视机为例，终端用户通常会提出对画质、音效、环保、耐用、无边框

---

① 俞军. 俞军产品方法论［M］. 北京：中信出版社，2019：33.

等多方面的要求和期望。这些要求和期望，按照马斯洛需求层次理论（Maslow Hierarchical Theory of Needs）可以分为七个层次①，按照卡诺模型（Kano Model）可以分为五种类型，将两者结合起来就是卡诺-马斯洛需求分析（Kano-Maslow Needs Analysis）。

东京理工大学狩野纪昭（Noriaki Kano）教授提出的卡诺模型，将用户对产品的需求分为五种类型②，而不同的类型，有着不同的用户满意度特性，下面以液晶电视机为例进行分析。

（1）基本型需求：必须要有的功能，否则极不满意，譬如安全；
（2）期望型需求：用户期望的功能，越强就越满意，譬如画质；
（3）兴奋型需求：超越期望的功能，提供则极满意，譬如超薄；
（4）无差异需求：用户根本不在意的功能，譬如收听广播；
（5）反向型需求：用户根本不需要的功能，譬如开机广告。

在马斯洛需求层次中加入卡诺模型，即得到卡诺-马斯洛需求分析，见图5-7。

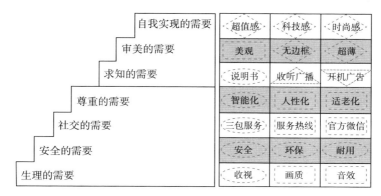

图5-7　卡诺-马斯洛需求分析

注：1. 基本型需求用○标出；2. 期望型需求用□标出；3. 兴奋型需求用◇标出；
4. 无差异需求用△标出；5. 反向型需求用▽标出

---

① 七个层次从低到高，分别是生理的需要、安全的需要、社交的需要（归属与爱的需要）、尊重的需要、求知的需要、审美的需要和自我实现的需要。参见：马斯洛. 动机与人格：3版［M］. 许金声，译. 北京：中国人民大学出版社，2007：4.
② 罗正清，方志刚. 常用客户满意度研究模型及其优缺点分析［J］. 贵州财经学院学报，2002（6）：14-17.

在卡诺－马斯洛需求分析图中，基本型需求多位于低层次，兴奋型需求多位于高层次。同一类型的需求所处层次越低，重要性反而越高，由此便形成一个排序，例如安全的需要层次上的"安全"和求知的需要层次上的"说明书"，虽然都属于基本型需求，但终端用户显然更看重前者。将所有的需求点按照重要性排序后，再梳理出每个需求点所对应的用户群体、发生的场景，以及需求达成所需的资源能力和成本投入，便得到了终端需求全景图（如图 5-8 所示）。

产品	需求类型	需求点（按重要性排序）	用户	场景	所需资源能力	成本投入
液晶电视机	基本型需求	1. 收视				
		2. 安全				
		3. 耐用				
		……				
	期望型需求	1. 画质				
		2. 音效				
		……				
	兴奋型需求	1. 云共享				
		2. 适老化				
		……				
	无差异需求	收听广播				
	反向型需求	开机广告				

图 5-8　终端需求全景图示例

全景图是对价值链末端的终端需求的全面呈现。有了这个终端需求全景图，企业便可从中挑选出合适的需求点作为自己经营的对象。以新产品开发为例，多数企业都会这样设定：确保基本型需求，做好期望型需求，添加一些"锦上添花"的兴奋型需求。据此开发出来的新产品，所能满足的用户需求点组合通常是这样的：全部的基本型需求点 + N 个期望型需求点 + 1 至 2 个兴奋型需求点。

不过"爆品思维"则打破了这种惯常组合，其能够在一款新产品上，一次性提供甚至"堆砌"很多的兴奋型需求点，让用户尖叫。"爆品思维"一度被渲染得神乎其神，但中心思想其实非常简单：在做好基本型需求和期望型需求的同时，将产品开发重心转向兴奋型需求，更多地在兴奋型需求上下功夫，只有这样才能在众多的同类产品中脱颖而出。①

当然，"爆品"很难长盛不衰，因为让人"眼睛一亮"的兴奋型需求点，随着时间的推移，很快就会成为同类产品的期望型需求点，进而演变为所有产品必备的基本型需求点。譬如三星电子在2013年推出的4K电视②，其配置现在已经成为液晶电视机的标配，所以企业又得寻找和挖掘新的兴奋型需求点。

（三）终端用户需求链

西方主流商学占统治地位的个人主义方法论③，认为研究个体行为就能揭示人类社会的全部奥秘。但问题是，"化学反应"的主体不是原子，而是分子④；经济活动的主体不是个人，而是组织，即生产的主体是企业，消费的主体是家庭。贤惠的妻子会为全家人购买食材，尽责的丈夫会为全家人购买电视机，都不会只顾个人的"效用最大化"。

这就带来一个问题，在多数消费场景中，使用者和购买者往往是错位的。终端用户并不是购买者，他们的终端需求需要传递给购买者，购买者又需要传递给销售者，直至传导到价值链的最上游，这一需求传递链条便是需求链。

以液晶电视机为例，老人通常并不是电视机的购买者，但却是收看电视的主力军，是最忠实的用户。收视人群的老龄化趋势越来越明显。

然而，现在的智能电视机功能繁多，操作复杂，让不少老年人无从下手。他们最想要的是"适老化"的电视机，譬如开机直播、界面简单、一键存储、

---

① 金错刀. 爆品战略：39个超级爆品案例的故事、逻辑与方法［M］. 北京：北京联合出版公司，2016.
② 指显示屏分辨率为3840×2160及以上的超高清电视。
③ 马慈和. 西方经济学方法论中的个人主义传统［J］. 世界经济，1991（6）：13-15.
④ 高佃恭，安成谋. 区域经济系统初探［J］. 地域研究与开发，1998，17（S1）：1-4，9.

语音操控，遥控器的按键要少、图标要大。将这些需求点全部汇总起来，便形成了老年用户的"适老化"需求集合。

最先感知老年用户这些需求点的，是他们的儿女。儿女们在购买电视机时，会将这些要求告知电视机销售企业，销售企业又会向上传递给电视机厂，电视机厂整理后，会分别传递给上游的零部件生产企业、遥控器生产企业、软件开发企业乃至工业设计企业。而在这个层层传导的过程中，各方往往还会加入自身的需求，如要求上游企业提供更长账期，更快供货。这个将终端用户需求层层向前传导和层层叠加的完整链条，便是需求链（如图5-9所示）。

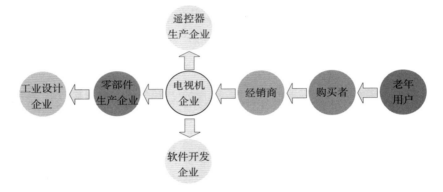

图 5-9　液晶电视机的需求链示意

如图5-9所示，所有的需求都是由价值链最末端的终端需求引发的，经过层层传导，层层叠加，反馈到价值链的最上游。这说明，真正的企业竞争不是在和同行竞争，而是在争夺终端需求。同行企业的目标客户有时并不重合（如一个主打高端客户，另一个主打低端客户），跨行企业争夺的反而有可能是同一需求（如电视机厂和投影仪厂争夺人们的收视需求），所以顺着需求链往前捋，就会发现，真正的企业竞争其实发生在终端用户那儿，是这一家企业同其上下游，与那一家企业同其上下游，共同争夺终端用户群的终端需求空间（如图5-10所示）。将终端需求空间换从价值的角度来描述和衡量，即为终端价值空间，同时也是整条价值链所能实现的价值总和的最大值。人们常说的"千亿市场""万亿市场"，描述的其实就是终端价值空间。

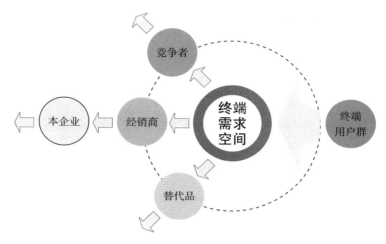

图 5-10　真正的企业竞争，是在争夺终端需求空间

一些 2B（to Business，面向企业）的企业，并不直接面对 C（Customer，客户）端用户，但需求链的竞争仍会将它们卷入对终端需求空间的争夺战中。因此，即使是 2B 的企业，也要留出一只眼睛，时刻留意着 C 端用户的需求动向和变化趋势。

（四）终端用户价值链

终端用户已经购买的价值，一般会被消耗直至消失，但也有可能增值甚至发生转化，譬如普通商品转化为收藏品。发生价值增减变化的这些价值环节，会连接形成用户价值链，鉴于前文已做介绍，在此不再赘述。

需要指出的是，有人提出客户价值链包括购买价格、使用费用、存储费用、处置费用、时间费用、学习费用和精神费用。[①] 这种说法显然是搞错了对

---

① 孙曰瑶. 品牌经济学［M］. 北京：经济科学出版社，2005.

象，错误地将价值链混淆为消费成本——消费者在价格之外另有交易成本。①交易成本包括搜寻商品信息的成本、前往购物的成本、讨价还价的成本、处理买卖纠纷的成本、学习使用的成本等，这些仅仅是消费成本，不会形成商品价值。当然，如果企业能将消费成本降至低于行业平均水平，便会为用户带来额外的好处——消费成本剩余。显然，这是企业建立竞争优势的一条新途径。

5.4 商业模式的微观构造与分类

至此，我们对价值链的组成和结构都做了说明，在此基础上，即可绘制出价值链的全景示意图（如图 5-11 所示）。需要提醒的是，图 5-11 只是价值链众多样式中的一种。价值链的样式成百上千，即使是同一行业，也有多种样式，并不存在一个统一的、标准的模板可供使用者在任何情况下照搬或者套用，所以需要具体价值链具体分析，具体价值链具体绘制。

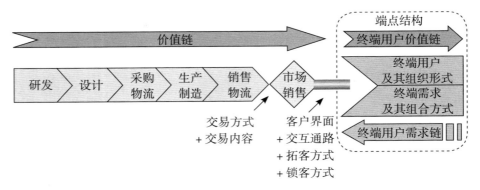

图 5-11　价值链的全景示意

---

① 代天宇. 消费者行为、消费函数与财政货币政策[D]. 北京：中国社会科学院研究生院，2000.

绘制出全景图，价值链上具有商业模式变化效应的三种变异——价值环节突变、价值环节重组和价值链变异，就都变得一目了然了。如果再将研究视角从整条价值链切换到单个企业，我们就可以对单个企业的商业模式展开研究了。事实上，无论企业拥有多少价值环节，横跨一条价值链还是多条价值链，企业内部价值链都是整条价值链的一个分形，和整条价值链是"自相似"的[①]，有着相似的组成结构和拓扑结构。从这个意义上说，商业模式研究和价值链研究是相通的。

商业模式最初关注的问题是企业如何盈利，也就是企业的收益从哪里来。在微观价值层面上，这一问题便转化为：企业的收益主要来自哪一条价值链？价值链上包含哪些价值环节，都有着怎样的排列组合和拓扑结构？哪些环节在我们企业，哪些环节在别的企业？它们将如何分工合作，实现价值的创造和增长？创增出来的价值又将如何转化为收益？收益在各价值环节或各企业之间是如何分配的？

这一系列的问题，都需要价值规律来解答。价值规律是经济学第一定律[②]，但在不同的局部范围内，价值规律发挥作用的形式和运行结果是不同的。商业模式研究的实质，其实是"如何让价值规律为我所用"，即如何搭建一种局部结构，构建一种"人造经济"，让价值规律按照我们的意图来运行，从而形成一个有利于我们企业价值增值的价值链闭环体系。

换言之，商业模式研究是最靠近经济学的管理学，是管理学中的经济学。商业模式分析框架应当围绕经济学的基本范畴——价值、需求、交换去展开。在此基础上，加入盈利模式和商业位势，即可得到初步的商业模式微观分析框架（如图5-12所示）。

[①] 董湧，刘汉进. 保险企业分形价值链构建研究［J］. 河北工程大学学报（社会科学版），2007，24（4）：7-10.

[②] 孙冶方. 千规律，万规律，价值规律第一条［N］. 光明日报，1978-10-28.

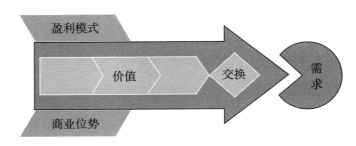

图 5-12　初步的商业模式微观分析框架

（1）价值——价值环节排列组合形成的价值链；

（2）需求——企业内部价值链指向的客户需求；

（3）交换——企业内部价值链对外的输入输出；

（4）盈利模式——创造的价值如何转化为收益；

（5）商业位势——价值链上的总收益如何分配。

这五个方面共同诠释的，正是价值创造、增值、交换和分配的内在逻辑，也就是价值规律。

对初步框架进一步细化，即可得到商业模式微观分析模型Ⅰ，见图5-13。

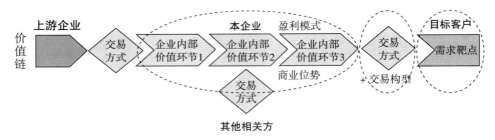

图 5-13　商业模式微观分析模型Ⅰ（参考）

（1）需求定位：价值链指向。企业的产品和服务，到底瞄准的是哪一类用户（目标客户）的哪一类需求（需求靶点）？

（2）价值组合：价值链构造。价值链上的全部价值环节，哪些放在我们企业，哪些放在别的企业？

（3）交易结构：价值链连接。放在不同企业的价值环节，如何通过交易结构(交易方式+交易构型)重新连接在一起?

(4)盈利模式:价值链变现。创造出来的价值,以何种形态"卖"出去,变成收益?

(5)商业位势:价值链分配。收益在不同企业之间如何分配?

为什么图5-13中的模型为参考模型?因为价值链不同,企业在价值链上拥有的价值环节不同,商业模式的具体框架也是不同的。因此,实事求是,从企业实际出发,意味着商业模式微观分析模型是"因企而变""因时而变"的,譬如说,商业模式微观分析模型还可以是下面这个样子的(如图5-14所示)。

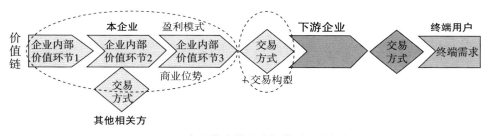

图 5-14 商业模式微观分析模型 II(参考)

当然,无论分析模型如何变化,五大组成——需求定位、价值组合、交易结构、盈利模式和商业位势——都是不可或缺的。

有了微观分析框架,我们就能对商业模式进行基因组学分类了。

在生物学领域,科学家们最初是根据生物的"长相"及亲缘关系进行分类的,譬如人,是"动物界、脊索动物门、哺乳纲、灵长目、人科、人属、智人种"。但现在人们知道,更准确的分类依据是基因,譬如河马,外形上曾被误认为和马是近亲,但其实与它血缘关系最近的是鲸鱼。

商业模式的分类,现在可以说是一片混乱,各种说法五花八门,迄今也没有形成一个"全面、清晰、实用、令人信服的分类体系"[①]。建立商业模式最基

---

① 张婷婷,原磊. 基于"3—4—8"构成体系的商业模式分类研究[J]. 中央财经大学学报,2008(2):79-85.

本的"界门纲目科属种"分类体系已经刻不容缓。

成百上千万的企业，每一家都有自己的商业模式，而且可能还不止一种。将商业模式全部种类加在一起，数量可能比大自然中的物种还要多。如果仅仅将商业模式分为几个大类，无论怎么划分，都太过粗疏和笼统，所以需要细化到"界门纲目科属种"。从微观分析框架出发，有：

（1）界：价值类型，即根据企业输出的主要价值类型——物质商品价值、精神文化价值、资本价值或多种价值混合——可以分为实体经济、虚拟经济、虚体经济或跨界经济。

（2）门：价值链类型，即根据企业所处的主要价值链——产品价值链或服务价值链——可以分为第一产业、第二产业、第三产业或跨产业。

（3）纲：价值链细分，将企业所处的主要价值链再细分到行业，如水产养殖业、生物制药业、医疗服务业、互联网保险业等。[①]

（4）目：目标客户类型，根据企业内部价值链的客户指向，可以分为 B2B（Business to Business，企业对企业）、B2C（Business to Customer，企业对客户）、C2C（Business to Customer，客户对客户）、B2G（Business to Government，企业对政府）、O2O（Online to Offline，线上到线下）等。[②]

（5）科：盈利模式类型，根据企业输出的主要价值形态可以分为做产品、做服务、做文化、做技术和做标准。

（6）属：主要价值环节，企业所拥有的最主要的一个或多个价值环节，决定了它是制造商、服务商、集成商、工程商、运营商、经销商、代理商，还是开发商、投资商。

---

① 具体可以参见国家统计局 2018 年发布的《新产业新业态新商业模式统计分类（2018）》。

② D'ANDREA A, FERRI F, GRIFONI P. The E-Commerce Business Model Implementation [C] // Encyclopedia of Business Business Analytics and Optimization, 2014：2509−2520.

（7）种：次要价值环节，根据主要价值环节之外的剩余环节，做进一步的细分，譬如制造商可以进一步细分为 CMT、OEM、ODM、OBM[①] 等模式。

按照"界门纲目科属种"，我们就能将每一种商业模式予以科学的分类。譬如曾经的"代工之王"富士康集团，其商业模式可以归类为"实体经济界，第二产业，3C（电脑/通信/消费）电子行业，B2B，做产品，制造商，B/S[②] 代工模式"。又譬如货拉拉物流，起家时的商业模式可以归类为"实体经济界，第三产业，互联网约车服务行业，O2O，做服务，平台运营商，同城零担货运互联网约车平台模式"。

有了商业模式的微观分析框架，不仅可以对商业模式进行科学分类，更重要的，是能够快速呈现商业模式的变化及变化逻辑。接下来，我们将对商业模式的五大微观组成一一进行解析，从而让大家理解，微观基因层面的微小改变，将如何带来宏观层面上丰富多彩的商业模式变化。

---

① CMT（Cutting，Making，Trimming），裁剪、制作、整理，即来料加工。
OEM（Original Entrusted Manufacture），即委托制造。
ODM（Original Design Manufacture），即委托设计与制造，是由采购方委托制造方提供从研发、设计到生产、后期维护的全部服务，而由采购方负责销售的生产方式。
OBM（Original Brand Manufacturing），即代工厂经营自有品牌运营。

② B/S 即 Buy and Sell，客户采购原材料，企业代工生产，客户就是供应商。参见中国证券监督管理委员会 2018 年发布的《富士康工业互联网股份有限公司首次公开发行股票招股说明书》。

第 6 章
商业模式微观构造 I：需求定位

本章导读

千定位，万定位，企业最首要的定位是需求定位，确定目标客户，瞄准需求靶点。互联网对商业的最大改变，是从经营产品转向经营客户，经营的是人。为此需要对他们进行利益锁定或心智浸润，使其持续地为企业贡献收入。

第 6 章
商业模式微观构造Ⅰ：需求定位

对商业模式的微观解析，从哪儿开始呢？需求！

市场经济最突出的特征，是需求决定供给。生产展开的出发点是需求，市场交换的落脚点也是需求，就连企业在市场竞争中那些深思熟虑的关键决策，从产品到服务，从投资到营销……无一不是以需求作为第一位的考虑因素。谁忽视了客观需求，谁终将被市场踢出局。

需求，也是整条价值链的最终走向，是一切价值活动的出发点和落脚点。任何价值活动分析，包括商业模式研究在内，只要是从实际出发，实事求是的，自然就会选择客观需求作为分析的出发点，而不会将愿景、使命、战略目标等这些主观的东西作为分析的出发点。

所谓定位，首先也是需求定位，即找出目标客户及其需求靶点。以图 5-13 所示的价值链为例，目标客户就藏在终端用户群中，需求靶点就藏在终端需求集中（如图 6-1 所示）。

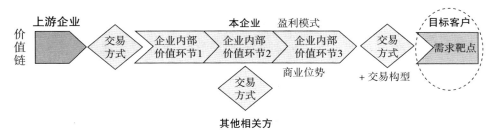

图 6-1　商业模式的微观解析：需求侧

6.1 需求定位

2002年以来，定位理论风靡神州大地[①]，并延伸到了企业经营的方方面面，如企业定位、品牌定位、产品定位等。但千定位，万定位，企业最首要的定位还是需求定位，因为市场经济的核心逻辑，是需求决定供给——市场需要什么，决定了企业该做什么。所以，需求定位是第一位的，供给定位是第二位的。如果脱离需求定位去做企业定位、品牌定位、产品定位，只会主观凌驾于客观，将主观的愿望强加给客观的市场。

所谓需求定位，即要开宗明义地明确，我们的产品和服务瞄准的，到底是哪一类用户的哪一类需求。

答案也很明确：目标客户的需求靶点。也就是说，在产品和服务所能满足的全部需求当中，选择哪一点或哪几点作为企业瞄准的"靶心"。

在商业的眼睛里，每一个客户都是一个行走的"需求集合"；所有的客户叠加在一起，便会形成一个"需求空间"，而且这个"需求空间"还会随着时间、空间和场景的变化而动态变化。选择目标客户，其实就是从这一"需求空间"中切出一块来，作为企业的经营对象。由此可见，选择目标客户和选择需求靶点实际上是一回事，都是从"需求空间"中抽取出一个组合、一组需求点（通常为"全部基本型需求点 + M 个期望型需求点 + N 个兴奋型需求点"），作为企业瞄准的"标靶"；然后再在这一组需求点中选择一点或几点，作为企业重点瞄准的"10环"或"9环"。

确定需求靶点，不能在办公室里进行想当然的逻辑推导，而要设身处地

[①] 里斯，特劳特. 定位 [M]. 王恩冕，于少蔚，译. 北京：中国财政经济出版社，2002.

地到生动鲜活的购买场景、消费场景和使用场景中去体验，看客户在各种情形下，会对产品和服务提出哪些要求和想法，然后再将这些要求和想法记录下来，从中筛选出可供瞄准的需求靶点。一般来说，在相对成熟的市场中，基本型需求大部分已经被满足了，新进企业能做文章的，往往只剩下期望型需求或兴奋型需求。

如果企业是2C（to Customer，面向客户）的，产品和服务直接面向终端用户，那么目标客户就在终端用户群里，需求靶点就在终端需求集中。

婴幼儿普通配方奶粉的终端用户群，按照年龄段可以分为1段（0—6个月）、2段（6—12个月）、3段（1—3岁）和4段（3—7岁）；按照性别可以分为男孩和女孩；按照体质可以分为东方人和西方人；按照国籍可以分为中国宝宝和外国宝宝。

而婴幼儿普通配方奶粉的终端需求，分为三种类型：基本型需求包括健康安全、营养齐全、易于吸收、不闹肚子等；期望型需求包括接近母乳营养比例，宝宝喝完无口气、无皮疹、不上火、不便秘等；兴奋型需求包括能为宝宝带来超凡的免疫力、有助于宝宝的身体和智力发育等。

不同的婴幼儿奶粉企业，会从上述的终端用户群和终端需求集中各自挑选出自己的"目标"。由于婴幼儿配方奶粉的"新国标"极其严苛，健康、安全等基本型需求都成了标配，所以各家企业瞄准的需求靶点都是从期望型需求和兴奋型需求中选出的。如在国产奶粉中，贝因美瞄准的目标客户是"各年龄段的宝宝"，瞄准的需求靶点是"非凡的免疫力和身体发育"，主推提升宝宝免疫力的"爱加"系列；伊利金领冠Pro-kido瞄准的目标客户是"1—3岁幼儿"，瞄准的需求靶点是"无限接近母乳的营养比例"；而飞鹤奶粉则另辟蹊径，瞄准的目标客户是"中国宝宝"，瞄准的需求靶点是所谓的"更适合中国宝宝体质"，虽然这种说法并没有什么科学依据（凡是符合国家标准的就适合中国宝宝），不过通过广告轰炸，还是能让一些不明就里的中国妈妈为之买单①。

如果企业是 2B 的，那么毫无疑问，目标客户和需求靶点就在下游企业群中，不过企业仍然需要留出一只眼睛密切注意 C 端的情况。只分析与自己直接打交道的下游客户是远远不够的，因为客户的下游还有客户的客户……事实上，一路追寻下去就会发现：最终为企业的产品和服务买单的，或者说最终决定企业生死存亡的，是终端用户。一些 2B 的企业意识到这一点后，主动出击，超前部署，在最终用户处做文章，通过影响和控制最终用户，来掌握整个链条的最高话语权。

英特尔（Intel）公司对这一点谙熟于胸。CPU（中央处理器）是电脑三大件之一，需要和内存条、硬盘、主机板等配件组合起来，才能装配成一台电脑整机。按照常理，2B 的英特尔只需服务好下游客户，搞定电脑整机厂商如联想、戴尔（Dell）、惠普就可以了。然而英特尔深谋远虑，不但要求下游的整机厂商都要在产品的显著位置标注"Intel Inside"，同时还面向最终用户大做广告。据统计，英特尔的奇特音效"噔…等噔等噔"每五分钟就会在地球上响一次。②最后，用户购买电脑时，首先问的是："里面是不是英特尔的 CPU？"电脑整机品牌反而被置于次要的位置。换句话说，英特尔越过了下游的电脑整机厂商，直达最终用户，通过影响和控制最终用户，实现了对整个链条的驾驭和控制。

那么，在目标客户和需求靶点之间，先确定哪一个呢？需求定位有两条路径。第一条路径是"目标客户→需求靶点→产品和服务"。也就是说，从目标

---

① 王方玉. 中国飞鹤，火爆的"智商税"生意［EB/OL］.（2021-04-29）［2021-05-01］http://caifuhao.eastmoney.com/news/20210429074409093124060

② 陈雪频. Intel Inside：英特尔的整合营销之道［J］. 中外书摘（经典版），2018（3）：71-73.

客户出发，先确定需求靶点，进而确定自己的产品和服务，必要时，按照目标客户的要求对产品和服务进行改良或者推倒重来。

一家生产排插的初创企业，瞄准了儿童排插这一细分市场，而且在技术上实现了多项突破，将排插安全防护做到了极致——漏电保护、短路保护、过压保护、过流保护、浪涌保护、儿童过压防护门等一应俱全。淘气的孩子即使将水倒入排插孔中，将钥匙捅入排插孔中，甚至用打火机烧排插，也不会触电。然而，为了节省开模费用，新产品采用了普通排插的模具，外观上没有任何变化，只是在排插表面印了"儿童排插"几个字。这样的排插产品，根本引不起孩子和家长的购买兴趣，怎么办？

目标客户不变，产品就要改变，以符合孩子们的审美需求。企业痛定思痛，重新设定需求靶点为"萌系安全"，重新设计产品外观——卡通形象、"小清新""萌萌哒"。推出之后，深受孩子和家长们的青睐，销量长期位居淘宝儿童防触电排插销量排行榜第一名。

第二条路径是"产品和服务→需求靶点→目标客户"。从现有的产品和服务出发，找出与之匹配的需求靶点，进而找出目标客户。

与新鲜出炉的烘焙蛋糕相比，袋装蛋糕的口味要差得多，保质期要长得多，食品添加剂也要多得多——有乳化剂、膨松剂、凝固剂、防腐剂、脱氧剂、着色剂、增稠剂、酸度调节剂等，多达几十种食品添加剂。正因为如此，随着城市居民收入水平的提高和食品安全意识的提升，越来越多的人转而购买现场烘焙的蛋糕。

一家生产袋装蛋糕的小食品厂，过去将产品送到各个售卖点就万事大吉了，至于售卖点又将产品卖给了谁，则从来没有细究过，直到售卖点的进货量明显下滑，这家小食品厂才感到市场出了问题。企业通过调研后发现：随着城市居民对食品安全要求的升级，袋装蛋糕的需求量在不断萎缩。如果产品线一时没有办法转型，就得寻找新的目标客户，开辟新的销路。

新的客户群体会是谁呢？显然，是那些对生活品质将就、对食品口味将就、对食品添加剂问题将就，但是对人民币不将就的人，由此可以明确为：18—28岁的"单身草根男"。

"单身草根男"长什么样？读者头脑里自然会有一幅清晰的人物画像。一个好的目标客户定位正该如此，寥寥数字，跃然纸上。

6.2 用户与客户的错位

用户一般指使用者，客户一般指购买者。虽然在多数消费场景中，使用者和购买者是"合二为一"的，使用者即是购买者，但也确实存在着二者相背离的情形：用的人不买，买的人不用。用户与客户会发生错位，主要有两类：一是在礼品市场；二是在儿童用品和服务市场。

那么，在用户和客户错位的情形下，又是谁起决定性的作用呢？

首先来看礼品市场。礼品是典型的"用户、客户分离"，使用者和购买者是错位的。不过话说回来，如果购买者是真心实意地送礼，则仍要充分考虑对方的禁忌或喜好，避其所恶，投其所好，所以用户的偏好是起决定性作用的，是第一位的需求，购买者的需求是第二位的。

一家生产电动剃须刀的跨国企业通过调研发现，剃须刀的使用者是男性，但购买者多为女性。女性购买剃须刀后，将其作为礼物送给父亲或爱人。这家企业据此认为，既然多数购买者是女性，那就应该按照女性的审美设计产品和包装，于是推出了粉色系列、"萌萌哒"系列，不料销量却寥寥无几。原因很简单：消费者虽然是女性，但使用者是男性。女性购买电动剃须刀作为礼物送给她的爱人，第一位考虑的，恐怕还是"他"的喜好程度吧。所以对于礼品，最终起决定作用的还是用户。

一言蔽之，在礼品市场中，用户为"根"，客户为"末"。购买决策的做出，通常以用户的需求为导向，再叠加客户的部分倾向。

然而在中国，却存在一种奇怪的情形：送礼并非出自真心，东西有没有用不重要，重要的是送礼的人"有面子"且礼物"拿得出手"。譬如"今年过节不收礼，收礼只收脑白金"广告语当中的"脑白金"，"就其技术含量来说，什么都不是"①，却照样大行其道，就是因为商家紧紧抓住了一部分消费者爱面子的特性。

中国的殡葬市场同样如此。豪华墓地、豪华葬品、豪华葬礼，给谁看呢？逝者显然看不到了，都是做给生者看的，越豪华似乎就越有面子。而这一切，最终都变成相关企业的滚滚利润。例如上市公司福成股份，2018年殡葬业务的毛利率高达88%；而在人们认为是"暴利"的房地产开发行业，上市公司万科地产2018年的毛利率仅为30%。②

其次来看儿童用品市场，使用者和购买者错位的情况更加错综复杂。

杭州市宝儿童装有限公司（应企业要求，采用化名）致力于开发0—14岁儿童的高档童装。在产品宣传上也是以"梦中的公主裙"作为卖点，着力突出

---

① 陈谷. 四通转型心得[N]. 中国经营报，2004-01-19（1）.
② 刘勇，李悦. 毛利率88%，A股殡葬第一股福成股份赚1.48亿元[N]. 重庆商报，2019-04-04（12）.

产品的时尚、品位、气质，以及优质面辅料和做工。

事实上，许多儿童用品的目标客户群体，也都设定为0—14岁的儿童。这一设定看似合情合理，实则错得离谱，为什么这么说呢？

不同年龄段的童装，购买决策者是不同的，消费理念和审美观念也是不同的。0—3岁，使用者和购买者完全错位，对于这个年龄段的儿童，父母买啥就穿啥；3—6岁，父母会参考孩子的意见，但主要还是大人拿主意；7—12岁，孩子的意见开始占上风；12岁以上，孩子进入青春叛逆期，自我意识凸显——我的衣服我做主——甚至和父母对着干，反着来。不同的年龄段，决策主体差异巨大，要想面面俱到，同时精准满足他们的审美和喜好，是一项根本不可能完成的任务。所以，"0—14岁儿童"这一设定实在不靠谱。

综合以上分析，宝儿童装公司将目标客户重新界定为：家有7—12岁女童的时尚中产家庭，母亲为30—36岁的时尚辣妈。

确定目标客户之后，接下来就要确定需求靶点。那么，在用户和客户错位的情况下，又该如何确定需求靶点呢？

以宝儿童装公司为例，确定错位之下的需求靶点，分四步走：

第一步，确定消费场景。要弄清楚目标客户的购买场景和使用场景，譬如"梦中的公主裙"这种高档童装，父母只会去商场的专柜或专卖店购买，而孩子只会在做客时、宴会时或其他的正式场合穿着。

第二步，确定用户需求。模拟7—12岁的女童，置身于上述使用场景中，感受和体会场景中的细节和质感，以及由此而产生的对童装的各种要求和期盼，然后将这些需求点记录下来，再按照需求层次和类别，一一填入卡诺-马斯洛需求分析图中，如图6-2所示。

第三步，叠加客户需求。模拟30—36岁母亲，置身于上述购买场景中，根据客户（母亲）的需求，对用户（女童）的需求进行增补、修正与叠加，即可得到需求集合的最终版本。一般而言，女童的年龄越大，母亲修正的程度会越小，用户（女童）的需求会体现得越多，如图6-3所示。

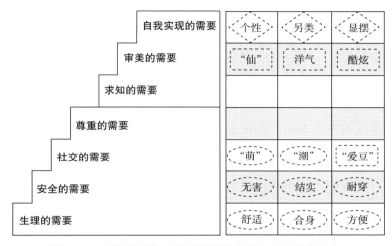

图6-2 童装的卡诺-马斯洛需求分析（只有用户需求）

注：1. 基本型需求用○标出；2. 期望型需求用□标出；3. 兴奋型需求用◇标出；4. 无差异需求用△标出；5. 反向型需求用▽标出

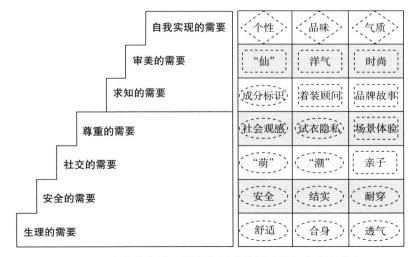

图6-3 童装的卡诺-马斯洛需求分析（叠加客户需求）

注：1. 基本型需求用○标出；2. 期望型需求用□标出；3. 兴奋型需求用◇标出；4. 无差异需求用△标出；5. 反向型需求用▽标出

第四步，确定需求靶点。从低到高，对表中的每一个需求点进行对照检查，找出用户（客户）非常渴望却从未被满足的需求点，也即需求痛点。需求靶点一般是从需求痛点中选出的。当然，究竟选哪一个或者哪几个，还要继续画出终端需求全景图，结合需求痛点的重要程度、需求空间大小，以及企业自身的资源能力和成本投入等因素综合考量。

宝儿童装公司经过筛选，挖出多个需求痛点，然后结合自身实际情况，从中挑选出三个作为需求靶点：试衣隐私、场景体验与着装顾问。试衣隐私痛点，是指儿童缺乏专用试衣间，试衣隐私保护不足；场景体验痛点，是指试衣间只有光秃秃的镜子，缺乏场景映衬，很难判断衣服合不合适；着装顾问痛点，是童装公司以往雇佣的导购往往销售话术一流，但对服装面料、着装礼仪、配饰搭配等专业知识却知之甚少，给不了孩子专业的着装意见。

据此，宝儿童装公司打造"场景模拟、角色扮演、以玩带销"的场景体验式销售模式。公司在体验店中设立4—6个大型试衣间，如公主城堡试衣间、梦幻庄园试衣间、魔法小屋试衣间……同时还有"侍女"提供着装及妆容方面的专业服务，让孩子们在这些童话般的试衣间里去饰演角色，去放飞自我，去装扮，去"臭美"。可以想见，孩子一旦穿上了这些服装，恐怕很难脱下来了，剩下的事情，就是请父母买单了。

最后来看儿童服务市场。儿童服务市场和上述两类市场的情况差不多，也是在用户（孩子）需求的基础上，叠加客户（家长）的需求。以K12课外辅导教育服务为例，家长作为客户，核心诉求是"提分"（提高分数）和高"费分比"（分数提升与投入费用的比值）。孩子作为用户，核心诉求是"好玩"和"快乐学习"。VIPKID是北京大米科技有限公司旗下的青少儿国际英语教育品牌，之所以能成为全球增长速度最快的少儿英语培训机构，就是因为其他培训机构关注的重点，是客户（家长）诉求，站在家长一方"督促"孩子学习；而

VIPKID认为用户（孩子）的诉求才是根本，将孩子的"好玩"诉求摆在第一位。孩子爱学，家长的诉求才更容易达成。①

如果企业是2B或2G（to Government，面向政府）的，则还存在另外一种类型的错位——虽然客户就是企业或者政府机构，但在客户系统内部，购买产品和服务的提议者、决策者、执行者和使用者往往是错位的。在这四者当中，使用者虽然是最没有话语权的，却是最关注产品本身的，他们的需求形成第一位需求，只是这个第一位需求常常会被提议者、决策者、执行者的第二位需求、第三位需求、第四位需求叠加甚至篡改，最终有可能变得面目全非。不过，需要注意的是，使用者的需求终究是根本，企业的产品和服务即使被客户买单，如果用不了、不好用，仍然会如兔子尾巴——长不了。

互联网时代，"互联网消除了距离"②，同时带来另一种形式的错位——此处客户下单，彼处用户接货，只是许多企业还未意识到。有些购物和订餐App，采用了定位功能。客户下单时，这些App总是自以为是地帮你定位到最近的店。客户如果选别的城市的其他店，则无法继续，想为别人买东西更是不可能的。③这显然是把客户和用户混为一谈了。

需要说明的是，新浪微博、今日头条、小红书、知乎等一类的内容网站或App，其商业实质并不是"用户、客户分离"，因为用户是网民，客户是广告主。网民关注的是内容，广告主关注的则是网民关注量，二者关注的不是同一个东西，因此不属于"用户、客户分离"。这类企业做的生意，其实是用内容吸引更多的用户关注，然后再把所形成的"用户界面"转卖给第三方，譬如让第三

---

① 杨斌，朱恒源，曹珊珊，等．VIPKID：重构少儿英语教育［J］．清华管理评论，2019（10）：115-120.
② 德鲁克．管理未来［M］．李亚，邓宏图，王璐，译．北京：机械工业出版社，2018：2.
③ 余山水．用户体验设计之我谈：考虑客户和用户的分离［EB/OL］．(2018-03-31)［2021-01-01］．https://blog.csdn.net/shagu/article/details/79767010

方在"用户界面"发广告,或和第三方分享用户数据,用户越多,感兴趣的客户就越多。只是转卖"用户界面",所得毕竟有限,如果能直接形成商业闭环,直接"收割"用户,收益显然会更大,这也正是部分内容网站努力的方向。

在后续的章节中,除了错位的情形,我们不再刻意区分用户和客户。

6.3 用户组织:利益锁定

互联网对社会经济及其运行方式进行了深度重构,"互联网思维""互联网+"等时髦热词也不胫而走,似乎成了"包治百病"的万能药。[1] 可当我们将那些天花乱坠的表达洗去铅华,拂去"泡沫",就会发现:互联网对商业的最大改变,是从过去的经营产品、经营企业转向经营用户、经营客户。传统商业经营的是产品,互联网商业经营的是人,更准确地说,经营的是需求节点结构(如果在价值链末端,即为需求端点结构),见图6-4。

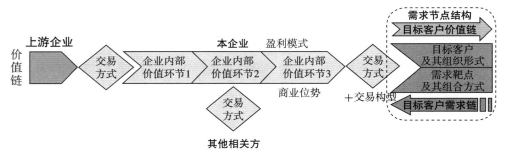

图6-4 互联网商业主要是在需求节点结构上做文章

尽管经营客户的说法由来已久[2],但直到互联网商业爆发,这一切才成为可能。过去企业在经营中,虽然嘴上说的是"客户是上帝,以客户为中心",但

---

[1] 周鸿祎. 互联网思维无法"包治百病"[J]. IT时代周刊,2014(7):10.
[2] 苏朝晖. 经营客户[M]. 北京:清华大学出版社,2010.

心里想的还是企业的利益，每天挖空心思琢磨的，仍然是如何将自己的产品推销给客户。而经营用户、经营客户的经营对象就是用户（客户）本身。他们需要什么产品，就提供什么产品；需要什么服务，就提供什么服务，即便不是自己的产品和服务也没关系。一言以蔽之，经营产品、经营企业是围绕产品找人，将同一产品卖给更多的人；而经营用户、经营客户是围绕人找产品，将更多的产品卖给同一个人。互联网商业的思考逻辑和传统商业完全是反着来的。

孩子王儿童用品股份有限公司（简称孩子王）成立于2009年，截至2020年年末，共有直营门店434家，营业收入达到83.55亿元。2021年，孩子王在深圳创业板上市。

孩子王是一家在经营用户方面勇于探索、先行先试的企业。在其官网上，孩子王将自身的商业模式明确地界定为"经营用户关系""以会员为核心资产"，即作为新家庭的服务平台，通过直营门店、育儿顾问师、微信小程序、App、社群、直播等线下线上渠道，为准妈妈及0—14岁儿童家庭提供一站式购物、育儿咨询与社交互动等全方位服务。从奶粉到纸尿裤，从玩具到童装，从金融保险到月子服务，从社群分享到宝宝聚会，从早教到亲子游，可以这样说，孩子成长过程中的大部分需求，都可以在孩子王得到一站式解决，而且是定制化的——为不同家庭提供不同的解决方案。

将用户深度绑定、深度套牢、深度服务的重度会员制，成为支撑孩子王不断发展的基石。经过10年沉淀，孩子王经营的会员体系覆盖了3000万个中国新家庭。而为了满足会员在生命周期内的方方面面的需求，孩子王整合的上游供应商和服务商，数量也超过了5万家。[①]

如果说经营产品就像钓鱼，在茫茫人海中下饵（产品）等鱼（用户）上钩；

---

① 尹晓琳. 单客数智化：孩子王凭什么？[J]. 中欧商业评论，2020（8）：64-71.

那么经营用户就像围海，将各色鱼等诱进围子，然后根据鱼的品种和习性使用不同的捕捞方式，或捞鱼或网鱼或电鱼——反正鱼也跑不了，总有一种方式能抓住鱼，而不够肥的鱼还会再养一段时间。很明显，未来经营用户才是王道，经营产品的企业将越来越依附于经营用户的企业，因为鱼（用户）已经被圈进一个个的围子里养着了，想钓鱼只能到别人的围子里去钓。

互联网时代最具代表性的商业现象，正是经营用户的全面爆发。"网红""粉丝""流量""顶流""社群""闭环"……这一个个滚滚"热"词的背后，是经营用户的疯狂展开，大体可以概括为十六个字：精心铺垫，请君入彀，经营用户，反复"收割"。

经营用户是按照用户生命周期展开的，具体分为六个步骤，即"经营用户六步法"：建立用户接触界面→建立用户流量入口→建立用户留存机制→建立用户组织形式→持续经营用户→择机"收割"用户。可以进一步提炼为：接触用户→转化用户→留存用户→组织用户→经营用户→"收割"用户。其中，留存用户和组织用户往往是同步的。

组织用户，即建立用户（或潜在用户）的某种组织形式，以便帮助企业更有效地留存用户、经营用户和"收割"用户。到目前为止，商业实践中已经涌现出的用户组织形式，主要有以下几种。

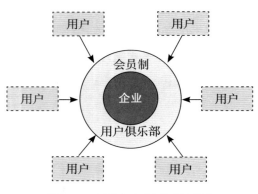

图 6-5　用户组织形式（环型）

（1）环型组织形式：用户可以通过企业提供的信道（信息的通道）相互交流，但很难脱离企业的信道进行私下交流，譬如会员制、用户俱乐部，见图 6-5。

（2）树型组织形式：嵌套的多层级用户组织，譬如三级分销，见图 6-6。

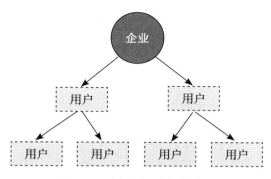

图 6-6　用户组织形式（树型）

（3）网型组织形式：用户之间可相互联系，譬如互联网社群，见图 6-7。

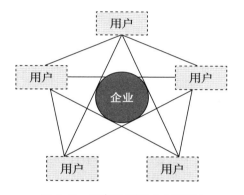

图 6-7　用户组织形式（网型）

（4）复合型组织形式：两种结构的混合，譬如分省、市的读书会，见图 6-8。

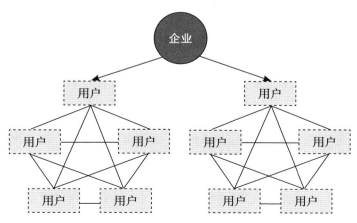

图 6-8　用户组织形式（复合型）

要想经营用户，先得留存用户。只不过，用户靠传统的市场营销和所谓的"客户忠诚度"是留不住的。市场营销只是外在地影响客户，今天企业做宣传、做活动、做折扣，客户可能会买你的东西；明天竞争对手做宣传、做活动、做折扣，客户就会跟着竞争对手跑了。商业社会里的客户，都是"精致的利己主义者"，他们做出的购买决策，大多是从自身利益最大化出发的，很少会因为和企业的感情深、关系好，而做出有损于自身利益的长期购买决策。从这个意义上说，客户都是不忠诚的，"客户忠诚度"是一个伪命题。

用户自发的"忠诚度"靠不住，那就需要主动出击，从物质和精神两个方面下手，想方设法影响甚至驾驭用户（或潜在用户）的行为，令其难以离开企业。这便是利益锁定和心智浸润。这一节我们先说明利益锁定，下一节再介绍心智浸润。

利益锁定是一种机制设计，是在企业和用户之间构造一种"利益黏性机制"，将用户黏住。既然用户是追求自身利益的，那就以利诱之，待其"尽入彀中"后，拉高"逃离"成本，让用户"进来容易出去难"。

资本社会，最打动人心的利益，莫过于预期收益，因此，预期收益已经成为建立和运营用户组织的最佳"黏合剂"，这里试举几例。

用户组织形式1：树型组织（预期收益："吃下线"）

以安利（Amway）为例，安利的产品品类有许多与宝洁（Procter & Gamble）重合，虽然宝洁的市场营销水平在业内堪称是教科书级别的，但对安利的直销员队伍及其家庭的购买决策，却起不到任何作用，因为宝洁玩的是市场营销，安利玩的是利益锁定。人们加入安利的直销体系，就是冲着"金字塔式计酬"（如图6-9所示）去的。他们购买安利的东西，包括发动更多人购买安利的东西，不只是为了消费，还是为了提升自己在"组织体系"里的身份等级，从而在未来获得更多的预期收益。

"无组织"的宝洁用户,很难竞争得过"有组织"的安利用户。

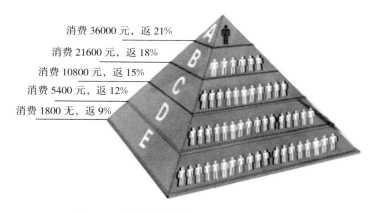

图 6-9 安利的金字塔式计酬体系(示例)

用户组织形式 2:环型组织(预期收益:"省钱")

美国最大的连锁会员制仓储超市开市客(Costco)在上海的第一家店,于 2019 年 8 月 27 日开业。开业仅仅几个小时后,就因为顾客太多、人流量爆棚而被迫关店,店内的很多商品也被抢购一空。[①]

开市客开业首日的人流爆棚,与其独特的会员制模式不无关系。开市客虽然是超市,却并不在商品差价上挣钱,盈利大部分来自会员费。在美国,开市客的会员分为执行会员和非执行会员。执行会员每年交 110 美元年费,非执行会员每年交 55 美元年费(在中国分为金星会员和企业会员,年费为 299 元人民币)。执行会员多交年费,但可以额外享受一年内消费总额的 2%,最高 750 美元的年终返现。和其他的会员制超市相比,开市客的会员续费率达到了惊人的 90%。

人们之所以积极入会,是因为开市客一不赚差价,所有商品的定价毛利不超过 14%,扣除成本,纯利为零;二保证价格最低,开市客根据会员采购大数

---

① 王皓文. Costco 上海首店满月盘点[J]. 时代经贸,2019(28):92-94.

据，把超市售卖商品的品种缩减到 4000 种，进货量足够大，保证了采、销都是最低价，从而最大限度地帮助会员省钱。

用户组织形式 3：环型组织（预期收益："占便宜"）

深圳许多大型商场里都建有人造溜冰场，其中一家企业一度非常火爆，可随着溜冰场越开越多，客户慢慢分流，门庭渐渐冷落，生意一天不如一天。这家企业也曾搞过一些营销活动，譬如和商场做"半价促销"、和团购网站做"一元秒杀"，但往往热闹两天之后，又重归萧条。

后来企业意识到：一时的让利、个别的优惠都留不住用户，只有建立持续的让利机制，让用户形成稳定的收益预期，才能留住用户并持续经营用户。溜冰场的边际成本（新增一名用户导致的服务成本的增加）近乎为零，具有持续让利的条件。据此，这家企业重设会员机制如下：

（1）用户扫码并预存 100 元，即可成为会员，享受会员权益；

（2）以一个自然月为一个计算周期，会员按消费时长递减收费，第一个小时 60 元（原价），第二个小时 50 元，依次递减，直至 10 元封底；

（3）当月累积消费时长超过六个小时的，按照 10 元封底收费，同时，超出的时长滚存到下个月，如表 6-1 所示。

表 6-1　会员当月累积消费时长及消费价格

当月消费	第一个小时	第二个小时	第三个小时	……	第六个小时	六个小时以上
消费价格	60 元	50 元	40 元	……	10 元	10 元，超出部分滚存到下个月

例如，某会员当月消费了八个小时，超了两个小时，超出的部分按每小时 10 元收费，但到了下个月，会员消费的第一个小时要加入上个月超的两个小时，即按第三个小时算，价格为 40 元。会员消费时间越多，就越不可能

去别家了。

用户组织形式4：环型组织（预期收益："会员储值分红"）

共享经济[①]站上风口时，众筹咖啡馆也被"吹"上了天，只可惜"理想很丰满，现实很骨感"，许多项目没熬过一年就"摔"了下来。事实上，开好一间咖啡馆并不是一件容易的事，专业性要求很高。而众筹咖啡馆怎么样呢？人员不专业，选址不专业，装修不专业，供应链不专业，门店运营不专业，现场服务不专业，品质管控不专业……出现"倒闭潮"也就成为必然。

海滨之城厦门的咖啡馆密度和人均消费额都位居全国第一。只要你想喝咖啡，走一两百米，就会有一阵咖啡香气扑面而来。当地一家咖啡馆龙头企业，旗下有上百家连锁店。考虑到咖啡是一种高频消费又有着高毛利的产品，这家企业于是推出了分红型电子会员卡，以此来推动会员体系的建立和运转，做法大致如下：

（1）发行电子会员卡"咖啡宝"，10元起购或充值，上限为10000元；

（2）"咖啡宝"里的资金可用于会员在连锁门店购买咖啡时的线下或线上支付，余额部分每个月自动领取收益，该企业每个月公布年化收益率；

（3）咖啡店的净收益，扣除总部管理费、门店团队激励和发展基金后，剩下的用于"咖啡宝"分配，收益率比"余额宝"要高得多。

这样一来，消费者与投资者的身份完全打通了，投资可消费，消费亦投资，"闲钱生钱"，如图6-10所示。

[①] 共享经济模式是C2C或C2B2C（Customer to Business to Customer，客户对企业对客户），租赁经济模式是B2C，国内许多打着"共享经济"旗号的模式，实际上只是租赁经济。参见邱淳锵. 共享单车真的是共享经济吗［J］. 现代商业，2016（35）：190-191.

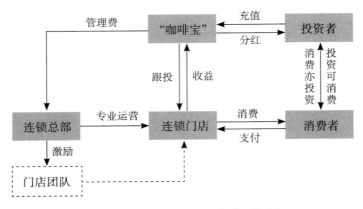

图 6-10　连锁咖啡店的"咖啡宝"分红

用户组织形式 5：复合型组织（预期收益："吃差价"）

微商是基于社交软件（如微信、微博、QQ 等）的移动社交电商。在大众的认知里，微商就是"朋友圈卖货的"[1]。这正说明了微商的商业实质——往好了说，微商是"好东西分享给朋友"；往坏了说，是"将朋友关系换成钱"，虽然网上的朋友有没有真正的友谊还真不好说。

微商是一种经营用户的商业模式。为了更好地经营用户，微商通常会建立一定的用户组织形式，并随着微商社交覆盖范围的扩大而不断演化。起初多是个人微商，即"赚朋友的钱"，组织形式主要为网型社群；随着社群范围向外扩展，开始"赚朋友的朋友的钱"，一部分用户会升级成为代理商，一旦有了层级，用户组织形式就会发生变异，变成复合型社群；再往后，微商开始"赚朋友的朋友的朋友的钱"，代理商又会分出一级和二级（根据相关规定，不会超过三级），组织形式则会进一步变形（见图 6-11）。

---

[1] 蓝宇彬，王婧璇，刘俐君，李晓敏，苏绮君. 中国大学生微商发展现状及问题研究：以上海大学生为例［J］. 中国市场，2018（4）：165-168.

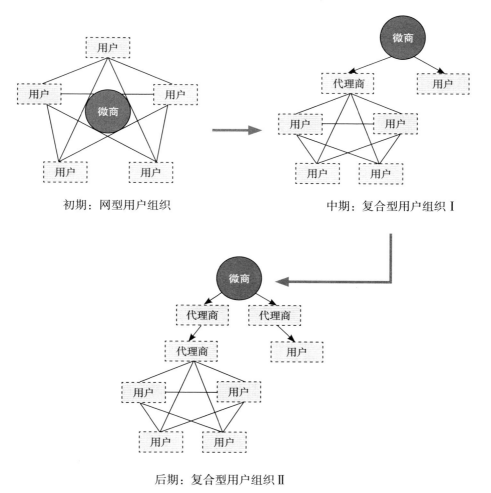

图 6-11 微商用户组织形式的演变

驱动微商用户组织运行的预期收益，是产品差价。以纸尿裤品牌凯儿得乐的招商政策为例，用户预存 39800 元可以成为首席经销商，预存 3800 元可以成为一级经销商，预存 1280 元可以成为 VIP 会员，预存 580 元可以成为普通会员。不同级别拿货的价格不同，譬如说纸尿裤产品，首席经销商为 6.4 折，一级经销商为 7.4 折，VIP 会员为 8 折，普通会员为 8.6 折。[①]这样的层层差价，

---

① 邹应秋. 凯儿得乐，纸尿裤上的"母婴帝国"[J]. 知识经济，2019（32）：89-91.

已经足够推动用户层层分销了。

而在微商最为青睐的面膜销售领域，零售价往往是生产成本的几十倍甚至上百倍。如此巨大的差价空间，不仅能够为微商用户体系自我运行、自我扩张提供充分的利益激励，还引来"网红"纷纷参与进来，在肥美的利益链条上分食一杯羹。①

6.4 用户组织：心智浸润

清华大学工字厅东南端有一座"海宁王静安先生纪念碑"，是当年的清华大学国学院为纪念王国维先生而立，碑文由陈寅恪先生撰写，最后一句为："先生之著述，或有时而不彰。先生之学说，或有时而可商。惟此独立之精神，自由之思想，历千万祀，与天壤而同久，共三光而永光。"然而近百年过去了，我们不得不痛苦地承认，仍然有太多的人不具备"独立之精神，自由之思想"，缺少独立思考的意识、勇气和能力，这就为在商业领域中对用户群体实施大规模的心智浸润提供了可能。

网络媒体和网络社交的兴起，则将这种可能变成了现实。处于地球上任何一点的人们，通过网络，都能随时随地展开交流，并形成一个在地球之上的无形空间——网络空间。在这个以假面示人的广袤而冷漠的空间里，由于"现代人所不能承受之孤独"②，一方面，人们会通过传播媒体自觉不自觉地关注起他人的生活；另一方面，人们会通过社交媒体自然而然地抱团，聚集成一个个"网络社会群落"。

---

① 李红梅. 微商与明星代言那些事儿：谁是微商"代言之王"[J]. 知识经济，2019（29）：63-65.

② 弗罗姆. 逃避自由[M]. 刘林海，译. 北京：国际文化出版公司，2002：76.

商业心智浸润，指通过建立用户组织和循序渐进的引导，对用户（或潜在用户）进行心理渗透，以改变用户的认知和心态，形成用户对组织的心理依赖，从而达到留存用户和经营用户的目的，整个过程会让用户毫无察觉。

商业心智浸润主要以盈利为目的，考虑到投入和产出，企业通常会采用潜移默化的渗透方式和"广撒网，多敛鱼，择优而取之"的操作策略。企业网罗更多用户，进行用户分层，择其优者进行"割草"，留其瘦者继续"养"。粉丝会、后援会、读书会、分享会、虚拟社群等，都是这样操作的。

只要有人际关系的地方，就会有操纵和被操纵；个人遇到群体，更容易被操纵。① 商业心智浸润非常注重效率，故多采用规模化、批量化的操作方式，即让用户加入组织，在组织中被"潜移默化"。而能引诱用户"入彀"的，则是那些有吸引力的东西，包括外表类（如颜值等）、新奇类（如"八卦"等）、情绪类（如治愈系、心灵鸡汤等）、梦想类（如成功学等）……待到"入彀"的用户数量足够多，就要"闭环"（变现）了。而变现途径，有如下五种方式：（1）卖产品赚差价（如直播带货）；（2）卖服务赚服务费（如 VIP 会员收费）；（3）卖品牌赚溢价（如明星代言）；（4）卖预期收益（如转卖用户界面给第三方发广告）；（5）无本生意（如粉丝打赏）。

2021 年 1 月 25 日，李子柒以 1410 万的 YouTube 订阅量②，刷新了吉尼斯世界纪录，在世人面前演绎了一个清新的中华田园女形象。

不过，经营用户这种模式本身决定了，当"入彀"的用户足够多时，之前精心装扮的"人设"，无论表现得多么闲适、恬淡、不食人间烟火，最终都是要"变现"的。于是，"李子柒螺蛳粉""李子柒藕粉""李子柒米糕"等纷纷推出，

---

① 布瑞克. 操纵心理学［M］. 李璐，译. 北京：民主与建设出版社，2020：71.
② 海外视频账号运营存在争议，从规定上说，未经电信主管部门批准的 VPN"翻墙"在中国属于违法行为。

并开设"李子柒旗舰店",卖得不亦乐乎。这是不以人的意志为转移的商业规律,经营者最终都是要"割草"的。

商业心智浸润的背后,是对国民性格、群体意识、网络亚文化的深刻洞察,进而运用群体心理学的方法和技巧,对目标用户群体进行心理影响和心智渗透,使他们自动自发地购买企业产品。

群体心理学的开创者古斯塔夫·勒庞(Gustave Le Bon)指出:聚集成群的人更容易"丧失自己的意志,本能地转向一个具备他们所没有的品质的人"[1],这个人往往"熟谙巧言令色之道",不停地灌输着只言片语,慢慢地使人着迷,即成为所谓的"意见领袖"(Key Opinion Leader,KOL)。而且"意见领袖"的鼓动手段,无外乎就是三种:断言、重复、传染。在此基础上,商业心智浸润形成了一套非常成熟的套路,大体如下:

(1)断言。首先需要打造一个能够突破用户心理防线的利器,最好是立"人设"(如果是产品,则立"物设"),如女神、学霸、环保等。这些具有夸张品质的"人设"("物设")不需要证据,不需要证明,只要坚定而重复地下断言,就会让用户群体相信。"如果我们成千上万次地听到,X牌巧克力是最棒的巧克力,我们就会以为自己听到四面八方都在这样说,最终我们会确信事实就是如此。"[2]

(2)重复。对于那些不善于独立思考的用户,即使荒诞的断言,通过广告、自媒体、网红博主或意见领袖的嘴,说一千遍也可能会成为"真理"。

(3)传染。当断言形成流行意见,扩散开来,强大的传染过程便会就此启

---

[1] 勒庞. 乌合之众:大众心理研究[M]. 冯克利,译. 北京:中央编译出版社,2004:97.

[2] 勒庞. 乌合之众:大众心理研究[M]. 冯克利,译. 北京:中央编译出版社,2004:103.

动。一传十，十传百，带动更多不善于独立思考的人"跟风"、附和、人云亦云，"羊群"规模越来越大，"羊群效应"越来越强。

（4）"入彀"。传染既要广，还要深。为了能深度影响用户心智，要让他们加入"组织"。而在互联网时代，加入"组织"变得非常简单，App用户注册、微信进群或在微博上点一下关注，用户就加入"组织"了。

（5）"刷观"。"刷观"即"刷新三观"。在组织中，商业心智浸润并不需要重建用户"三观"，但需要改变用户的关键认知和消费逻辑，以便为实现商业目的扫清障碍。例如，"只买对的，不买贵的""女人不要亏待自己"等消费观念都是商家通过"刷观"传递给用户的。

（6）"条反"。"条反"即"条件反射"。通过反复刺激，植入的逻辑成为用户的条件反射和思维定式。只要条件符合，用户无须多想，自然就会做出反应。如遇到情人节，即使价格再高，女人也会暗示男友送"X牌巧克力"。

（7）变现。对于那些心智已被浸润的用户，就可以对不同用户使用不同的变现策略（产品、服务或打赏）了。

雪糕品牌"钟薛高"，可谓将这一套玩法玩得得心应手。

钟薛高成立于2018年。当年的"双11"购物节，钟薛高推出66元一支的"厄瓜多尔粉钻"天价雪糕，限量2万支，15小时售罄。2019年的"双11"购物节，钟薛高当天销售额突破400万元，更创下开卖18分钟售出10万支的最高纪录！这些辉煌销售业绩的背后，是商业心智浸润手法的极致运用。

断言。钟薛高自称是"低糖、低脂、健康的雪糕""高端原料无添加"——铿锵有力，斩钉截铁，不需要证明，不接受反驳。而这些直截了当的断言，更容易进入公众的头脑。[1]

---

[1] 麦克卢汉. 机器新娘：工业人的民俗[M]. 何道宽，译. 北京：中国人民大学出版社，2004：185.

重复。钟薛高在诞生之初就抢滩小红书进行大规模"种草"。通过与网络达人合作，不断重复发声。当小红书笔记超过一万篇时，断言在许多消费者那里就成了真理。

传染。开设主题快闪店作为拍照圣地，吸引众多用户打卡拍照，继而通过朋友圈、抖音、微博等渠道进行传播，"感染"更多的人，从而吸引新用户来店打卡并自动"入群"。此外，钟薛高还通过网红带货、明星连襟、跨界联名等方式扩大传染范围。

"入壳"。截至2021年6月底，钟薛高天猫旗舰店粉丝数达到216万人。

"刷观"。为了改变用户的心理价位，钟薛高从包装、外形到棒签都别出心裁，刻意让自家雪糕显得与众不同——用户吃的不是雪糕，是文化。

"条反"。钟薛高以"一片钟薛高，陪你发会儿呆"为主题，将雪糕与发呆反复进行关联，粉丝一发呆，就会条件反射式地联想到钟薛高的雪糕。

变现。钟薛高雪糕最贵一支售价66元，如此定价原因很简单：网红——就是要在最短的时间内从最忠实的"粉丝"身上榨取最高的利润。[1]

"罗辑思维"自诩为未来10年的商业模式，其实也是这套玩法。

2012年12月21日，罗振宇开通"罗辑思维"公众号，每天早上推送一段60秒语音，讲述各个学科的"专业知识"，积累了首批粉丝。

8个月后，当蓄积的粉丝越来越多且许多都转成"铁杆粉"，罗振宇发起了会员招募，事先不透露任何会员权益，宣称"爱，就供养；不爱，就观望"，放出收费会员名额，5小时收取"供养费"160万元。

2014年，当一部分"铁杆粉"转成"发烧粉"甚至"狂热粉"，罗振宇卖

---

[1] 易佳颖. "爱要不要"的钟薛高，高价之下成色几何？[N]. 21世纪经济报道，2021-06-20（2）.

起了大米、月饼、图书包等。可能觉得赚钱太慢，于是在 2015 年，罗振宇开始举办跨年演讲，推出了 20 年联票，一次性预收 20 年收入，金额高达数千万元。

2020 年 9 月，罗振宇旗下的思维造物进入 IPO（Initial Public Offering，首次公开募股）阶段。招股说明书披露，2017—2019 年，分别实现营业收入 5.56 亿元、7.38 亿元、6.28 亿元；同期净利润分别为 6131.96 万元、4764.41 万元、11505.40 万元。①

靓丽的财务数据背后，同样是商业心智浸润手法的极致运用。

断言。"罗辑思维"号称"爱智求真"，但隔行如隔山，在多数专业知识领域，"逻辑思维"一无专业背景，二无实战经验，三无原创理论，怎么办？幕后团队想出来的办法便是"抠书"，至于从别人书中"抠"出来的观点准不准确、完不完整，是不是科学知识的真义，"逻辑思维"的粉丝们也很少看原版，只要坚信"爱智求真"的吆喝就对了。

重复。天天说，月月说，年年说，反复强化"爱智求真"的形象。

传染。跨年演讲一卖就卖了 20 年的。买了联票的人，为了证明自己的选择是正确的，必然会自发地吆喝更多的人"上车"。②

"入彀"。"爱，就供养"，为"爱"购买会员，同时也就进入"彀"中了。

"刷观"。人们对"知识速成"及其"真知"含量的疑虑，是心智浸润的两大障碍。毕竟正统的观念是"书山有路勤为径，学海无涯苦作舟"，是"实践出真知"。罗振宇凭借其"铁嘴妙语"，成功扭转了粉丝们的认知——不用苦，不用累，听"罗胖"絮絮叨叨就能把"真经"取。

---

① 程铭劼，赵博宇. 思维造物发布招股书，拟募集资金 10.37 亿元［N］. 北京商报，2020-09-25（1）.
② 罗辑思维堕落了吗？［EB/OL］.（2016-11-01）［2021-01-01］. https://zhuanlan.zhihu.com/p/23341183

"条反"。在潜移默化中,"发烧粉""狂热粉"失去了独立思考的意愿。遇到问题或与人争辩时,他们第一时间想到的,便是"罗胖"对此怎么说。

"收割"。从卖产品、卖服务、卖用户界面到"讨赏",再到一次性预收20年的费用——更是前所未有的彪悍做法——都是对用户的"收割"。

从某种程度上说,"罗辑思维"与当年流行的成功学,在对大众心智浸润方面如出一辙——拿捏的都是人们幻想"不劳而获,一夜暴富"的捷径心理,只不过一个是在知识领域,另一个是在财富领域。看来只有等到每个人都学会独立思考,不再人云亦云,这一类的模式才会"烟消云散",成为历史深处的一段"灰色记忆"。

"粉丝"是"常人常情",但"粉丝经济"则是特意利用这一情怀实施的商业心智操纵。整个过程的关键节点是"入彀"。在此之前,是"教育"普通人成为粉丝;在此之后,是将粉丝"孵育"成"铁杆粉"。不过对于许多经营者来说,"断言、重复、传染"的"教化"过程仍然太累,更快速的办法,是充分利用人的动物性一面,或者说人性的柔弱面,如外表(众多直播软件以"小鲜肉""小仙女"等为卖点)、赌性(如泡泡玛特的盲盒)、同理心(如褚橙卖的是逆境奋斗)等,直接将其诱入"彀"中。待足够多的用户进入"彀"中,再熏陶濡染,然后坐等"收获的季节"。

这些人性的柔弱面,在商业心智操纵高手的眼里,都是可资利用的工具,是他们突破用户心理防线、占领用户心智的利器。具体操作中,可以用粉丝的边际贡献(每增加一个"新粉"所带来的收益)、粉丝的边际净贡献(边际贡献 - 边际成本)、粉丝贡献率(总收益/总成本)等指标来衡量。

第7章
商业模式微观构造Ⅱ：价值组合

本章导读

企业的经营活动，表面上看，是人的活动，不过在其背后，却是价值环节及其组合所承载的价值流运动。价值环节的组合变化，会带来商业模式的相应变化，只是这些变形、变异、创新、创造，都要服从价值环节的组合逻辑，即要以价值规律、经济规律为前提。

第 7 章
商业模式微观构造 Ⅱ：价值组合

前一章我们分析了需求侧——目标客户的需求靶点；这一章我们继续讨论供给侧——价值的创造与增值。由于价值的创造、增值乃至交换，这些价值活动的载体都是价值环节，所以，无形的价值运动分析，都可以转化为有形的、简简单单的价值环节分析，更准确地说，转化为价值环节分布与组合的分析，即商业模式的微观解析（如图 7-1 所示）。

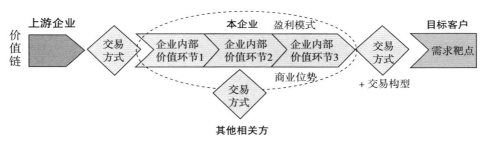

图 7-1　商业模式的微观解析：供给侧

商业社会中，企业的经营活动，从研发、设计、生产、销售、运输到售后服务，表面上看，都是人的活动，然其背后，却是价值的创造、增值与交换，是价值环节及其组合承载的价值流运动。由此形成了一个层层递进的逻辑链条：价值环节或其组合变化，会导致价值流运动发生结构性改变，进而导致企业经营活动发生结构性改变，最终导致商业模式变化，即"价值环节或其组合变化→价值流运动结构性变化→企业经营活动结构性变化→商业模式变化"。

因此，尽管商业模式研究可以从多个层面展开，但企业经营层面是"表"，价值环节层面是"里"，要想看清楚商业模式背后的底层逻辑，还得鞭辟入"里"。接下来，我们继续考察"里"层，看价值环节都会发生哪些变化，并带动"表"层的商业模式产生相应变化。

7.1 价值链移位与预制模式

要想从"里"层分析商业模式，先得绘制出价值链。怎么绘制？说起来也很简单，从需求端点出发，向前倒溯，找出需求链及其上的相关企业，然后将每一家相关企业都分解成最基本单位的价值环节，即可得到价值链。简言之，先画需求链，后画价值链。我们仍以果汁饮料生产企业为例，来说明需求链、价值链是如何绘制出来的。

对于果汁饮料，不同的终端用户群体关注的需求点不同。譬如，路人甲关心的是快速解渴和饮用方便；路人乙看重的是饮用方便和包装美观；路人丙注重的是口感和风味；路人丁强调的是绿色环保、营养健康和低糖少添加……将这些需求点汇总在一起，便形成了终端用户群体的终端需求集合。

任何一家企业，都不可能单独满足集合中的所有需求，而是需要上下游企业分工协作——快速解渴，是果汁饮料企业的任务；包装美观与饮用方便，则是包装企业的职责；口感与风味是果汁加工企业的工作；低糖少添加是食品辅料企业的责任；而绿色环保、营养健康还要追溯到种植农场、农药企业、化肥企业。

最先感知终端用户需求的，是终端企业，如超市、便利店、餐饮店等，然后，这些需求被传导给区域代理商，区域代理商再将需求传导给上游的果汁饮料企业，果汁饮料企业继续传导给更上游的果汁加工企业、包装企业、辅料企业。相关企业（利益相关者）就这样被一个一个地找出来，由此形成的链条便是需求链。在此基础上，将相关企业分解成最基本的价值环节，即可绘制出价值链。果汁饮料的需求链、价值链见图 7-2（因篇幅所限，图中未分解至基本环节）。

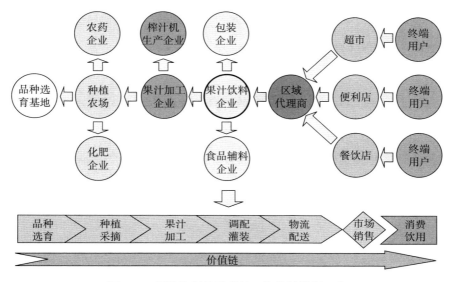

图 7-2　果汁饮料的需求链、价值链绘制示意

如图 7-2 所示，所有需求都是由终端需求引发的，经层层传导、层层叠加，终端需求被反馈至最首端。而在传导过程中，每个环节除了将更下游的需求信息向上游传导外，自身也会提出一些需求，譬如"更低价格""更长账期""更快供货"等，这就需要我们在分析时，注意区分开来。

有一些中间产品或服务，由于用途具有广泛性和发散性，要想确定终端用户，几乎没有可能，需求链和价值链怎么绘制呢？可退而求其次，确定下游的目标客户及其需求靶点即可，再向前倒溯出需求链。

显然，需求链的绘制逻辑不同于供应链，绘制出来的样子也不尽相同。相比于供应链，需求链更适合用来进行利益相关者分析，因为需求链上的各个企业自然形成了一个利益共生体。企业最主要的利益相关者就是同一需求链上的其他企业。

需求链分析还有一个用处，就是看目标客户的某个需求点，放在需求链的哪个地方（由哪个企业）解决更为合适。换成价值链的角度，就是看某个价值环节放在价值链的哪个位置更为合适，是否需要从现有的位置"挪"到另一个位置上。价值环节在价值链上的位置是可以调整的，即价值环节的移位，同时也会形成新的商业模式。

以往，混凝土搅拌都是在分散的建筑工地由人工现场搅拌的，劳动强度大，生产效率低，质量不均匀、不稳定，还会造成粉尘、噪声、污水等污染。于是，商品化的预制混凝土（又被称为"砼"）应运而生。预制混凝土将搅拌环节前移至工厂，在工厂提前搅拌好，然后用混凝土罐车运到建筑工地直接浇筑，混凝土的质量和安全都能得到充分保证。①

受此启发，2006年成立的山东博远钢筋加工有限公司（简称博远钢筋）也将建筑用钢筋变成了预制、预成型、预捆扎，配送到建筑工地可以直接安装使用的钢筋。

过去，建筑工地的传统做法是辟出一块地方，搭建钢筋加工棚，购置加工设备，然后买来钢筋，现场切割焊接，人工捆扎成各种形状。这种方式不仅劳动强度大、生产效率低、安全隐患多，而且钢筋切割浪费严重，捆扎质量难以保证，还会产生噪声扰民等问题。显然，要解决这些痛点，工地的钢筋加工棚就要"挪"走。从价值链的角度，就是要将分散在各个工地的加工环节向前移，集中到前端的工厂中（如图7-3所示）。

博远钢筋全套引进国外的自动化生产线，在工厂里就提前将钢筋加工好、焊接好、捆扎好，然后配送到合作的建筑工地，从而实现了建筑用钢筋加工的工厂化、规模化、集约化生产。这种模式有着明显优势：

（1）钢筋加工工厂实行规模化、自动化的加工方式，生产效率和质量都得以大幅提升；

---

① 付明琴，龙奕珍. 建筑材料［M］. 杭州：浙江大学出版社，2015：143.

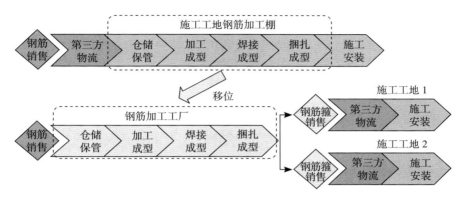

图 7-3 价值环节移位示意

（2）同时为多个工地服务，优化套裁可以最大限度地提高钢筋利用率，使损耗接近于零；

（3）捆扎好的成型钢筋，直接配送到工地，直接安装在工程上，施工方不必再搭建加工设施、购置加工设备，降低了工程配套成本，确保了施工现场的整洁，时间省、工期省、用料省、费用省。

预制钢筋构件模式，生产效率比传统方式提高了 8—10 倍，原材料浪费降低至原来的 1/3 至 1/2，加工成本降低了 40%。[1] 当然，这一模式也有明显的局限性，即超过一定的运输范围，配送成本过高，就会失去经济性。

价值环节移位，一般是将价值环节从分散化、碎片化的低效位置，调整到集中化、规模化的高效位置，从而提升整体效率。从实践来看，价值环节移位主要是"向前移"；相应的商业模式变化趋势，即是"工厂预制化"，也就是将分散在下游企业中低效的手工制作环节，都集中到上游工厂，用机器取代手艺，规模化生产出预制成品、预制半成品，再回传给下游。预制混凝土、预制钢筋是这样，预制茶饮、预制菜也是这样。

---

[1] 牛远飞.博远物流：危机中掘金［N］.大众日报，2009-06-18（A16）.

国内餐饮业，多年来一直探索的"中餐标准化与工业化"，似乎找到了"感觉"——工厂预制菜。2014年，首家"中国宴席预制菜标准化研究基地"在湖南长沙设立，预制菜发展从此走上快车道。[1] 预制菜的工厂化、规模化生产，使得成本大幅降低，在市场竞争中优势明显。

预制菜中，一种是成品菜包，又叫调理包、料理包。大部分快速出品的外卖店和中小餐饮店，用的就是这种加热即食的成品菜包，只需要将整袋或整盒菜包放入热水、微波炉中即可，不需要后厨，也不需要厨师。

另一种是半成品菜包，也就是还需要加入调味料后加热才能食用的菜包。成立于2008年的苏州味知香，主要经营的就是各种预制半成品菜包，并以此主营业务于2021年4月27日上市，被称为"A股预制菜第一股"。不过由于中国幅员辽阔，菜系众多，各地口味不一，所以半成品菜包往往具有很强的地域性，如味知香的市场销售的96%以上都集中于华东地区。[2]

然而有一个品类，超越地域性，南北"通吃"，东西皆宜，而且食用和加热可以同步进行，免去了预制菜还需要额外加热的麻烦，这就是火锅。正因为如此，火锅食材也是预制半成品菜包中起步最早、发展最快的，譬如上市公司安井食品，主要生产和销售速冻鱼丸、速冻虾丸、速冻肉丸、速冻饺子等预制火锅食材。安井食品自2017年上市以来，截至2020年，营收的年复合增长率超过25%，净利润的年复合增长率超过44%。[3] 另一家企业锅圈食汇也看到了商机，打造火锅食材供应链，上游整合预制食材工厂，下游发展连锁加盟超市，一站式提供所有种类的预制火锅食材，并能给消费者配送到家，给餐饮店配送到店。这种工业化、规模化的预制食材生产与配送，确实能够做到"好吃

---

[1] 佚名. 全国首个"中国宴席预制菜标准化研究基地"落户长沙[J]. 标准生活, 2014（9）: 15.

[2] 参见《苏州市味知香食品股份有限公司首次公开发行股票招股说明书》。

[3] 曹雪娇. 安井食品上市三年净利复合增速达44%，产能扩建近百万吨保证供给[N]. 湖北长江商报, 2021-08-10（6）.

不贵",可要是希望给味蕾以惊艳的感觉,则最后可能会让大家失望,毕竟其只是工业化的预制品。

7.2 价值链横切与平台模式

工厂预制化,是将同一行业价值链上的同一类型的加工环节集中到同一家工厂中。如果将不同行业价值链上的同一类型的价值环节集中到同一家企业中,则该企业则为跨价值链的价值环节平台。

价值环节平台,也称价值链横切,是指将不同价值链上的同一类型的价值环节抽取出来,集中于同一家企业,以实现规模化、集聚化、专业化的统一运营。相应的商业模式即为平台模式,依据交易对象数量的不同,可以分为单边平台模式、双边平台模式和多边平台模式。

香港冯氏集团的商业模式,便是单边平台模式(如图7-4所示)。

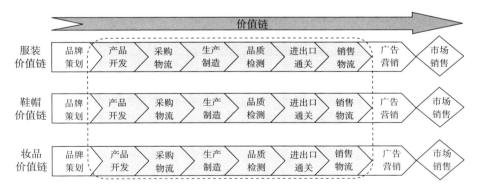

图7-4 香港冯氏集团的单边平台模式

香港冯氏集团的原名是香港利丰集团,成立于1906年。成立至今,冯氏集团从一家传统的出口贸易商,转型成为全球供应链运作的现代跨国贸易集团,没有自己的厂房、车间和仓库,却成为全球最大的消费品供应企业。

有形的供应链背后是无形的价值链。在服装、鞋帽、箱包、玩具、日用品等价值链上，客户除了品牌策划和营销，剩下的都可以交给冯氏集团。冯氏集团掌控整条价值链，将客户订单进行细致分解，不同的环节分包给最合适的企业去完成，从而在全球范围内实现价值活动的最佳配置。譬如一件羽绒服，产品设计在中国香港，外层生产在韩国，内层制造在菲律宾，里衬生产在中国台湾，拉链生产在日本，组装在中国广东，产品测试和质量控制在中国香港。而在此过程中涉及的进出口、物流海运、议付结汇、仓储配送等，冯氏集团都挑选最适合的第三方专业机构去做。冯氏集团统筹协调并密切参与整个过程，每个外包环节都在其掌控之下，从而将各个环节的优势整合在一起，形成全球范围内的总体竞争优势。

冯氏集团从接受客户订单，到向客户交付，前后与之交易的都是同一个对象，或者说价值链上冯氏集团的前后环节都为同一家企业，所以是单边平台模式。如果前后环节是两个对象，则为双边平台模式。

许多大型互联网企业采用的便是双边平台模式，譬如美团外卖，见图7-5。

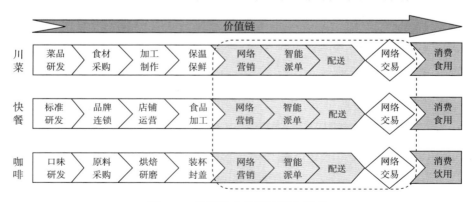

图7-5　美团外卖的双边平台模式

最近几年，本地生活服务O2O平台在中国大量涌现。2013年11月，美团外卖在此热潮中诞生。

美团外卖与众多的中小型餐饮企业合作，将每一家餐厅过去零散完成的外卖价值链上的营销、派单、配送、交易环节抽取出来，汇集在一个平台上统一操作，从而实现餐饮外卖的社会化、规模化运营。美团外卖由于横跨多条价值链，并且控制了价值链上至关重要的交易和支付环节，因而事实上便成为整个行业价值网络的"中央控制枢纽"。

双边平台模式具有神奇的正反馈螺旋效应，即平台用户规模达到一定数量后，卖家越多，买家越愿意来；而买家越多，卖家越愿意来。一方面，这会使平台增长速度变得极快，可以说双边平台模式是增长速度最快的一种商业模式。以美团外卖为例，截至 2020 年 12 月 31 日，美团外卖成立仅仅 7 年，活跃商家数达 680 万家，交易用户数达 5.1 亿个，交易笔数达 101 亿笔，交易额达 4889 亿元。① 另一方面，这种正反馈螺旋效应会自然而然地形成垄断。在这种模式下，行业每每只有第一，没有第二。采用双边平台模式的企业通常会通过"烧钱"补贴实现疯狂扩张，达到垄断规模后，又会开启"极限剥削"模式，向入驻商家收取各种名目的"苛捐杂税"。譬如美团外卖，向商家收取的费用就包括广告费、竞价排名费、佣金抽成等，② 佣金的比例也从零一路攀升至 26%。

双边平台的经济意义，一般来说，不是创造新的价值，而是降低交易成本，所以企业往往从最容易降低交易成本的交易环节入手去构建双边平台模式，再加上互联网在降低交易成本方面具有"神奇功效"，是以在互联网时代，互联网双边交易平台全面崛起。

而数字化依托互联网，将交易成本的降低又向前推进了一大步。文本、图片、音频、视频、游戏等数字化以后，消费者不需要纸张、软盘、光盘等实物

---

① 美团（股票代码：03690.HK）2020 年财报。
② 孙继伟，孔蕴雯. 外卖 O2O 平台商业模式比较：以饿了么、美团外卖、到家美食会为例［J］. 企业管理，2016（2）：86-88.

载体，就能通过网络进行传输和交易，交易成本得以大幅降低。是以各种各样的数字化内容双边交易平台，如电子书交易网站、设计图交易网站、摄影图片交易网站、背景音效交易网站、论文检索交易网站等纷纷涌现，层出不穷，只要敢想，一切都能卖。

蒸汽平台（Steam）是全球最大的数字化游戏软件发行平台。玩家可以在该平台购买、下载、上传、分享、讨论游戏和软件。

蒸汽平台由美国著名游戏公司 Valve 开发。公司的初衷，是将自己的半条命（Half-Life）系列、反恐精英（Counter-Strike）系列、求生之路（Left 4 Dead）系列、刀塔 2（Dota 2）等游戏从光盘发行转向网络数字化发行。由于建成后的系统覆盖全球，下载游戏的速度极快，因而发展为行业共同的数字化交易平台——蒸汽平台（如图 7-6 所示）。

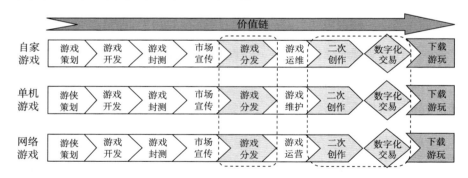

图 7-6　蒸汽平台的数字化双边平台模式

和一般的双边平台不同，数字化双边平台往往会有二次创作，即用户对数字化内容进行再创作，并形成同人小说、同人动漫、同人游戏等[①]，而游戏中还会生成装备、道具等虚拟资产，这些都可以进行再次交易。蒸汽平台从游戏分发中提成 30%，从二次创作交易中提成 5%—15%。

2020 年年底，蒸汽平台上的游戏数量超过 2 万款，注册用户超过 11 亿个，

---

① 王铮. 同人的世界：对一种网络小众文化的研究［M］. 北京：新华出版社，2008.

月活用户达到 1.2 亿个，并创下用户同时在线 2480 万人的纪录。①

双边平台模式中，不仅存在用户的二次创作、二次转售，有些双边平台中，还存在着供应方和需求方的角色反转——供应方同时也是需求方，需求方同时也是供应方。此时，双边平台模式就变为共享平台模式。

2020 年 12 月 11 日，国际短租巨头爱彼迎（Airbnb）登陆美国纳斯达克证券交易所，上市融资 35 亿美元，创造当年美股最大 IPO 纪录。截至当日收盘，股价飙升一倍还多，市值突破千亿美元，超过前三家上市酒店市值之和。

爱彼迎成立于 2008 年，主营在线短租业务，通过互联网向旅游人士销售房屋的短期使用权，房源包括空闲的普通公寓、特色民宿、度假别墅等。

过去在房屋租赁中，房间照片拍摄及上传这一环节通常是由房东自己完成的，但爱彼迎却将其纳入平台工作，聘请专业摄影师进行拍摄。一方面，爱彼迎用贴心的服务赢得房东的认可；另一方面，爱彼迎可以更好地把控上传照片的真实性，保障租客权益，这成为爱彼迎的关键成功因素。爱彼迎的双边平台模式如图 7-7 所示。

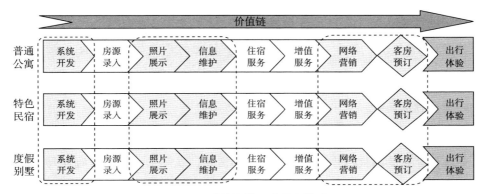

图 7-7 爱彼迎的双边平台模式

---

① 信鸽. Steam 2020 年每月活跃用户 1.2 亿，最高同时在线 2480 万人［EB/OL］. (2021-01-14)［2021-05-01］. https://www.ithome.com/html/discovery/529956.htm

房东也会旅游，此时此地是房东，彼时彼地则很可能是租用房源的旅游人士。因此，爱彼迎的模式不仅是双向平台模式，更是双向共享模式。从某种意义上说，爱彼迎提供的不只是住宿，还是对他人日常生活的体验。

爱彼迎在全球大多数国家的盈利模式，是向房东和租客双方收取服务费，其中，向房客收取6%—12%的服务费，向房东收取3%的服务费。

7.3 价值链嫁接与跨界模式

将一条价值链的一段或者全部，嫁接到另一个行业的另一条价值链上，使二者重新结合成为一个完整的整体，即为价值链嫁接。由此形成的新的商业模式，即为跨界模式。

价值链嫁接，是两个不同行业的价值链的拼接。两个行业看似风马牛不相及，实则背后有很强的内在的关联性。跨行业的两条价值链嫁接需要具备一定的"亲和力"，只有"亲缘关系"接近，嫁接才更有可能成功。

2019年的11月11日，天猫商城"双11"购物节，南极人品牌当天的销售额超过15亿元，成为15个销售额破10亿元的品牌之一。可大多数人不知道的是，南极人品牌的产品中，没有一件是自己生产的，都是授权给第三方设计、生产和销售的。

1998—2008年间，南极人内衣砸下巨额广告费用，签约多个明星，通过在中央电视台大量播放广告，打出了全国知名度，在那个媒体单一的时代，南极人品牌深入人心。2008年全球金融危机期间，南极人关闭了自己的工厂，做起了品牌授权生意，即在整条价值链上，将研发、设计、生产、物流、销售等环节全交给授权商，自己只负责品牌运营这部分，包括品牌宣传、品牌授权和品牌综合服务（为授权商提供进货、仓储、员工培训、协助开店等服务）。然后，南极人将品牌运营环节嫁接到服装、鞋帽、床品、布艺等数十个行业的价值链上（如图7-8所示），成绩斐然。于是南极人意气风发，又将其嫁接到纸尿裤、足浴盆、洗衣机、办公家具、汽车用品等行业价值链上，南极人也因此被戏称为"万物皆可南极人"①，但后来的远亲嫁接项目几乎没有成功的。事实证明，南极人的跨界嫁接，与其起家的内衣行业"亲缘关系"越近，"成活率"越高；"亲缘关系"越远，"成活率"越低。

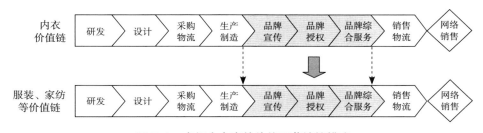

图7-8　南极人电商的价值环节嫁接模式

跨界嫁接能否成功，主要看"亲缘关系"的远近，而"亲缘关系"的远近，主要看两条价值链的价值环节的重合度，正如DNA亲子鉴定看基因重合度一样。如果重合度低，行业隔得远，跨界嫁接则会被一般人认为是"换赛道"。

一个处于破产边缘的旅游度假区项目，怎样才能救回来呢？

一家中国香港公司，被中国内地某旅游城市招商引资的热情所打动，实地考察后，决定在该市机场附近投资兴建一个规模宏大的温泉旅游度假村。度假村集湖光山色、温泉度假、养生康体、酒店公寓、特色美食、会议接待、红酒庄、茶艺坊、户外运动等于一体，是一个"自然、生态、精致、轻奢"的综合性休闲度假景区。

---

① 朱昌俊. 万物皆可"南极人"：卖品牌不该只等于卖吊牌[J]. 杂文月刊，2020（16）：1.

"七通一平"①刚搞完,公司却发现,当地政府又将邻近的地块出让给了一家知名文旅集团,建设内容大同小异,位置却更加优越。公司和这样的"巨头"拼品牌、拼营销、拼人脉圈子,毫无胜算。怎么办?

只在休闲度假旅游行业价值链上想办法,显然看不到希望。此路不通,那就换一条路。有些行业的价值链,与休闲度假旅游行业价值链是高度重合的,许多价值环节是可以共用的,譬如管理培训异地授课。

管理培训市场规模已经超过5000亿元人民币,②并且每年还在高速增长。接受管理培训的学习者,无论是各大商学院的EMBA、MBA,还是民营培训机构、国外办学机构的学员,有两大特点:一是不差钱,学员多数属于公司的决策层;二是坐不住,学员需要安排一部分校外课程。此外,许多商学院都在积极拓展市场,将教学点、授课点、游学点等铺向全国,从而形成了管理培训异地授课的庞大需求。

以往,管理培训异地授课主要安排在星级酒店。星级酒店虽然能够提供食宿和培训场地,但毕竟不是为了培训和教学而建的:一是环境不合适,星级酒店往往地处繁华闹市区,不适合学员静下心来学习;二是氛围不合适,星级酒店内的KTV等娱乐场所,都与学习气氛格格不入;三是教学设施缺乏,星级酒店极少配备电子白板、沙盘等商学教学设施。

在休闲度假旅游行业价值链上,嫁接异地授课的相关价值环节,即用招生取代组团社的组团,用授课取代地接社的导游,就得到了一个新的管理培训异地授课价值链(如图7-9所示)。

香港公司要进行跨界嫁接,转到新的异地授课价值链上,唯一欠缺的,便

---

① "七通一平"是指基本建设前期工作中的道路通、给水通、电通、排水通、热力通、电信通、燃气通及土地平整工作。

② 洪敏. 行动教育IPO:国内管理培训行业领军企业[EB/OL].(2021-04-07)[2021-05-01]. wap.stockstar.com/detail/G2021040700001122

是教学设施。只需将这一块补上,增加一个现代化的星级培训楼,即可满足管理培训异地授课的需求,进而成为各大商学院、民营培训机构、国外办学机构在该市进行异地开课的公共服务平台——"商学院联合教学基地"。公司的花费不过数千万元,但却可以救活一个总投资十多亿元的项目。

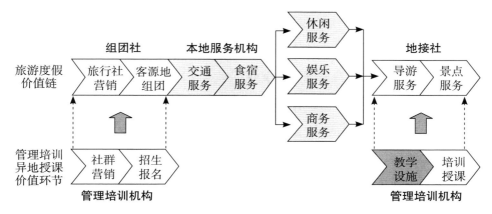

图 7-9　新的管理培训异地授课价值链

剩下的事情就简单了。公司与各大商学院、民营培训机构、国外办学机构合作,提供免费、专业化的培训场所和教学设施,同时还为授课老师、教务人员提供一定的免费食宿。但学员们来上课,则要按照协议价支付住宿、餐饮等各项费用,而且学员一定会来——不来属于旷课,学分不够,毕不了业。

这样一来,这家香港公司通过价值链嫁接,转向新的市场,获得新的客户来源和客户群体,无须再与竞争对手在旅游度假市场展开竞争了。

7.4　价值环节重组与模式蜕变

价值环节重组,催生新的商业模式。

上面介绍的价值链嫁接和跨界模式,都属于跨价值链的重组。其实无须跨链，价值环节重组也能在单条价值链上多姿多彩地展开，如价值环节的延伸、添加、裁剪、分拆、分包、众包、共享、寄生、整合等，并带来商业模式的相应变化，以下一一说明之。

（一）基因重组1：价值环节延伸

一家致力于将"家居设计傻瓜化"进行到底的软件公司，开发出一款超级简单且普通人不用学习就能直接上手的家庭装修DIY（Do It Yourself，自己动手制作）软件，即在自家的平板电脑上，用手指拖一拖壁纸模板，拽一拽吊顶模块，拉一拉家具模型，就能自动生成精美而逼真的家居装修效果图。

公司每年都会更新素材库，推出新的版本。但往往几个月之后，新版本的破解版就会在网上出现，公司这些年来都没有挣到什么钱，怎么办？

很简单，既然被盗版，说明受欢迎，那还不如大度一点，全免费，让成百上千的装修设计师免费用，让成千上万的待装修家庭免费用。公司怎么赚钱？价值环节延伸，即与厂家合作，在软件中为厂家提供产品展示、宣传和交易功能。用户对自己DIY的效果图满意后，查询模板库就能直观地看到，这是某品牌某型号的壁纸，那是某厂家某款式的沙发，然后在线下单，直接对接厂家。剩下的事情，就是请厂家买单了。

公司赚取的，除了交易佣金，还有展示位和广告位的竞价排名费。

（二）基因重组2：价值环节添加

价值环节延伸，是企业内部价值链向前或向后延展；而价值环节添加，则是在内部价值链的中间，再插入新的价值环节。日本最大的二手书连锁店BOOK-OFF，就是通过价值环节添加成为上市公司的。

过去，旧书收购一般称斤论两，价格极低，所以许多人宁可将旧书堆在家中占地方，也不愿意拿出来卖，导致旧书货源寥寥而且极不稳定。旧书收来后，即便受潮发霉，污损破旧，灰尘满满，二手书店也不进行清理，只会直接上架销售。而在销售环节，二手书店大多小本经营，店面狭小，光线昏暗，书籍不做分类，随便堆放，顾客很难快速找到心仪的书，购书的体验非常糟糕，很难让人产生"逛"的兴趣。

BOOK-OFF是怎么做的呢？首先，它将二手书按新旧程度分为A、B、C三个收购等级，分类合理，价格厚道。图书如果是孤本，收购价格有可能比原价还要贵，书的货源自然有了保障。其次，BOOK-OFF建立旧书翻新车间，工人流水线作业，清除污渍，粘补破损，消毒翻新之后的旧书与新书没什么差别，但销售价格却比新书低了不少。最后，BOOK-OFF对销售场所按照新书店的标准进行装修，宽敞亮丽，干净整洁，令人赏心悦目。

通过添加旧书翻新这一增值环节，企业不仅赚取了差价，还增加了旧书的价值，企业的可持续营收就有了保障。短短几年时间，BOOK-OFF扩充至上千家店并在东京证券交易所上市，打造出了一个蔚为壮观的二手书王国。

（三）基因重组3：价值环节裁剪

同为日本企业，BOOK-OFF的模式是在价值链上做加法，QB House的模式则是在价值链上做减法。

传统理发店，顾客从进门开始，就不得不接受一系列"细心"的服务：等候、洗发、吹发、头部按摩、发型选择、剪发、清理碎发、再洗发、再吹发、付款、找零，动辄需要四五十分钟的时间。顾客的时间大多耗费在与剪发无关的其他服务上，而剪短头发本身需要多长时间？十分钟！

QB House认为这是一种浪费，所以砍掉一切多余的增值服务，只保留剪发、清理碎发两个环节。为保证顾客"十分钟焕然一新"，QB House坚持不清洗、不设计、不烫染、只剪发。不清洗，是因为碎发可以用QB House自己发明的Air Washer吸得干干净净。不设计，是因为按照顾客原有的发型样式剪短即可。再加上不烫染、只剪发等做法，QB House 将顾客的理发时间严格控制在十分钟以内，但该有的整洁卫生、服务品质一点都不少，而价格只有其他理发店的三分之一。

这样一个"至简"的生意，却使 QB House 在 2020 财年的收入达到 200 亿日元。QB House 也被《华尔街日报》(Wall Street Journal) 评论为进行了一场"日本理发行业的革命"。

（四）基因重组 4：价值环节分拆

养猪这个行业看似简单，其实并不好做。

如果采用工厂化养猪，需要雇用大量的员工。可"打工人"的身份很难让员工真正把心放进去，用心去喂养，而用心不用心，喂养的效果大相径庭。如果采用"公司+农户"模式，吃亏的往往是公司，因为当猪的市场价格高于协议收购价时，农户不会把猪卖给公司；而当市场价格低于协议收购价时，农户则会把猪强卖给公司。怎么办？

"中国养猪第一股"雏鹰农牧当年就是通过一套新的模式解决了这一难题，做法是这样的：将一个村子里的农户及其猪舍，按照猪的生长进程，分为配种舍、妊娠舍、分娩舍、保育舍、育成舍等。再将处于不同阶段的猪交给不同的农户负责——从村东头到村西头，老赵家专门喂养妊娠母猪，母猪下崽后交给老钱家，老钱家专门喂养哺乳仔猪，仔猪断奶后交给老孙家，老孙家专门喂养断奶仔猪，体重达标后交给老李家……专业分工，各司其职，流水线作业。猪快出栏时，则送到公司猪场集中喂养一段时间，再由公司统一进行市场销售。至于建设、运输、饲料、防疫等可以规模化的价值环节，也由公司统一负责。

这样一来，整个链条就被拆分为多个价值环节，既做到了专业化分工，又实现了规模化养殖。由于每个农户只负责其中的一个环节，农户的违约风险大大降低，传统"公司+农户"模式的弊端被基本消除了。

（五）基因重组5：价值环节分包

价值环节分包，是指将企业内部价值链上的一个或几个价值环节剥离出去，交给第三方去做。深圳一达通企业服务公司（简称一达通）便是在进出口领域做分包的。但和一般的分包不同，一达通在商业模式上做了大胆创新，"先汇总，再分包"，先汇聚外贸小单，再规模化分包出去。

外贸出口的价值环节众多，手续繁杂（如图7-10所示），传统外贸代理大多按照进出口额的一定比例收取费用，因而造成大企业、大订单大家抢，小企业、小订单无人理。然而，在别人眼中"食之无味，弃之可惜"的"鸡肋市场"——小企业、小订单市场，恰恰蕴含着巨大的商机。

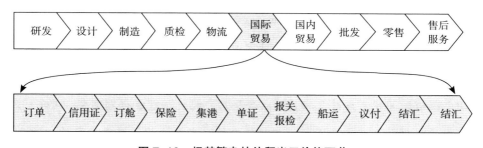

图7-10 极其繁杂的外贸出口价值环节

一达通看准这一点，建立网络化运营平台，实行流水线作业，降低了运营成本和出错率。中小企业通过网络化运营平台，就能一站式办理通关、物流、结汇、退税等各项业务，每单不管大小只需支付1000元服务费。由于一达通的服务便捷、价格低廉，并且是一站式服务，中小企业的订单蜂拥而至。

一达通将这些订单汇总后，再规模化外包给报关、运输、保险等第三方机构。这些第三方机构过去不愿意接小单，可100个小单汇集成的大单，大家都抢着接，而且价格还更优惠。这样一来，一达通便有了议价能力和差价收入。而有了庞大的客户群体，一达通就可以与商业银行等机构谈合作，开发包括供应链金融等在内的各项增值服务了。2016财年，一达通的出口额突破150亿美元，供应链金融达到240亿元人民币，成为中国进出口额排名第一的外贸综合服务平台。①

（六）基因重组6：价值环节众包

价值环节分包，事先知道谁是"接盘侠"；而价值环节众包则不同，谁会"接盘"事先并不知道，就像悬赏一样。

许多企业都需要LOGO（企业标识）设计、VI（Visual Identity，视觉识别）设计、企业宣传册设计等各种设计，但知名的设计师架子大、报价高，还不一定会认真对待。企业花了大价钱，能不能得到满意的设计效果，心里仍然没底。

威客网的做法是：不靠"大咖"靠群众，在广阔的社会范围内，寻找合适的人做合适的事。有设计需求的企业客户，先交给威客网一笔保证金，然后在威客网站上发布具体的设计任务和悬赏金额。社会上的一些设计师接下任务后，利用其闲暇时间完成设计，客户验收合格后，设计师就能得到赏金。这样一来，企业客户借助社会智力资源，以相对低廉的成本就能获得满意的设计方案，而威客网则抽取一定比例的交易额作为营收来源。

（七）基因重组7：价值环节共享

麦当劳不仅是一家快餐连锁店，还是世界上最大的地产商。

麦当劳的做法是：由麦当劳地产公司精心选址，与业主签订20年租价不变的长租协议。等到加盟商申请加盟时，再转租给加盟商，每年加价8%—10%。20年下来，麦当劳通过租金差获得的收入，远远超过卖汉堡获得的收入，

---

① 闻坤. 一达通年出口额突破150亿美元，成全球最大外贸综合服务平台[N]. 深圳特区报，2016-04-01（A19）.

而且麦当劳将场地租约控制在手，还能防止加盟商"反水"。

国内一家麦当劳的加盟商看懂了这套玩法后，也照葫芦画瓢：麦当劳选好店址，他便以长租协议价格将周边商铺租下，并部分转租给别人，每年也是加价8%—10%；部分店铺自己用来开冷饮店、海鲜酒楼等，反正经过麦当劳的精心选址，不怕人流不旺。这样一来，共享客流的同时，还能让自家冷冻食品搭上"顺风车"，共享冷链物流运输，这便是价值环节共享。

（八）基因重组8：价值环节寄生

与7天酒店同根同源的瑞卡租车，当年在起步之初，采用的便是价值环节寄生。

瑞卡租车的高管团队，大多为7天酒店的创业元老，所以，瑞卡租车的目标客户主要是7天酒店的住客，业务网点就设在7天酒店的大堂，车辆就停放在7天酒店的停车场，手续办理就在7天酒店的前台，服务器就在7天酒店的机房，人财物干脆由7天酒店代管，并依托7天酒店的成熟渠道和品牌知名度开拓租车市场，就连经营思路也和7天酒店几乎是一模一样的：单一车型，规模采购，精简服务，降低成本，提供经济型租车服务。[①]

这样一来，场地省了，人员省了，管理省了，成本也省了……

（九）基因重组9：价值环节整合

所谓价值环节整合，是指企业将外部一些分散化、碎片化的价值环节吸纳进来，在企业内部重新整合，形成新的内部价值链，以实现规模经济和范围经济。

以深圳市众安康后勤集团有限公司（简称众安康）为例。众安康专注于医

---

① 曹潜，曾旭，郑尚荣，等．瑞卡租车：寄生于7天酒店的低成本扩张模式［J］．深圳特区科技，2011（12）：45．

院物业这一细分市场，抢先进入，经过多年耕耘，树立了良好的行业口碑，但公司以往的收入主要来自保洁、保安、机电维护等传统物业服务。由于行业门槛不高，竞争对手开始纷纷涌入，以低价竞标，导致物业服务合同的中标价格很难提高，服务成本却不断攀升，怎么办？

很简单，既然不能从医院获得更多收入，那就从患者身上挣钱。众安康转而向患者提供更多的增值服务，以获得新的收入来源。据此，公司将新的商业模式确定为"医院服务低价入场，患者服务增值盈利"。

具体做法如下：公司以比竞争对手更低的价格，竞标医院物业服务合同——中标变得很容易。进场后，公司占据了庞大就医群体的流量入口，然后引入各种合适的服务项目，如接送、零售、送餐、洗涤、陪诊、陪护、康复、月嫂、资源回收、医疗金融服务等。再将这些零散的服务项目，按照属性和流程重新整合，构建诊前、诊中、诊后三大服务包（如图7-11所示）。患者或其家属只要打个电话到"一站式"服务中心，或在自己的智能手机上点几下，便可享受所需的各种服务。

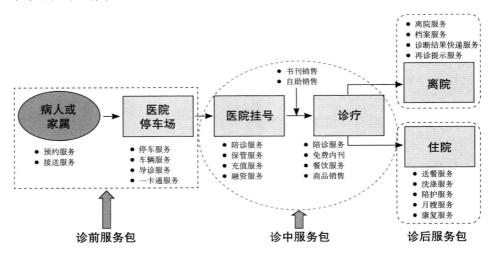

图7-11 转向患者增值服务的医院物业价值环节整合

（十）基因重组 10：软硬一体化[①]

苹果公司成功的商业秘诀是什么？一些局外人说起来头头是道，甚至用传统的管理理论乱加解释，但苹果高管的一句话泄露了天机："苹果成功的秘密就在于把最好的软件装进最好的硬件。"[②] 简单的语言直指人心，苹果成功的模式正是逆行业潮流而行的软硬一体化。

对 IT 产业发展历史稍有了解的人都知道，早期的计算机企业如王安电脑，从零部件、整机到软件都由自己生产，成本居高不下。后来，IBM、英特尔和微软联手，通过标准化、开放化，将 IT 产业带入大工业时代。千千万万的企业按照标准各自生产能够相互兼容的产品。这些产品的品质、性能、价格等虽然参差不齐，却能够装配在一起，甚至还出现了"攒机"产业。但五花八门的软硬件同时在系统上运行，不可能给用户带来最佳的体验。

苹果敏锐地意识到人们随着收入提高，消费升级，开始更多注重体验而非价格，"体验至上"的时代来临。而 IT 产品要想使用户获得极致体验，一定是软硬一体化设计和调试的，所以苹果选择与主流做法相反的做法，构建封闭系统，硬件自己设计开发，操作系统与核心软件自己开发，客户服务也是由自己的直营店实施，硬件、软件、服务全都由自己完成，只为一个目的：向客户提供最完美的体验。

与全价值链模式不同，软硬一体化模式不是所有环节都做，而是软件、硬件、服务三链并举，抓住关键环节，以便对价值链做到完全的掌控。同时，将关键环节以外的价值环节开放给专业的第三方，打造行业生态圈，见图 7-12。

[①] 胡世良. 移动互联网软硬一体化商业模式探析 [J]. 移动通信，2013（9）：56-59.
[②] 佚名. 苹果的秘密 [J]. 竞争力·三联财经，2010（8）：52-53.

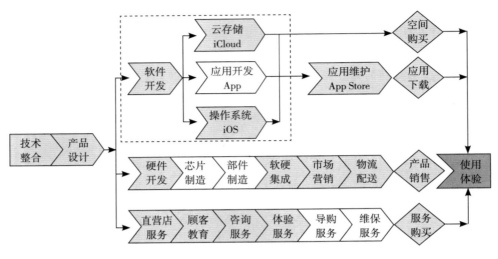

图 7-12　苹果公司的软硬一体化模式

（十一）基因重组 11：硬件一体化

2020 年，三星手机占据全球手机销量榜的第一位，苹果手机排在第二位。不同于苹果手机的软硬件一体化模式，三星手机实行的是硬件一体化模式。从手机芯片、存储器、摄像头、面板、电池到其他零部件，三星都可以自给自足，根本不需要上游供应商。而且在这些核心零部件上，三星在全球市场的占有率也均排名第一，这让苹果望尘莫及。

硬件一体化模式有利于企业控制产品品质，降低中间环节交易成本，并且能够帮助企业根据市场需要进行上下游联动，快速调整产品和产量。正是依靠硬件一体化模式，三星手机从最初的芯片环节开始，就已经积蓄起竞争优势，自始至终都牢牢掌握着产业的话语权、主导权，见图 7-13。

更重要的是，硬件一体化模式为集群创新提供了可能。有个别学者一味地强调"轻资产运营"，甚至将是不是"轻资产运营"作为判断商业模式优劣的一个标准。这种认识过于片面，事情要一分为二地看。重资产有重资产的优势，

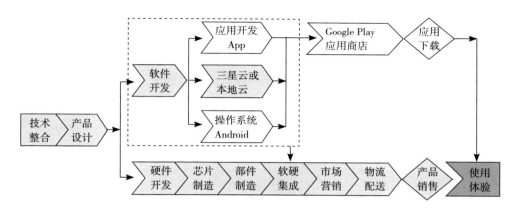

图 7-13　三星手机的硬件一体化模式

有了重资产及装备，企业就有条件实现技术的沉淀、打磨和迭代升级。三星手机的硬件一体化模式属于重资产运营，却造就了三星手机强大的 IT 制造能力，使其成为全球持有专利数量最多的科技公司。①

不过，三星手机的硬件一体化模式，盈利能力还是逊色于苹果的，毕竟苹果的软硬件一体化模式挣三份钱：硬件＋软件＋服务。其实，三星手机也想转为利润更加丰厚的软硬件一体化模式，奈何安卓（Android）操作系统是谷歌公司的，核心软件如浏览器、输入法、邮箱、地图、相册、日历、翻译等也被谷歌"全家桶"包圆了，三星手机掌控不了软件价值链。为此，三星手机曾下狠心研发自己的操作系统 Bada（海洋）和 Tizen（泰泽）去取代安卓操作系统，但因为形成不了行业生态圈，最后不了了之。

综合以上案例，不难看出，商业模式的变形、变异、创新、创造，并不是天马行空、随心所欲的，而是服从于价值环节组合逻辑约束的，即服从于以价

---

① 新浪财经. 全球持有专利最多企业机构 TOP100：三星位居第一，10 家中国企业上榜［EB/OL］. (2020-01-09)［2021-01-01］. http://finance.sina.com.cn/stock/hkstock/hkstocknews/2020-01-19/doc-iihnzahk5099225.shtml.

值链形式表现出来的价值规律、经济规律。因此,商业模式需要创意、灵感和想象力,甚至可以这样说,没有市场想象力,就没有商业模式。[①] 但创意、点子、灵感和想象力,都必须以价值规律、经济规律为前提。

---

① 张述冠. 商业模式与市场想象力 [J]. 21世纪商业评论,2009(4):126-127.

第8章
商业模式微观构造Ⅲ：交易结构

本章导读

　　交易结构是价值链上下游之间的一种连接部件，交易结构＝交易方式＋交易构型；企业层面上，交易结构＝交易方＋交易方式＋交易构型。选择好的交易方式，能够降低交易门槛，节省交易成本，减少交易风险；设置好的交易构型，能够提高交易的稳定性和可持续性。而交易方式或交易构型的改变，则会带来交易结构的"微变形"和商业模式的"微变形"。

前两章我们分析了需求侧和供给侧，这一章我们继续讨论交易侧——交易结构。微观层面上，交易结构 = 交易方式 + 交易构型，交易结构是一种价值的输入输出结构（如图 8-1 所示）。

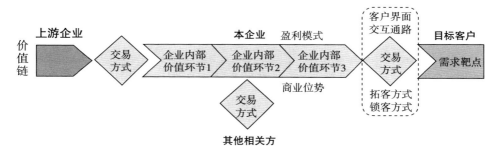

图 8-1　商业模式的微观解析：交易侧

市场经济中，一个企业的内部价值链所创增出来的价值，是通过交易向外输出的，并形成一定的交易结构。因此，要想深刻理解商业模式及其所包含的价值运动逻辑，就不可不研究交易方式和交易构型。

交易方式的出现是和商品同步的，最早的交易方式是物物交换。人类进入商品社会以后，许许多多的交易方式被发明出来并得到广泛应用，如信用交易、信托交易、期货交易、期权交易等。而现代信息技术、物流技术和现代金融手段的引入，还在源源不断地催生出新的交易技术（Transaction Technology）[1]和交易方式，推动着商业活动不断突破时空的限制和交易的瓶颈，从兴盛走向繁荣。可以这样说，人类在商业领域的发明、创造和智慧，一点也不输于科学技术领域。

---

[1] COLUMBA F. Narrow Money and Transaction Technology: New Disaggregated Evidence [J]. Journal of Economics and Business, 2009, 61(4):312-325.

不过，交易方式只是助力交易的达成，要想使交易稳定、高效、可持续，还须要在交易构型（客户界面、交互通路、拓客方式和锁客方式）方面做周密安排。交易构型既服务于交易方式又保持相对独立，同一交易方式搭配不同的交易构型，即形成交易结构的"微变形"。

8.1 交易方式及另类创新

有交易，就有交易方式。过去，人们在日常生活中遇到的主要是商品交易，采用商品交易方式，包括批发、零售、拍卖、团购等。随着商品经济向其更高阶段——资本社会过渡，资本交易方式开始更多地出现在人们的视野中，如授权、加盟、承包、参股等（如图 8-2 所示）。

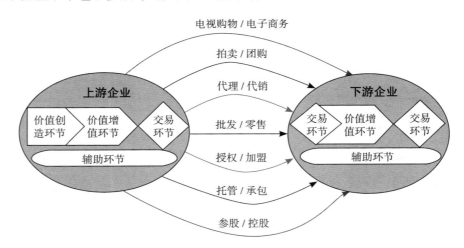

图 8-2　两个企业之间可能的交易方式

交易方式的种类如此繁多，异彩纷呈，美不胜收，以至于同一条价值链上的不同企业之间，交易方式也不尽相同（如图 8-3 所示），而且还会随时间、空间和场景的变化而发生变形、变异，这些交易方式相互配合、相互补充，共同构成了一个完整的协同体系。

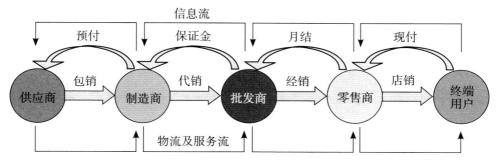

图 8-3　同一价值链上的多种交易方式并存

时代变迁，推陈出新，旧的交易方式渐渐地老去，新的交易方式不断地涌现，出现了越来越多的"另类"交易方式，并带动商业模式"移形换影"。这些"另类"交易方式的出现，往往是因为已有的交易方式不能满足商业需要，只能另起炉灶，另"造"出一种更合适的交易方式。

"另类"交易方式 1：定时降价

思维固化的西方经济学，从未注意到的一个生活常识是：消费者根本不是冲着"便宜"（价格）来的，而是冲着"占便宜"（价格-价值）来的，"便宜"只是"占便宜"的一种形式。①

在服装销售中，讨价还价已经成了众多女性消费者的一种习惯。一家专门服务 30—50 岁女性的时装店中，营业员大半的时间，都用在了与顾客来来回回的磨价中。到店顾客为了砍价，十八般武艺全都使上，诸如套近乎、抹掉零头、贬低衣服质量、威胁不再来等等，不一而足。后来，商家认真测算了一下单个营业员单位时间内的销售利润，结果发现，与顾客讲价其实是极不划算的。

怎么办？这家店索性改变交易方式，实行"定时自动降价"：每种款式的

---

① 娄向鹏. 占便宜，品牌转换的关键按钮[J]. 公关世界，2012（4）：5.

时装只上架两三件，坚决不打折不优惠。但在上架时，每件衣服都会标明上架时间和上架价格，然后每天自动降价1%，直至90天后换季更新。譬如，一件衣服上架时卖1000元，第二天自动变为990元，第三天变为980元，第四天就是970元了，以此类推。这个方法施行之后，顾客的购买心理完全改变，当天还有可能犹豫不决，但两天之后就会冲回店里买走心仪的时装，生怕被别人买走。定时降价反而促进了销售。

钱大妈，一家社区生鲜零售连锁企业，也学会了这一招。钱大妈喊出了"不卖隔夜肉"的口号，当天卖不掉的肉、菜就要处理掉，怎么处理？晚上七点开始降价，全场九折；七点半变成全场八折；八点变成全场七折；一直到晚上十一点半，免费派送。有人说我等着免费派送"薅羊毛"，问题是等不到呀。钱大妈的做法，跟上述时装店的做法是一样的道理。

"另类"交易方式2：看着给钱

香港万佛寺附近的一家高档素菜馆，顾客就餐后结账。"多少钱？""您看着给。"看着给，如果都不给，怎么办？很简单，每一位来就餐的顾客都要事先电话预订，报上自己的姓氏和电话号码，以便餐厅提前留位，餐厅不接待没有预订的顾客。就餐后，如果给的餐费少，比之前的最低纪录还低，那么顾客就要履行一项义务——向餐厅说出对菜品或服务不满意的地方，以便餐厅予以改进。餐厅会将提出宝贵意见的顾客的姓氏、电话做处理后，连同支付价格及意见记在感恩簿上。后面光顾的顾客如果有兴趣，可以翻看感恩簿，监督餐厅是否做了改进。

这里面的玄机是什么呢？一旦你不是客观评价，而是故意少给钱，虽然感恩簿上的姓氏和联系方式都做了处理，但你的亲朋好友是猜得到的，看到扭曲事实的评价，很可能会"刷新"他们对你的观感。所以，除个别情况外，多数顾客给的钱反而比餐厅的预估还高10%—30%。

"看着给钱"须要具备两个先决条件：首先，素菜馆本身是一个高档餐厅；其次，施行预约制，记录下了顾客信息。国内有一些年轻人创业，头脑发热，也搞"看着给钱"，结果赔了个"底掉"。他们不明白，中国是一个熟人社会，人们敢在陌生人面前"胡来"，却不敢在熟人面前"胡来"。商家如果不掌握顾客的身份信息，他们"胡来"的风险就比较高。

"另类"交易方式3：先给小钱

公务员考试，是一套另起炉灶、别具一格的体系，所以考生通常需要提前参加专门的、系统的培训。整个培训过程长达数月，收费也非常高昂，动辄两三万元起步。然而，参加培训的主要是将出校门或刚出校门的大学生，他们大多囊中羞涩，高收费极大地限制了生源规模。

广西某公务员考试培训机构通过重构交易方式解决了问题。培训行业有个特点，培训一个人和培训100个人的成本差不多，边际成本近乎零。所以，当别家收38000元的时候，该机构只收3800元，而且师资、场地、服务等都比别家做得更好。结果考生蜂拥而至，大幅度摊薄了成本，使得人均培训成本降至3800元以下，培训机构仍然有利可图。

更大的收益来自后端。该培训机构会和考生事先签订一个协议，一旦考生"上岸"成功，要再给38000元的"上岸费"。要是考生不给呢？不用担心：一是公务员一经录用都要进行公示，难以隐瞒录用情况；二是公务员录用后都有一年的试用期，试用期间如果存在失信行为，"铁饭碗"就有可能丢了，这个代价足以让其乖乖地掏钱。

所以，该机构实际上赚的，不是培训的钱，而是成功"上岸"的钱。

"另类"交易方式4：不来罚钱

商家一般是通过卖商品和服务来挣钱的，如果反其道而行呢？

一家健身中心，以往的收入主要靠销售会籍年卡，即使做一些短期卡团购活动来引流，也是为了提高年卡的销售量。但很多顾客买了年卡，来几次之后就坚持不下去了，不再来了。老板开始还觉得自己占了便宜，后来才想明白，健身中心的损失其实更大，损失了人气，损失了未来。此外，由于预付费消费的陷阱多，许多人不敢买年卡，就怕买回去以后，健身中心中途跑路，所以年卡的销量并不好。怎么办？

换一下交易方式，就可以解决问题。具体做法是：健身中心将原来5000元的年卡打一折销售，售价500元。会员锻炼两三次就回本了，所以大家抢着买。而健身中心为了积极鼓励会员锻炼，事先会和会员签署一份信用卡扣款授权协议书：按照双方定好的训练计划，如果会员按时按点来健身了，不扣会员的钱；但如果不来，则要自动扣款，一次100元。这一做法的初衷，是为了帮助会员克服惰性，积极健身。但由于这样那样的原因，总有一部分会员有时来不了。换言之，健身中心真正赚的，不是来的人的钱，而是不来的人的钱。

"另类"交易方式5：定时返钱

时下，国内最赚钱的行业是房地产业，最缺钱的行业也是房地产业。

胶东半岛的一家村办房地产开发公司，通过农用地变更，获得了多块住宅建设用地，规划总建筑面积达到了上百万平方米。可是在当地楼市严重过剩的严峻形势下，公司首期开发的6万平方米住宅，卖了两年，仅仅卖出去了一半，其中相当大的一部分还是用抵债方式实现的。公司的"兜里"实在没钱了，急需通过销售回笼资金，以满足持续开发的需要。

但该公司在资金、人才、营销、专业性上都不占优势，怎么办？很简单：找到特殊的消费群体，采用特别的交易方式，将房产快速卖给他们。

公司之前的楼盘还能卖出去一部分，背后是什么原因？通过对已成交客户信息的梳理发现：外地人占了大半，而且大多是居住在资源枯竭型城市和矿产采空区、年龄在 45—55 周岁的矿业职工。他们居住的城市经过多年开采，地下挖空，地表沉陷，人居环境恶化，因此他们希望在退休之后，迁移到特别宜居的胶东半岛生活和养老。

接下来，创新交易方式，解决"怎么卖"的问题。具体做法是：针对资源枯竭型城市的矿业职工，与当地的房地产中介合作，推出"购房 5 年返半款"的交易模式，即购买住房以后，从第 6 年到第 10 年，公司每年返还 10% 的房价款，以贴补购房者在退休之后的养老金缺口，这种做法在养老体系还不是特别健全的中国，是很有吸引力的。而公司的财务成本经过测算，只相当于 5.01% 的复利，比同期的银行贷款利率还低。

问题是，购房者凭什么相信公司的房款返还承诺？说来也简单，公司将存在合作银行的购房款，冻结一小部分作为履约保证金，再由合作银行向购房者开出银行保函，购房者"手中有粮"，心中自然不慌。

8.2 交易成本、交易风险与交易门槛

交易方式形形色色，但企业采用什么样的交易方式，却不是一件能够任性的事，须要审慎考量并做出合理安排，以便使交易过程更快捷、更顺畅、更高效。这其中，有三点因素不容忽视：一是选择什么样的交易方式，才能以最快的速度完成交易，节省商品流通成本；二是选择什么样的交易方式，才能最有效地方便客户购买，节省客户消费成本；三是选择什么样的交易方式，才能在交易过程中最大限度地降低交易成本，减少交易风险。后两点是为第一点服务的。

交易成本和交易风险都是市场经济的伴生物，无时不在，无处不在，不是"有和无"的问题，而是"多和少"的问题。只是不同的交易方式，在不同的情境中，交易成本和交易风险的密度分布曲线是不一样的，所以须要根据具体情境，

选择合适的交易方式，否则本来可以正常进行的交易活动也会变得困难重重。

2021 年 8 月 19 日，杭州市二手房交易监管平台上线"个人自主挂牌房源"功能。购房者可以跳过房屋中介，实现"房东直售"。消息一出，一石激起千层浪。中介巨头贝壳找房的市值当天蒸发了数百亿元，"取消房产中介"等说法在全国引发了热议。①

房屋买卖，传统交易方式是房产中介居间进行信息匹配和供需撮合，从中收取高额中介费。由于每一家中介机构掌握的房源信息和客源信息相对有限，因此，这种居间交易方式既限制了交易优化，也增加了交易成本。而且中介机构从自身利益出发，还会刻意制造信息障碍，扭曲交易信息，吃完卖家吃买家，"天下苦房产中介久矣"②。

只是取消房产中介，条件成熟了吗？买卖双方直接交易，相比于中介居间交易，交易成本可能会降低，但交易风险却会增加，如交易主体资格的风险、交易房屋权属的风险、合同条款争议的风险、房产交割的风险、单方欺瞒的风险、单方毁约的风险等等。显然，只有当房产直接交易的风险随着交易技术的发展和交易方式的优化而不断地降低，并低于一个临界点时，房产中介交易方式才会被彻底取代。

任何交易都是有成本的，也是有风险的。如何减少交易成本以让交易更易达成，如何降低交易风险以让交易更易控制，是选择乃至设计交易方式必须面对的两个问题。总的解决思路是：第一步，想方设法消减交易成本/交易风险；第二步，将消减不了的交易成本/交易风险转嫁给第三方；第三步，将消减或

---

① 宋杰，郭雪瑶. 杭州推官方二手房交易平台"房东直售房源"上线，将取代中介？［J］. 中国经济周刊，2021（16）：46-49.
② 范春生. 房产中介"黑幕"面面观［J］. 瞭望，2011（18）：23-24.

转嫁不了的交易成本/交易风险，在交易双方之间进行合理的分配。

首先，来看交易成本/交易风险的消减。降低交易成本乃至交易风险，最根本的途径还是要靠技术进步，即交易技术的不断发展。互联网时代，就是将交易"搬到网上"，从而将商品搜寻、信息对接、下单成交、结算支付、交易争议处理等在互联网上一站式解决。

到医院看病，交易成本是非常高的。医生问诊可能只需要10分钟，但患者却往往会折腾一天——一大早起床赶到医院，排队停车，排队挂号，排队问诊，排队交费，排队检查，排队取药，每一个环节都要等待。

美国出现的"电话医生"模式，可以大幅降低诊疗过程中的交易成本。具体做法是：一方面，"电话医生"平台与企业、工会、保险公司等合作，个人每年交99美元，就能享受5次电话问诊服务；另一方面，将医院、诊所里的医生联合起来，让这些医生利用不上班的时间提供电话问诊服务。患者求诊时，"电话医生"平台会通知合作的医生，医生回拨给患者，进行问诊，然后开出电子处方。在美国，患者拿着电子处方便可以在药店买药了。由于80%以上的患者，得的都是头疼、感冒发烧、慢性病之类的常见病和皮外伤，电话问诊足以解决问题。如果遇到拿不准的病，医生则会帮患者预约到医疗机构做进一步的检查。大多数时候，患者不用到医院就解决了问题，大大降低了就诊成本，同时也降低了整个社会的交易成本。

目前，国内的平安好医生、好大夫在线、春雨医生等提供的电话问诊服务，都是借鉴美国的"电话医生"。只是随着交易技术的进步，已经升级为移动互联网平台，综合运用语音、图文、远程视频、人工智能、大数据等手段，为患者提供更精准、更便捷的问诊服务。[1]

---

[1] 江其玟，陈双.基于共享经济的互联网医疗商业模式创新：以"春雨医生"为例[J].上海商学院学报，2018，19（4）：29-35.

其次，来看交易成本/交易风险的转嫁，即将交易成本和交易风险转移给第三方。这些第三方包括担保机构、再担保机构、保理公司等。它们之所以愿意接手不那么愉快的交易成本和交易风险，是因为其中有利可图，甚至可以借此发展出新的盈利方式。

福费廷（Forfaiting），也叫信用证应收账款买断，是专门经营外贸应收账款风险的一种模式创新，如图8-4所示。

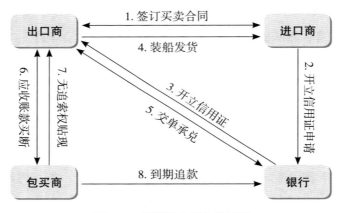

图8-4 福费廷交易方式示意

国际贸易中，出口商出售商品后，收到的并不是现金，而是远期汇票或者本票。虽然经过了银行承兑，但也不是百分之百保险，而且收款时间往往长达半年甚至数年之久，不能马上变成现款使用。怎么办？

福费廷模式的做法是：出口商将银行承兑过的远期汇票或本票，也就是应收账款，放弃追索权后折价卖给包买商，提前获得现款。包买商买下汇票或本票，到期之后再向银行追款。这种做法实际上是出口商将追债成本转嫁给了包买商，同时也将信用风险、利率风险、汇率风险等都转嫁给了包买商。而包买商之所以愿意接手交易成本和交易风险，原因很简单——高风险，高收益。

最后，来看交易成本/交易风险的分担。分担交易成本和交易风险，有三种基本方式：固定、剩余和分摊。当然，按照"成本收益对等原则"或"风险收益对等原则"，相应的收益也是以这三种方式分配的。譬如房屋，既可以出租给二房东，房东承担有限的、固定的风险，收取固定租金，属于"拿固定"；也可以不嫌麻烦，自己直接招租，房东承担全部的、未知的风险，获取最大收益，属于"拿剩余"；房东还可以以房子的使用权入股，收益共享，风险共担，属于"按比例分摊"。

改变交易成本/交易风险的分担方式，就有可能将交易双方之间的对立与博弈，转化为合作与共赢，从而使交易能够顺利地达成。

深圳嘉兰图设计有限公司创立于2000年，有着国内最大的工业设计师团队。以往的收费方式，是按照工作量和设计难度收取几十万元至上百万元的设计费。这种固定收费方式，固然让嘉兰图"旱涝保收"，却也使设计费成为客户的刚性支出，将可能的市场失败风险都甩给了客户。这样一来，客户自然会想方设法地压价，于是设计费一降再降，形成恶性循环。同时，嘉兰图设计出来的优秀产品，无论在市场上多么受欢迎，收益都与自己无关，设计的价值不能得到充分体现。

2009年，嘉兰图进行自我革新，采用与客户共担风险的交易方式，即公司先设计出产品，再按照客户的生产量收取授权费。设计出来的产品受欢迎，卖得好，公司就拿得多；反之，就拿得少，公司与客户共同承担设计失败的风险。这样一来，客户知道嘉兰图一定会用心设计，产品热销有保障，与嘉兰图合作不再有任何顾虑；同时，客户只是事后拿出部分收益进行分成，不用事先支付巨额的设计费，自然愿意合作。

那么，嘉兰图如何得到客户的准确产量？很简单，产品上的某个设计元件必须通过嘉兰图渠道采购，嘉兰图据此掌握真实的产量。① 采用新的交易方式后，嘉兰图发展迅速，2015年在"新三板"② 挂牌上市。

交易成本／交易风险的分担，除了以上三种基本方式，还有许多变形方式。譬如房子出租给二房东，双方约定，如果二房东的转租率低，免租期自动延长，即属于"可变的固定"；如果二房东的转租率高，则在固定租金之上，双方再进行分成，风险共担，则属于"保底的分摊"。

实践中，交易双方的交易成本／交易风险，到底是采用固定、剩余、分摊还是某种变形方式，归根结底，取决于采用的方式能否服务于交易本身，能否使交易顺畅、稳定、可持续。一般来说，是让有能力的一方承担和化解交易成本／交易风险。

温州宏丰电工合金股份有限公司（简称宏丰电工）位于电器之都——温州柳市镇，主营复合电接触材料，主要客户包括正泰、德力西、西门子（Siemens）等知名大企业。由于电工合金产品要用到大量白银，白银采购占压资金多，积压风险大，所以宏丰电工采用"即买即用"的方式。然而，国际市场上白银价格波动频繁，公司缺乏在国际市场上套期保值的资金规模和专业人才，盈利完全没有保障，忽盈忽亏，怎么办？

宏丰电工的客户都是知名大企业，有能力操作套期保值，也有能力向后端转嫁价格风险。于是宏丰电工便与客户约定，采用"交货前一周白银均价变化幅度"方式结算，即白银原材料均价上涨，宏丰电工的产品价格也跟着上涨，从而将价格波动风险转移给下游，让大企业进行承担和化解。

---

① 张伟. 嘉兰图商业模式创新案例研究［D］. 兰州：兰州大学，2013.
② "新三板"即全国中小企业股份转让系统。

选择交易方式，在交易成本/交易风险之外，还要考虑一个因素，即如何降低交易门槛，让更多的人能够参与到交易中。事实上，一切能让交易门槛降低的交易方式，都对商业模式具有极强的颠覆性。①

现代经济越来越"虚"化，文化、艺术、影视、娱乐等精神文化生产所占的比重越来越高。网络游戏的兴起，便是这个时代的一个标志性现象，而其交易方式的不断演变，从"卖点卡"到"卖道具"直到"收税"，使得交易门槛不断降低，堪称商业创新的典范。

网络游戏，最初是以游戏在线时间来收费的，也就是"卖点卡"。玩家购买充值点卡，充值越多，玩的时间越长。但点卡的价格相对较高，最爱玩游戏的群体——学生群体很难买得起，很难持续购买。

2006年，游戏《征途》上线，中国网络游戏的交易方式开始了第一次转型，从"卖点卡"转向"卖道具"。玩游戏免费，但游戏当中的虚拟道具则需要花钱购买。这种交易方式的创新是颠覆性的，短时间内就使得网络游戏用户群体迅速扩大。

可"卖道具"也有问题。首先，游戏中出现了大量的"人民币玩家"，谁花的钱多，谁就厉害，在游戏中就能横着走路，横冲直撞，而像学生群体这样没钱买道具的，只有被别人欺负的份儿。其次，玩家在游戏中升级之后希望卖掉旧装备，但游戏公司严禁玩家之间低价买卖装备，以免影响自己的生意，玩家们只好私下交易，很多缺乏社会经验的学生因此被骗。

2009年，游戏《绿色征途》上线，中国网络游戏的交易方式开始了第二次转型，从"卖道具"转向"收税"。游戏公司为了降低玩家在游戏中的经济门槛，连道具也不卖了，而是在游戏中设立道具交易所，玩家打怪获得的道具，可以

---

① 许维. 降低交易门槛者赢［EB/OL］.（2014-05-18）［2021-05-01］. http://www.huxiu.com/article/33956/1.html

自由买卖，但须要向游戏运营商交"税"——摊位费、交易税等。①

或许这正应了美国政治家本杰明·富兰克林（Benjamin Franklin）的那句名言："世界上只有两件事情不可避免，一是死亡，一是税收。"②

8.3 交易构型与锁客方式

在天生动荡起伏的市场经济中，对企业来说，交易方式固然重要，但更重要的是交易的稳定性和可持续性。因此，交易方式设定后，还要同步设定四大交易构型——客户界面、交互通路、拓客方式和锁客方式，以便通过客户关系的稳定性和可持续性，实现交易的稳定性和可持续性。

四大交易构型是相互关联的，但在设定时，通常会分为两组：客户界面、交互通路和拓客方式是"三位一体"的；而锁客方式可以后来再加进去。

"别让这座城市留下你的青春却留不下你"，这句经典的房地产广告语，一度打动了许多年轻人。可当一个以小户型为主的智能化住宅小区，东施效颦，再次打出这句很有情怀的广告语时，却吸引不了年轻人来售楼处看房。售楼处客源寥落，门可罗雀，怎么办？

开发商最先想到的是"引流"，对别人的客户"再拓客"。于是，开发商和电影院合作，每天免费送电影票99张。顾客可以凭微信预约到售楼处来取票，之后开发商就向那些加了微信的顾客推送营销广告。但结果证明效果很差。一是大多数人不愿意跑那么远来领一两张电影票；二是少数来取票的人也是匆匆

---

① 佚名. 大叔史玉柱，改革商业模式！[J]. 深圳特区科技，2009（12）：31-33.
② 彭飞. 税收：并非只知索取的凶神[J]. 税收与社会，1996（2）：40.

而过，对售楼处的展示匆匆一瞥，很难形成转化；三是人人厌恶广告的时代①，一发微信广告，许多人就把公司拉黑了。

只引流是不行的，客户界面、交互通路、拓客方式须要同步构造。拓客之前，企业先得搭建好自己的客户界面、交互通路，才能形成有效转化。明白了这一点，开发商于是在售楼处建了一个豪华电影放映厅，情侣们可以免费观影，得到免费的茶饮和爆米花，还可以约上朋友一起免费看电影。放映厅只播放青春、励志、爱情、唯美等类型的影片，再加上映前宣传片和现场氛围渲染，无声无息地将理念和情绪传递给观众，在潜移默化中实现心智渗透和浸润，借此实现客户转化。许多潜在客户就这样被吸引到公司布置好的客户界面上，并最终成为"房奴"。

"三位一体"中，客户界面和交互通路是服务于拓客方式的。商业模式所说的拓客和市场营销不是一回事。市场营销整天琢磨的是如何将东西卖给更多的人，甚至是不想要、不需要的客户，譬如将梳子卖给和尚②。商业模式中的拓客，更形象的表述是"引流"，将那些确实有潜在需求的客户引导到企业提前布置好的客户界面上，然后通过交互通路与客户不断互动，最终促成客户的转化。

上海永琪美容美发（简称永琪），据称是店面数量和单店面积都排在行业前列的连锁机构。永琪的主营业务设定为"美发＋美容"，通常一楼经营美发，二楼经营美容。

---

① 朱虹. 人人厌恶广告的时代，他却让粉丝追着看[J]. 深圳青年，2020（5）：12-13.

② 海洋. 把梳子卖给和尚：一个经典的营销故事[J]. 沿海企业与科技，2004（5）：31.

永琪先用低价的美发业务（试用价仅6元①）吸引顾客进店，然后在店内通过话术，将顾客导流到高价格、高毛利的美容业务上。两种业务的巧妙组合，可以轻松实现拓客。只是这种拓客方式如果操作不当，容易引发诱导消费、强制消费。此外，永琪还设定了锁客方式，千方百计地让顾客充值会员卡、购买各种套餐，以预付费的方式牢牢锁定顾客。②

锁客方式可以单独设定，并非交易中不可缺少的组成部分。没有锁客方式，交易仍然可以正常进行，所以许多企业至今仍对锁客没有任何概念，须要尽快补上这个短板，因为即便是最普通的锁客方式，也能起到羁绊客户的作用，帮助企业改善销售。

锁客方式1：产品锁定

国内电蚊香市场巨头林立。一家新进入的企业，开发出了婴幼儿专用电蚊香液，天然草本提取，无化学合成，无气味，无刺激，能够满足家长们的严苛要求。目标客户很明确，接下来，如何锁定客户？

对于高端电蚊香器，防过热、防烫伤、温度控制、定时控制都是消费者希望具备的功能。于是企业在电蚊香器中加入智能控制芯片，智能定时，智能温控，智能挥发，并在电蚊香器与电蚊香液瓶之间设计电子化接口，只是这个接口设计得很特别——只有我家的电蚊香液瓶，才能接到我家的电蚊香器上，别家的接不上。智能电蚊香器免费送，但电蚊香液只能持续买我家的，这便是产品锁定。

---

① 淦爱品，帅萍，孙绵绵. 永琪6元营销模式 [J]. 销售与市场，2010（11）：98-101.

② 郦拓斌，陈霞，曹雅婷."类金融"预付模式及风险控制：以永琪公司为例 [J]. 现代物业（中旬刊），2013，12（8）：50-51.

锁客方式 2：产品系列锁定

1984 年中央广播电视总台春节联欢晚会上，马季先生的单口相声《宇宙牌香烟》，开创了一个新的艺术门类——"相声小品"，让全国人民记住了这位相声大师。

在《宇宙牌香烟》里有这样一段台词：你想收藏我一套图案，就是八仙过海一套，你最少买我八盒香烟；金陵十二钗买我十二盒；苏杭三十六景买我三十六盒；一百单八将买我一百零八盒；五百罗汉买我五百盒；我那还有百万雄师下江南！消费者要想集齐图案，就得一直买下去，而且还有更厉害的做法——每套我都少印三张。

统一企业集团从中得到了启发，在旗下产品小浣熊干脆面的包装袋里放入画工精良的一百单八将水浒英雄卡，很快风靡中国校园。无数学子不停购买甚至成箱购买小浣熊干脆面，不是因为它好吃，而是为了集齐袋中的水浒英雄卡。

锁客方式 3：消费习惯锁定

2013 年，天津市"第一口奶"事件被曝光。一些妇产科大夫、护士将初生婴儿的"第一口奶"留给某奶粉品牌，让婴儿产生口感依赖，从而帮助奶粉企业达到长期牟利的目的，这便是消费习惯锁定。

微软操作系统也是如此。从 Windows 95、Windows 98 直到 Windows 11，版本不断升级，但最基本的操作和页面从来都没有变过，保持了用户的操作习惯。此外，微软天天嚷嚷着要打击盗版，但 Windows 的早期版本都留有破绽，可以轻易破解，微软为何要这么做？原因很简单，当时没钱的年轻人买不起正版系统，只能装盗版系统，同时也就养成了使用习惯；现在有钱了，买回苹果电脑，第一件事就是安装正版微软操作系统。所以，即使在互联网时代，已经锁定了 15 亿用户的微软还是活得很滋润。[①]

锁客方式 4：个人数据锁定

最贴身的西服须要定制。定制西服过程中对顾客会进行非常细致的量体：身高、体重、胸围……顾客身体各个部分的数据都要量，商家耗时耗力不说，整个过程中顾客也并不舒服——一会儿要你抬头挺胸，一会儿要你吸气收腹，顾客完全处于一种被支配的状态。

能否找到一个自然获取身体数据的途径呢？某西服定制企业和高端体检机构合作，对有意向定制西服的顾客细致量体，然后存储数据，顾客每年体检，数据每年更新。顾客定制西服时，只需在 App 上选好面料和款式即可，基本上不会再去别的西服定制企业费时费力地量体了。

锁客方式 5：定制方案锁定

山东星火国际传媒集团（简称星火集团）是靠英语词汇记忆法起家的，经过多年努力，发展为集图书出版、音像出版、数字出版、在线教育、英语学校、英语活动组织等于一体的大型英语教育产业集团，产品众多，品类齐全。

然而多年的市场竞争让星火集团陷入思考：市场竞争，没完没了地争夺客户，今天你争过去，明天我抢回来，有意思吗？锁定用户才是王道。为此，星火集团重新挖掘客户需求之后发现：在中国，许多人学习英语，只是为了通过考试，因而需要一种省时、省心、省力的学习方式，或者说一套适合自己的高效学习方案，但适合自己是因人而异的，须要进行个性化定制。

于是集团开发出一套智能评测系统，对每个学习者的英语水平、生活习惯、作息规律、兴趣爱好等进行全面考察，再量身定做出一套最适合他的英语

---

① 微软的 Windows 用户数量已经达到 15 亿[EB/OL].（2018-10-28）[2021-01-01]. https://www.cnbeta.com/articles/tech/781989.htm

学习整体解决方案。张三可能习惯于早上起来边跑步边听英语歌曲，边吃早餐边听英语新闻；李四可能喜欢边等公交车边看英语漫画，然后边坐车边听手机里的英语笑话。对不同的学员，设计不同的产品和服务组合，就连单词书都是不一样的，集团整合全部的英语学习资源，为每位学员提供个性化的、定制化的英语学习方案及全程贴心服务，帮助学员取得事半功倍的学习效果。

通过这种个性化的解决方案，星火集团也就自然而然地锁定了用户，因为学员要想达成最佳的学习效果，必须遵守规定：不能在定制方案实施期间，看别家的书，听别家的课，这样会打乱学习节奏，干扰学习效率。

锁客方式 6：人际关系锁定

腾讯旗下的 QQ 和微信，厉害之处就在于，它们能天然锁定用户。你加入 QQ 或者微信，玩了一段时间之后想退出，退得出去吗？退不出去，因为你的日常联系人和人际关系网络都在上面，这便是人际关系锁定。

事实上，无论是 QQ 还是微信，在很长一段时间内，腾讯都不知道该如何挣钱，如何盈利。不过没有关系，用户被锁定之后，反正也跑不了，来日方长，腾讯慢慢地寻找，最后总能找到变现的方法。

锁客方式 7：股权关系锁定

一家专门经营澳大利亚红酒进口和分销的公司，数年后得出一个令人沮丧的结论：在中国，进口红酒做品牌营销、广告营销都是徒劳的。最直接的佐证是，做了这么多年，除了极个别顶级奢侈品牌，大家脑海里有印象、立刻能记起来的进口红酒品牌几乎没有。

公司决定换玩法，不玩营销，玩锁客，引入产品锁定和股权锁定。

首先是产品锁定。公司通过"买红酒送酒柜"活动，将电子酒柜植入客户家中、办公室中，酒柜自带显示屏和网络接口，可以在线下单、定期补货；同时，酒柜只能盛放自家特定瓶型的红酒，别家的酒放不进去。这样一来，公司通过产品锁定，把目标客户牢牢锁定。

其次是股权锁定。公司建设连锁经营的酒苑，客户累积消费达到3万元，即可获赠酒苑股份，成为酒苑股东，继续消费还可以不断累积股份（如表8-1所示）。股东会员或以上级别的客户在酒苑消费时可以挂账，年底用分红冲抵，自然就会感觉"这是我家的酒苑"。这样一来，公司通过股权锁定，将销售渠道牢牢控制。

表8-1 红酒酒苑会员进阶及权益

累积消费金额	级别	送股份数量	送酒柜标准	之后的消费返还
3000元	临时会员		600元	消费额×10%的现金返还
1万元	正式会员		1200元	消费额×15%的现金返还
3万元	股东会员	300股	2400元	消费额×15%的现金返还+消费额×1%的股权返还
10万元	董事会员	1000股（非累积）	4800元（非累积）	消费额×15%的现金返还+消费额×2%的股权返还
30万元	酒苑合伙人	5000股（非累积）	9600元（非累积）	消费额×15%的现金返还+消费额×3%的股权返还

最后是合伙人锁定。当酒苑会员数量达到限额时，由合伙人牵头组建新的酒苑，转移部分会员到新的酒苑，从而实现"细胞分裂"。这样一来，合伙人股权达到限额时，可以将股权置换出来，和公司联合收购国外的红酒酒庄，然后在国内专营该酒庄的品牌，产品返回酒苑系统进行销售，以丰富已有的产品线。公司通过合伙人锁定，将销售网络牢牢控制。

除了"喝酒喝成股东"，还有"消费者期权"，即授予消费者一定数量的股票期权。消费者可以在未来某个时间以较低的价格购买公司的股票，消费者对公司做出的贡献越大，获得的股票期权就越多，从而将优质客户牢牢锁定。

以上这些锁客方式，都是通过对客户的无形控制，搭建起一个相对封闭而稳定的交易体系，来保证企业的可持续发展的。

8.4 多方交易结构及现金流工程

在微观层面上，交易结构指的是价值环节之间的连接，所以不用关注交易方，交易结构 = 交易方式 + 交易构型。但回到企业层面上，就得考虑交易方的因素，交易结构 = 交易方 + 交易方式 + 交易构型。

不言而喻，在一个交易结构中，交易方越多，交易达成的难度就越大，交易成本/交易风险就越高。所以正常情况下，交易方越少越好，能两方交易的，就不要多方交易，"去中介化""去渠道化"也就成为大趋势。[①]

但很多时候，两方交易中可能存在巨大的信任障碍，可能缺乏某种关键的资源或能力，这些因素都可能导致交易无法达成。这时，就要引入第三方甚至第四方进行桥接，将交易的"缺口"补上。那么，在多方交易结构中，交易方式及交易构型，应当如何进行整体设计呢？

美视公司（应企业要求，采用化名）是国内一家专门从事眼科光学诊断设备自主研发和生产销售的高新技术企业。美视公司的技术在国际上领先，价格也比进口便宜一半以上，可即便如此，产品毛利依然可观——成本为8万元，售价可达40万元。按照常理，美视公司的产品应该更受市场的欢迎才对，可销售在现实中却异常艰难。

美视公司以往的销售模式，是通过学术营销、会议营销、区域代理等方

---

① 余少雄. 创新求变是生存的基本法则：浅谈装饰企业在"互联网+"时代的组织转型［J］. 中国建筑装饰装修，2016（8）：36-40.

式，将产品卖给各大医院的眼科。但国内医疗体系的制度设计存在诸多问题，导致医疗设备市场严重扭曲，乱象丛生。

首先，打入医院市场，要做通院长、科室主任和设备科主任的工作，定价虚高的外国设备，能够拿出来的营销费用更多，所以医院"只买贵的，不买对的"，国产设备的价格低，反而处于竞争劣势。

其次，医院要评"三甲"，就得在固定资产方面上规模，自然倾向于购买更贵的外国设备。国产设备的价格低，反而不受待见。

最后，医生评职称，就得发论文，临床医生只能选择病例分析。可国内外的论文评审圈也是"戴着有色眼镜"的，认为国产设备得到的数据，可信度不如外国设备得到的数据高，所以医生也不愿意使用国产设备。

在此困境下，有网络营销专家建议采用"免费模式"，在设备上加装一个刷卡装置，设备免费给医院，双方按照刷卡次数进行收入分成。可问题是：国产设备正因为便宜，医院不要，如果免费——那医院就更不要了。

美视公司毕竟只是一家企业，无力改变扭曲的市场大格局，怎么办？

笔者到该企业调研时，问了管理层三个问题："卖给谁？怎么卖？钱咋回？"结果却惹来一片讪笑："卖给谁？卖给医院。怎么卖？一手交钱，一手交货，东西不就卖出了吗，钱不就回来了吗。"

这三个问题看似简单，实则需要非常认真、非常细致的思考。

卖给谁？医疗诊断设备的最终用户并不是医院，而是患者或者疑似患者。他们是谁？他们为什么要使用这种设备？他们会在什么场合使用这种设备？要回答这些问题，就要找出最终用户，并做需求链分析。

怎么卖？一手交钱，一手交货固然是一种交易方式，可在此之外，是否还存在其他更好的交易方式呢？要回答这个问题，须要做交易方式的技术分析。

钱咋回？也就是货款如何回流？不知道，须要做现金流工程分析。

首先来看"卖给谁"。美视公司的这款设备，主要用于眼底疾病的检查诊断，如白内障、青光眼、老年黄斑变性和糖尿病性视网膜病变的检查诊断。这些病有什么共同特征吗？老年病，60岁以上的患者占绝大多数，而60岁以上的人，大多已经离退休了。由此可以确定，最终用户为60岁以上的离退休老年人，并进一步细分为（1）离退休干部：医保承担大部分费用，每年体检（医院体检科、体检机构），早发现早治疗；（2）城市中高收入家庭：子女尽孝心，每年体检（体检机构、医院体检科），早发现早治疗；（3）城镇及农村普通居民家庭：医保承担部分费用，只有患病才会去看病（私人诊所、医院眼科），晚发现晚治疗，少数困难家庭甚至不治疗。

由于该项检查费用颇高，单次在100元以上，所以常年能够进行该项检查的"黄金客户"群体，主要是城市中高收入家庭和离退休干部，检查场所主要是体检机构、医院体检科。至此，我们不难发现，美视公司之前忽视了一个最主要的潜在客户——体检机构、医院体检科。

进一步对公立医院、社康中心、民营医院、私人诊所、体检机构等各种类型的潜在客户进行全面筛选（如表8-2所示），可以确认：美视公司的产品"卖给谁"，第一选择不是公立医院，而是体检机构。

表8-2　美视公司潜在客户综合比较

	医院眼科	社康中心	民营医院、私人诊所	体检机构
用户检查频率	中等	高	低	高
设备需求程度	强	强	弱	强
设备拥有情况	部分有	无	无	无
进入难易程度	极难	难	易	易
经费充裕程度	充足	缺乏	一般	不足
价格敏感程度	不敏感	敏感	敏感	敏感
同行竞争程度	高	低	中等	低

其次来看"怎么卖"。体检机构以盈利为目的，客户主要是城市中高收入

家庭、企事业单位白领，发展前景好，对价格实在的国产设备更欢迎。但体检机构的设备资金预算并不充裕，对价格也很敏感，操作人员对新设备不熟悉，缺乏诊断图像的判读人才，须要设备供应商提供全面的人员支持、技术支持以及资金支持。换句话说，一手交钱，一手交货，银货两讫，一拍两散的销售方式不是客户需要的。

客户需要资金和价格的支持，美视公司不能满足，交易就很难达成。但美视公司本身就缺钱，怎么办？两方交易行不通，就要拉入一个可以提供充裕资金的第三方，变成三方交易。因此，医疗设备虽然有多种销售方式，如货到付款、低价渗透/高价耗材、合作分成等，但美视公司都用不了，须要重新寻找一种可从第三方获得融资的交易方式。

再次来看"钱咋回"。销售的核心，不是东西怎么卖出去，而是钱怎么回来，即现金流工程。所谓现金流工程，是指对企业的销售现金流、服务现金流、投资现金流和筹资现金流四大现金流进行统筹规划，在流向、流量、流速等方面进行合理调度，在保证现金流不中断的安全前提下，实现企业利润最大化。所以企业的现金回流并不是越早越好、越多越好。

在自有资金极度紧张的情况下，美视公司优先考虑的，是能带来筹资现金流的销售模式。经过对比，我们发现分成式融资租赁模式是唯一可以将四大现金流融为一体的销售模式。所谓分成式融资租赁，是指金融机构买下设备，租给医疗机构。金融机构的一部分收益来自固定租金，另一部分收益来自双方的收入分成，通过承担部分风险以获取更高的收益。

最终，美视公司采用了一种创新的交易结构——第三方担保分成式融资租赁，如图8-5所示。

第三方担保分成式融资租赁，具体操作流程如下：

（1）美视公司与金融机构（融资租赁公司）接洽，达成第三方担保融资租赁意向；

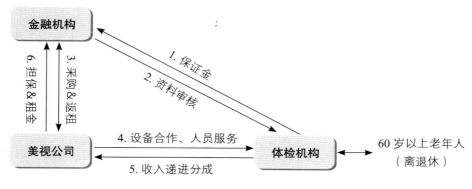

图 8-5 第三方担保分成式融资租赁

（2）美视公司与多家体检机构接洽，达成合作经营与收入分成意向；

（3）美视公司向金融机构批量推荐体检机构，并向金融机构开具不可撤销担保函，金融机构审查资料后签署三方协议；

（4）体检机构向金融机构存入保证金 8 万元（设备售价的 20%，也即生产成本），金融机构购买设备，然后美视公司从金融机构反租回来，向体检机构免费交付设备，并提供培训、售后、代操作等深度服务；

（5）设备采用刷卡方式，每次向患者收取 100 元，前 1000 次的收入全部归体检机构，之后的月收入与美视公司分成；

（6）体检机构按月向美视公司划转波动变化的收入分成，美视公司按月向金融机构支付固定租金；

（7）租赁期满后，金融机构按照合同约定转移设备所有权给体检机构，美视公司撤回担保函，与体检机构继续分享收入分成至合同期满。

在这个交易结构中，我们来看各方的收益。

体检机构：前 1000 次收入都归体检机构（约 10 万元），扣除期间成本，完全可以赚回支付的保证金 8 万元。之后的月收入与美视公司递进分成，100 次/月以内，美视公司分走 90%；100—200 次/月，美视公司分走 80%；200—300 次/月，美视公司只拿 70%……超过 1000 次/月的收入全部归体检机构所有，从而激励体检机构充分地开发客户。

金融机构：融资租赁期为 24 或 36 个月，年化收益率为 25%—30%；体检机构提供 8 万元保证金（正好是生产成本），美视公司开具不可撤销担保函。万一体检机构跑路，美视公司会赔付一台设备，金融机构没有任何风险。

美视公司：向金融机构卖出设备，收到货款 40 万元。设备返租期间，每月从体检机构获得收入分成，向金融机构支付租金。多数情况下，美视公司获得的收入分成要大于付出的租金。反租期满后，体检机构的收入分成全部归美视公司所有，不用再支付租金给金融机构。

这样一来，美视公司通过设计新的三方交易结构，不仅卖出了设备，而且还获得了额外的收入，随着时间的推移，额外收入将会远远大于设备款。

事实上，在这个多方交易结构中，金融机构是可以"去掉"的，美视公司完全可以自己向体检机构提供融资租赁，那为什么还要引入一家金融机构进来分利呢？很简单，美视公司和体检机构，交易双方都缺乏一种资源——资金。

顺便说一句，一个好的商业模式，同时也是一个好的交易结构，经过现金流工程优化，多数都能做到现金流内生。也就是说，除了一些特殊行业和企业发展的特殊阶段，大部分项目本身就能带来足够的现金流，不须要到处找天使投资、风险投资……那些到处"找钱"的项目，很多在商业模式的设计上是存在欠缺的，至少在现金流工程方面还有很大的改进空间。

第9章
商业模式微观构造 IV & V：盈利模式与商业位势

本章导读

　　交易方式研究的，是价值以何种方式变现——批发、零售还是团购；盈利模式研究的，是价值以何种形态变现——产品、艺术品还是资本品；商业位势研究的，是变现之后的收益在各方之间如何分配。三者分工协作，相互配合，共同探究的是价值转化为企业利润的深层次逻辑。

第 9 章
商业模式微观构造 Ⅳ & Ⅴ：盈利模式与商业位势

前面我们分别讨论了商业模式微观构造中的需求侧、供给侧和交易侧，并阐述了价值创增、交换和消耗的逻辑。接下来，我们继续讨论价值转化和分配的逻辑——企业创增出来的价值如何转化为收益？收益在价值链的各个相关方之间如何分配？而要回答这两个问题，我们还得展开盈利模式研究和商业位势研究。

盈利模式和商业位势，都是着眼于整条价值链的：一个研究价值链的总收益是如何生成的；另一个研究价值链的总收益是怎么分配的。二者双剑合璧，相辅相成，所要探究的，正是企业获取利润的逻辑。①

9.1 盈利模式与价值的交易形态

先来问大家一个有趣的问题，拦路抢劫是不是一种盈利模式？"此山是我开，此树是我栽，要想从此过，留下买路财"，这种"无本生意"确实是一种赚钱的方式。

只不过在现代法治社会，赚钱不能靠拦路抢劫，而要通过产品和服务，即向别人提供价值来赚钱。这就涉及两个问题——以何种方式提供？以何种形态提供？

交易方式研究的，是价值以何种方式卖给别人——批发、零售还是团购。而盈利模式研究的，是价值以何种形态卖给别人——产品（物质商品价值）、艺术品（精神文化价值）还是用来赚钱的资本品（资本价值）。例如一辆汽车，

---

① ELIOTT S. Electronic Commerce: B2C Strategies and Models [J]. European Journal of Information Systems, 2003, 12(1):72.

既可以当作产品去卖，也可以当作赚钱的工具去卖。东西还是那个东西，价值的交易形态不同，价格也会不一样。

很明显，盈利模式和交易方式是两个全然不同的概念，某种程度上可以看作内容和形式的关系。盈利模式变化，交易方式往往会发生改变。但交易方式变化，盈利模式却有可能保持不变。盈利模式的核心，是价值的交易形态，即企业的产品和服务以何种价值形态"卖"出去，才能实现更大的收益。

之前，我们整合了企业家们的实践总结，初步得到一个说法：一流的企业卖标准，二流的企业卖技术，三流的企业卖品牌，四流的企业卖服务，五流的企业卖产品。然而，经验总结毕竟不是那么严谨，例如"卖品牌"只是"卖文化"的一种；而"卖技术"，准确地说，卖的是未来预期收益，别人买走技术是为了赚更多的钱。因此，我们须要用价值理论和经济学原理对经验总结进行修正，进而得到表 9-1。

表 9-1　盈利模式五大类型

盈利模式	价值形态	表述	示例
卖资质	无本生意	一流的企业卖资质	标准认证费、特许经营费、银行卡年费、手机月租费
卖预期收益	资本价值	二流的企业卖商机	专利、版权、股权、期权、银行理财产品、手机 SP 端口（Service Provider 端口，即短消息接入端口）
卖文化	精神文化价值	三流的企业卖文化	品牌溢价、文创溢价、工业设计溢价
卖服务	物质商品价值（无形）	四流的企业卖服务	按次卖（过路费：手机短信按次数收费） 按量卖（油费：手机数据按流量收费） 按时间（停车费：手机通话按时长收费） 按比例（保险费：增值业务按比例分成） 包干制（套餐：手机卡套餐基本月租费）
卖产品	物质商品价值	五流的企业卖产品	价差、利差、汇差

企业家们的实践总结，至此可以严谨地表述为，一流的企业卖资质，二流的企业卖商机，三流的企业卖文化，四流的企业卖服务，五流的企业卖产品，见图9-1。当然，这只是描述赚钱的层次，[①] 而非赚钱的多少。卖产品的企业赚的钱，有可能远远超过卖资质的企业赚的钱。

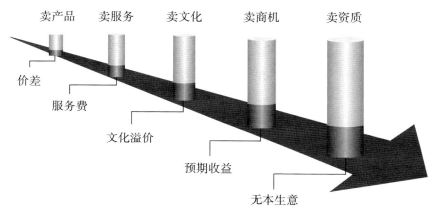

图 9-1　严谨表述的五种盈利模式

大型的企业集团往往会同时运营多种盈利模式，开辟多种盈利来源，形成立体的盈利体系。例如中国移动，就是五种盈利模式并行：既卖产品赚差价（如卖手机），也卖服务赚服务费（中国移动的主要盈利模式）；既卖文化赚溢价（如打上中国移动标志的文创手机壳价格就很贵），也卖"发财机会"给第三方（一个 SP 端口号以数百万元的价格卖给第三方公司，第三方公司就能群发短信或彩信赚钱了[②]）；此外还卖资质（如手机卡月租费，即便你在当月没有使用过任何服务，照样扣费）。卖资质是最高层次的盈利模式，一个企业是不是真的厉害，关键看它的盈利模式是不是做到了最高层次。

顺便说一句，曾有学者将盈利模式归纳为"过路费、油费、停车费、入场费"，说法听上去很新颖，但其实指的只是"卖服务"的不同方法，并不是对

---

① 罗维扬. 赚钱的层次 [J]. 社会，1993（1）：23-25.
② 赵何娟，于宁. 中移动 SP 利益链 [J]. 新世纪周刊，2011（27）：68-77.

盈利模式的完整描述。例如中国移动"卖服务",短信服务是按次数卖,一条一毛钱(即所谓的"过路费"),数据服务按流量卖,一兆三毛钱(即所谓的"油费"),通话服务是按时长卖,一分钟六毛钱(即所谓的"停车费"),还有打包卖,套餐一个月388元(即所谓的"入场费")。可是除了"卖服务",中国移动还有"卖产品""卖商机""卖资质"等等。由此可见,仅用"过路费、油费、停车费、入场费"来说明中国移动的盈利模式,是远远不够的。

对于中小企业,创业起步的时候最好选择一种容易上手的盈利模式,譬如卖产品或卖服务,完成原始积累之后,再考虑向上升级或扩展。

(一)盈利模式升级1:从"卖产品"到"卖服务"

一家以在校大中专学生为目标客户的自行车销售企业,之前的销售方式是在校园里或校园周边建立专卖店,但销售量很不理想,能不能通过改变盈利模式改善经营状况呢?

在回答这个问题之前,先得弄清楚:年轻学生需要的到底是什么?是一辆自行车,还是在特定时间能够省事、省力、省钱地从一个地方移动到另外一个地方?显然是后者,而且自己养一辆自行车,还得好生伺候它,打气、上油、补胎、调链条、调座椅、调钢圈……想想都是头疼的事。此外,年轻人喜欢新鲜感,在校期间想换一种车型,玩玩死飞车、山地车、竞速车、公路车、休闲车,可一来没有那么"土豪",二来旧的也没地儿处理,所以学生们的自行车体验需求从来没有被满足过。

根据这一分析,剩下的事情就简单了。学生们只需缴纳低于一辆自行车单价的押金,就能换取一辆单车在校期间的使用权,每年购买一次服务套餐,便能享受各种增值服务(见表9-2),再也不用操心了。

表 9-2　在校自行车服务套餐

项目	基本套餐	轻奢套餐	豪华套餐
价格	每月 10 元，全年 100 元	每月 15 元，全年 150 元	每月 20 元，全年 200 元
维修保养	免费，8 小时取车	免费，4 小时取车	免费，2 小时取车
车型调换	免费，全年 2 次	免费，全年 5 次	免费，全年 10 次
骑行活动		全年可免费参加 1 次	免费，全年 5 次
骑行装备		全年可免费体验 1 次	免费，全年 5 次

学生毕业时，还车还押金。回收的自行车经过保养翻新后，可供新一届学生使用。这样一来，企业就从"卖产品"转向了"卖服务"，同时还牢牢锁定了目标客户，获得了预付费，盈利模式彻底改变了。

可能大家有疑问，现在满大街都是共享单车，这种模式还有生存空间吗？对于学生群体，不仅有，而且还很大。其一，某些共享单车已经涨到了每小时 3 至 6 元，一年下来花费不菲，远远超过这种模式；其二，山地车、竞速车、公路车、死飞车、休闲车提供的休闲锻炼和体验，共享单车提供不了，共享单车只是代步工具，解决"最后一公里"的问题，使用者主要是职场打工人，与学生群体使用场景是不一样的。

（二）盈利模式升级 2：从"卖产品"到"卖文化"

前些年，国内食品安全问题频出，搞得人心惶惶，段子满天飞："早晨买根地沟油油条，吃个苏丹红鸡蛋，喝杯三聚氰胺牛奶……"

一家企业据此认为，进口食品的春天来了，于是花重金在省城的繁华商业街上设立连锁经营的进口食品专卖店，主营休闲食品和生活食品，如饼干、糕点、巧克力、果汁、咖啡、红茶、红酒等，由于企业经营时间不长，进货渠道多为国内代理商，价格完全没有优势。这就使得店内进口食品的价格高高在上，比国内同类产品高出数倍，除了偶发性的尝鲜需求和极少数的稀奇产品，很难让大家形成持续性购买，即便进口食品比国产食品的安全性稍高一些，但多数人不会为了 1% 或 2% 的食品安全性提升而支付高出数倍的代价。

显然，仅靠"卖产品"，难以支撑进口食品的高价格，怎么办？

一杯咖啡，在便利店卖五六元，在咖啡店卖二十多元，在星巴克卖到三四十元，为什么人们还是趋之若鹜？因为星巴克卖的不仅是一杯咖啡，还是一种美式生活方式、美式悠闲文化。

于是，这家企业也从"卖产品"转向了"卖文化"，卖以"英式维多利亚下午茶"为载体的英伦生活文化。具体做法如下：撤掉店内一半的卖场，改造成悠闲雅致的英式下午茶歇场所，在优雅的瓷器、馥郁的茶香、精心搭配的点心塔和轻松的音乐中，享受悠然慢生活。店内原有的进口食品，都可以搭配组合成下午茶套餐，提供给顾客现场享用，还有一部分作为"外卖套装"，供那些意犹未尽的顾客买回家继续"英式下午茶"。

同时，企业开展异业联盟拓客，与时装店、女鞋店等建立战略合作，提供英式下午茶体验券和优惠券，将自家的店作为整条商业街的女性购物休憩场所、闺蜜交流场所，很快便成了整座城市的网红打卡圣地。

（三）盈利模式升级 3：从"卖产品"到"卖商机"

怎么把手机卖给孟加拉国穷乡僻壤的穷人？

这样一个群体，不仅买不起手机，还用不起手机，免费也不要，因为话费每分钟 2 塔卡，对不起，用不起。而且正因为经济收入低，该群体对通信的需求并不高，许多家庭一个月也就打几次电话而已。怎么卖？

孟加拉国的伊卡帕·卡迪尔（Iqbal Quadir），与穆罕默德·尤努斯（Muhammad Yunus）教授合作创办了格莱珉电信，将"卖产品"转化为"卖商机"，破解了这一难题。具体做法如下：招募大量的农村贫困妇女，通过格莱珉银行向她们发放小额贷款，专门用于购买手机并成为"电话女士"（或称"信息女士"），然后，格莱珉电信再与电信运营商协商，以每分钟 0.4 塔卡的低廉价格大量购买通话时长，再以每分钟 0.6 塔卡的价格批发给这些"电话女士"，由她们将手机作为村里的公用电话，为乡亲们提供通信服务，每分钟收费 2 塔卡，并以此来养家糊口。①

今天，孟加拉国已有 25 万名"电话女士"，为 1 亿农民提供公用手机服务，格莱珉电信每年的营业收入超过 10 亿美元。②

（四）盈利模式升级 4：从"卖产品"到"卖资质"

2021 年 5 月 18 日，中国演出行业协会发布了《2020 年中国网络表演（直播）行业发展报告》。根据该报告统计，2020 年，网络直播行业市场规模达 1930.3 亿元，打赏仍是最主要的收入来源，占行业收入的 75% 以上，而泛娱乐直播平台的打赏占比更是超过了 90%。③

在这些直播平台上，打赏是因为主播表演的文化性、艺术性还是技术性？几乎可以肯定，都不是！那是因为什么？只要看看谁打赏给谁就明白了，几乎无一例外，都是男性打赏给女主播，女性打赏给男主播。因此，就盈利模式而言，网络直播不是卖服务，不是卖文化，而是卖资质，让打赏者自以为赢得主播另眼相看、可以发展进一步关系的资格，本质上是一种"荷尔蒙经济"④"暧

---

① RAHMAN S A, AMRAN A, AHMAD N H, et al. GrameenPhone: Creating a Win-Win at the Base of the Pyramid in Bangladesh [J]. Global Business and Organizational Excellence, 2014, 33（5）:41–53.

② 冯剑侠. 全球南方视角下的 ICT 赋权与乡村妇女发展：以孟加拉国"信息女士"项目为个案 [J]. 妇女研究论丛，2019（4）：39-48.

③ 中国演出. 重磅｜《2020 年中国网络表演（直播）行业发展报告》发布 [EB/OL]. (2021-05-18) [2021-09-01]. https://xw.qq.com/cmsid/20210518A0FL1J002020.

④ 蔡梦吟. 网络直播风靡，中国迎来"荷尔蒙经济"？[N]. 青年参考，2016-08-03（12）.

昧经济"[1]"色相经济"[2]。

杭州的一家彩妆品牌运营企业,深谙个中奥妙,用这种方法迅速崛起为"国潮新锐品牌"。一方面,公司的口红、腮红、眼影等产品,虽然也是在广州的工厂贴牌拿货,但改换包装,让产品看起来清新脱俗,对外宣称"东方美学,国风彩妆",瞄准那些只看颜值的年轻女性群体。另一方面,通过网络直播带货卖产品,而且只与高颜值的男主播合作,由男主播将女性用品卖给年轻女性,抓住了隐秘的本质——职业的网络直播带货,实际上顾客买下的不只是产品,更是以产品为礼物的"打赏"。

盈利模式升级还有其他的路径和方式,这里不再一一赘述。不过须要温馨提醒的是,盈利模式升级,是企业将自己的产品和服务转换为更合适的、收益更大的价值交易形态,所以不能狭隘地将其视为自家企业的事情,而要立足于整条价值链去统筹规划,否则上游不支持,下游不接受,相关方不配合,盈利模式升级设计得再美好,也是枉然。

9.2 基于第三方的盈利模式优化

有盈利模式升级,就有盈利模式优化。

所谓盈利模式优化,是指在确定盈利模式的基本类型后,还要进行探索和尝试,看看能否从第三方获取收益,能否向第三方转嫁成本,也即互联网上经常宣扬的"羊毛出在猪身上,狗来买单"[3]。

---

[1] 刘瑞琪. 制造暧昧——谁塑造了网络女主播形象?[D]. 金华:浙江师范大学,2019.
[2] 王林生. 网红经济是"男色经济"的升级换代[J]. 文化产业导刊,2016(4):68-70.
[3] 吴松航. 互联网盈利模式是"羊毛出在猪身上"[J]. 成功营销,2014(07):4.

第 9 章
商业模式微观构造 Ⅳ & Ⅴ：盈利模式与商业位势

正常情况下，企业的收入来自客户，企业的成本由自己承担。盈利模式优化则会"脑洞大开"，从两个方面努力尝试：在收入方面，看能否开辟第三方收入来源，让第三方全部买单或部分买单。这样一来，客户的支出减少，购买意愿就会增强。在成本方面，看能否向第三方转嫁全部或部分成本，这样一来，企业就能获得额外的利润（如图 9-2 所示）。

成本情况	客户买单	客户＋第三方买单	第三方买单
企业自己承担成本	PM1	PM2	PM3
企业＋第三方分担成本	PM4	PM5	PM6
第三方承担成本	PM7	PM8	PM9

图 9-2　盈利模式优化方向[①]

如图 9-2 所示，企业的收入来源有三种可能：客户买单、客户＋第三方买单、第三方买单；企业的成本承担也有三种方式：企业自己承担、企业＋第三方分担、第三方承担。盈利模式优化，就是从图 9-2 中的基本型 PM1（客户买单，企业自己承担成本）出发，穷尽一切可能，尽最大努力，探索开辟第三方收入来源的可能性，探索向第三方转嫁成本的可能性，最后再看能够争取到怎样的一个结果。最好的结果当然是能做到 PM9（第三方买单，第三方承担成本），多数情况下能争取到 PM5（客户＋第三方买单，企业＋第三方分担成本）。

一家民营快递企业，每年要用到数以亿计的牛皮纸快递文件袋。但文件袋使用的 80 克纸厚度太薄，运输过程中极易出现破损，导致袋中的文件暴露，客户投诉频繁，对公司声誉造成了很大的影响。

---

① 魏炜，朱武祥，林桂平. 商业模式的经济解释［M］. 北京：机械工业出版社，2012：119. 参考书中的图 8-1 并做进一步修改。

然而，如果将文件袋加厚到160克纸，纵然是大批量采购，单个文件袋的成本也要从1角钱上升到1角8分钱。网点不愿意物料成本增加，不愿意采购加厚的文件袋，怎么办？

这一成本有没有可能向第三方转嫁？考虑到快递文件袋的主要使用者，是年轻白领和商务人士，这些人正好是许多产品极力想"打入"而不得其门的黄金客户群体。于是，公司在沪宁杭地区（该公司在上海、南京、杭州这三个城市一年要使用5000万个文件袋）试点，先找到可口可乐，说可以提供5000万次的黄金客户展示机会，但须要可口可乐承担每个袋子2角钱的材料、制版和印刷成本，此外再按照使用数量支付每个袋子3角钱的广告费。之后公司又将每个袋子的两个角的广告位以2角钱的价格卖给了另一家企业，如图9-3所示。这样一来，公司不仅将物料成本向第三方成功转嫁，还从第三方获得了2500万元的广告费。

图9-3　盈利模式优化示例

向第三方转嫁成本，并不是"以邻为壑""嫁祸他人"。正如"垃圾是放错了地方的资源"，你的成本，很有可能是别人的收入；你的费用，很有可能是别人的财富，就看你如何将垃圾转化为财富。

垃圾分类，靠人们的自觉很难坚持，但如果有利可图，则垃圾分类就会变成自动自发的行为。可谁来承担奖励成本呢？美国的再生银行（Recycle Bank）垃圾回收公司（简称再生银行）巧妙地将奖励成本进行了转嫁。

再生银行的模式是这样设计的：公司给每家每户提供一个免费的垃圾桶，用来装家里的可回收垃圾，垃圾桶上有电脑芯片，公司收走垃圾时，会自动进行称重，然后自动转化为居民的积分，如果是手机等电子废品，还能获得额外的积分。居民拿着积分到指定商家消费时，可以抵扣一部分消费额。这些指定商家包括美国主要的头部企业，像可口可乐、卡夫食品、星巴克等。此外，这些商家还会根据每月到店消费的总积分给再生银行返利。[1]

这些商家，为了再生银行的积分，既要向居民提供抵扣，还要向再生银行提供返利，为什么愿意当"冤大头"呢？很简单，积分在帮它们塑造形象的同时，也帮它们引来了滚滚人流和购买力。

2012年著名杂志《快公司》（Fast Company）评选出的"世界50家最具创新力的企业"榜单上，除了苹果、谷歌、亚马逊等大牌公司，再生银行也位列其中。[2]

企业从第三方获取收益，让自己的客户少花钱或不花钱，这便是时下流行的免费模式。那么，如何开辟第三方收入来源呢？

物业公司躺着赚钱的日子早已是明日黄花。人工成本快速上升，物业费标准却由于与业主、业委会的博弈，很难往上调。在此背景下，彩生活物业公司（简称为彩生活）却提出来"低物业费""零物业费"[3]，怎么做到的？

---

[1] 康迪. 再生银行：您的垃圾能赚钱[J]. 三联竞争力, 2008（08）：65–66.
[2] 白瑞. 2012全球最具创新力的企业[J]. 英语沙龙, 2012（12）：22–23.
[3] 江涛. 彩生活物业：开启免费模式[J]. 商业评论, 2015（10）：40–51.

物业把守着小区大门，小区外的商家、产品、服务乃至人员要想接触小区居民，都要经过物业允许，物业公司实际上在一定程度上控制了"客户接触界面"这一稀缺资源。有了这一资源，物业公司就可以将其卖给第三方，或与第三方合作，譬如广告位展示、DM（Direct Mail，即直邮广告）分发、家政服务代办、旅游代办、保险代办、金融理财代办、银行卡联名社区一卡通、社区日常用品团购、社区生鲜配送等。

依靠第三方收入来源，公司即使不涨物业费，照样活得很滋润。2014年6月30日，彩生活在香港主板上市，成为"物业第一股"。

第三方之所以愿意承担费用，多半是为了客户界面。如今的商业发展，已经从经营产品转向经营客户，而经营客户首先要有客户界面，包括客户的感知界面、接触界面和体验界面。因此，聚集大量客户、拥有客户界面这一最宝贵资源的企业就可以将其卖给第三方，为其提供接触和发展客户的机会，并赚取入场费、广告费、中介费、成交佣金等，以及分享客户信息和数据的收入，这才是"第三方收益"的真正内涵。淘宝便是如此，虽然免费，但每天数以亿计的用户浏览人次所形成的巨大客户界面资源，成为淘宝最大的财富来源。

盈利模式优化，无论是从第三方获取收益，还是向第三方转嫁成本，主要是围绕客户界面做文章。这就给大家形成一个固定印象，一说到"羊毛出在猪身上，狗来买单"，认为就是做广告。但实际上，广告只是将客户界面充分利用起来的一种方式，还有许多其他的方式，譬如会员共享、异业联盟等。

还要说明的是，基于第三方的盈利模式优化，仅仅是优化而已，是在价值交易形态和盈利模式类型已经确定的前提下进行的优化。条件具备可以优化，没有条件不能胡来。如果一开始就将"羊毛出在猪身上"作为盈利模式设计的起点，就有可能一叶障目，误入歧途。

此外，从第三方获取收益，还有一种特殊情形——只是在第三方变现，但企业由于持续的不等价交换而能够持续地获得额外收益。

一家专门从事金融仓储管理（简称仓管）业务的企业，如何实现第三方盈利？

银行给一般的企业贷款，主要有四种形式：信用贷款、担保贷款、抵押贷款和质押贷款。抵押贷款，是指企业将土地、房屋等不动产押给银行，这些不动产搬不走，不用看管。质押贷款，则是企业将汽车、原材料、半成品等搬得走的东西押给银行，所以要将质押物存放在银行指定的仓库，派专人看管，仓管员甚至24小时都要吃住在仓库里。银行的人干不了这么辛苦的活儿，所以通常都将这部分工作外包给第三方，由此产生了金融仓管业务。金融仓管企业很辛苦，但收入只是很少的监管费，能否开辟新的收入来源呢？

质押贷款，如果企业逾期未还，银行就要处置质押物。质押物存放在各处仓库，种类五花八门，处置起来非常麻烦，银行也希望有第三方能够帮忙快速变现。如果驻守在仓库里的金融仓管企业能够将这些质押物直接买下来，那就再好不过了，银行自身的不良贷款记录都可以抹掉。

而金融仓管企业买下质押物后，还要卖给第三方变现，这本来是一个等价交换过程，但由于银行在质押物估价上都打了很大的折扣，金融仓管公司就可以低买平卖，获取丰厚利润，从而实现了第三方盈利（如图9-4所示）。

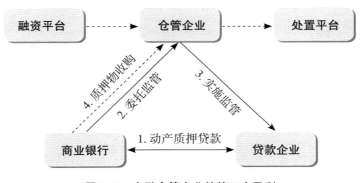

图9-4　金融仓管企业的第三方盈利

9.3 商业位势与价值链收益分配

在一条价值链上,价值的创增往往是由上下游的多家企业共同完成的,但最终收益的分配却大多是不公平的。

以图9-5为例,最终的分配结果很可能是这样的:企业A1投入100万元,可以获得100万元利润;企业B1投入100万元,只能获得10万元利润。等量资本却不能获得等量利润,即使在主流经济学家们大力宣扬的"完全自由竞争的市场经济"中,情况依然普遍如此。有的企业赚大钱,有的企业赚小钱,背后的原因就在于,价值链上的各家企业,商业位势是不同的,话语权是不同的,议价能力和收益率是不同的。

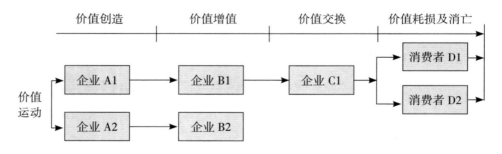

图9-5 价值的共同创增与收益的不公平分配

自然界存在着多条食物链,"大鱼吃小鱼,小鱼吃虾米,虾米吃浮游生物"。商业社会同样存在着"食物链"——价值链。只是价值链上的各个相关方之间,不是"吃"和"被吃"的关系,而是利润侵占和被侵占的关系。

以苹果公司的iPad价值链为例,资料显示,一台iPad的零售价为499美元,成本为219.35美元,苹果公司的利润率超过了50%,而负责代工生产的富士康，全部的组装费仅仅只有11.2美元。① 为什么会形成这么大的反差呢？就是因为在这条价值链上，相关方的商业位势是不平等的。其中，苹果位于价值链的顶端（第Ⅳ营养级），富士康位于价值链的底端（第Ⅰ营养级），见图9-6。这两个企业之间的关系，颇有点像"链主"和"链奴"。

图 9-6　价值链营养级分布示意

不仅如此，苹果在iPhone、iPod、Apple Store等多条价值链上也都是"链主"，进而成为"苹果商业生态圈"的"圈主"。目前，整个IT行业已经大致形成苹果、微软和谷歌三大"圈主"的格局。②

反观中国的大多数企业，不仅一个IT生态圈的"圈主"都没有，而且在价值链的国际分工中，大多处于食物链的底端，就像浮游生物，任人宰割。许多企业至今都不明白这一点，以为只要自己勤勤恳恳、兢兢业业地工作，就能做大做强，就能"守得云开见月明"，最终改变自己的命运。然而一个能力再卓越的长工，还是长工；一个本领再高强的佃农，还是佃农！

---

① 佚名. 代工之痛：499美元iPad中国组装费仅11.2美元[J]. 软件指南，2010(7)：4.
② 亚瑟. 数字战争：苹果、谷歌与微软的商业较量[M]. 余淼，译. 北京：中信出版社，2013.

问题还在于，一旦沦为"链奴"，想要"翻身"是很困难的，因为"链主"会全力打压，采取各种方式阻止"链奴"向上升位。例如富士康，早就意识到自身商业位势过低，不满足于只做代工厂，所以从2010年开始实施"四路门店加一个网站"（飞虎乐购）计划，打造自己的电商平台。但苹果、惠普、三星、索尼等富士康直接代工的国际大牌企业都拒绝直接供货，导致货源都成了问题，[①] 因此，富士康的电商试水其实从一开始就已经注定了失败。而且，为了防止富士康再度反客为主，从那以后，"链主"们还有意分散订单，全力扶持其他代工企业。

确定企业的商业位势，主要不是看规模大小或品牌知名度，而是看企业所拥有的价值环节及所对应的资源能力的不可替代性——越难被替代，商业位势越高。不可替代性是判断企业商业位势的关键依据。

确定企业的商业位势，具体来说，分两步走。

第一步，确定企业所属行业在整条价值链上的位势，例如富士康所在的电子代工行业，就处于价值链的底端（第Ⅰ营养级）。

第二步，确定企业在所属行业中的位置，是领导者（第一阵营）、参与者（第二阵营）还是生存者（第三阵营），例如富士康作为电子代工行业的领导者，就排在第一阵营。

第二步的确定，通常采用BCG三四规则矩阵。BCG三四规则矩阵是由波士顿咨询集团（Boston Consulting Group，BCG）给出的经验总结，即在一个稳定竞争市场中，企业一般分为三类：领导者、参与者、生存者。领导者的市场占有率在15%以上，企业数量不超过3个；参与者的市场占有率在5%—15%，企业数量为3—10个；生存者的市场占有率通常小于5%（见图9-7）。[②]

[①] 张业军. 五路遇阻，富士康"失陷"最后一公里[N]. 中国经营报，2011-07-25（35）.
[②] 赵立营，高岩冰. "BCG三四规则矩阵"的使用价值[J]. 企业活力，2007（11）：18.

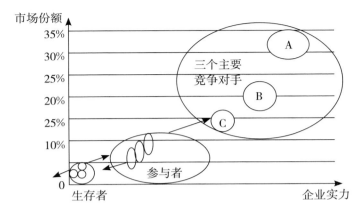

图 9-7　BCG 三四规则矩阵分析示意

综上两步，富士康的商业位势为：第Ⅰ营养级第一阵营（I1），如图 9-8 所示。

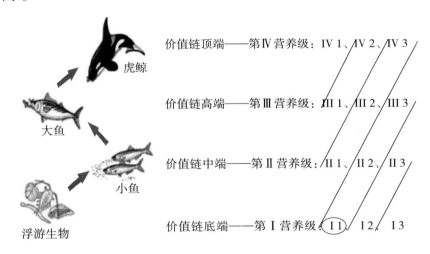

图 9-8　富士康的商业位势示意

企业的商业位势过低，说明企业在话语权、议价能力和收益分配等方面处于劣势，甚至陷入被压迫、被盘剥的境地。那么，企业有没有办法提升自身商业位势，"农奴翻身做主人"呢？由于一方商业位势的提升意味着其他方商业位势的相对下降，所以必然会遭到其他方的抵制。商业位势的提升很困难，但也不是一点办法都没有，关键是在不可替代性上做文章，强化自身的不可替代性，弱化其他方的不可替代性。

接下来，我们通过具体案例来说明如何提升企业的商业位势。

商业位势提升1：全链布局

一家大型水泥企业，地处兰州附近，离石灰石产地和市区都不远，经营得红红火火。但兰州新区的建设，极大地刺激了水泥需求，周边一些县、乡级的小水泥厂死灰复燃，价格恶性竞争，企业苦不堪言。

企业经过分析后，认为只做水泥生产这样单一的价值环节，市场起伏大，企业随波沉浮，今天赚的有可能明天就赔掉。要想改变这种被动局面，企业只能走全价值链的发展模式。于是，企业向上游收购石灰石矿；向下游延伸，逐步建立起商砼、预制件、建筑工程、房地产开发等一系列子公司。经过几年的努力，最终形成了"石灰石开采—水泥生产—混凝土搅拌站—预制件生产—建筑工程—房地产开发"的全价值链、全产业链。

这样一来，无论哪个价值环节的商业位势发生波动起伏，对企业来说，只是"此起彼伏"，东方不亮西方亮，企业总体的话语权和议价能力不会降低。

商业位势提升2：局部垄断

提升商业位势，掌握核心技术只是一个方面，还有其他的办法，譬如价值环节垄断。

广告行业对外的公开报价被称为刊例价，但成交价大多低于刊例价。许多广告公司其实只起着中间商的作用，即从报刊媒体那儿以4—5折的价格拿到广告版面代理权，再以6—7折的价格卖给上门的客户。这种经营方式导致其商业位势很低，在经营过程中，也是老鼠钻风箱——两头受气。在客户面前低声下气，在媒体面前也是点头哈腰。同时，这种代理销售方式导致广告客源很不稳定，许多报刊媒体甚至不得不自建广告部，但仍然避免不了"开天窗"的情况，只好植入公益广告来填充。

一家广告公司抓住报刊媒体的这个痛点，和当地发行量最大的报纸协商：你们不用自建广告部了，也不用到处拉广告了，我们买断全年的广告版面，3折成交，分期付款。等到垄断了当地主要的媒体资源后，这家公司再以5—6折的价格，拆分卖给其他广告公司和广告客户，实现了从"奴隶"到"主人"的华丽转身。

商业位势提升3：同业联盟

农民很辛苦，但商业位势很低，无论粮农、菜农还是果农，都是灾年歉收遭殃，丰年谷贱伤农。譬如果农，常年受到中间环节的盘剥，水果的地头收购价有时只有超市零售价的几十分之一，却仍然被压价，连采摘成本都不够，导致大量水果不得不烂在地里。那么，果农有没有办法改变自己的命运呢？

美国亚利桑那州和加利福尼亚州是美国最大的柑橘生产基地。在这两个州，数千名果农过去总是受到水果收购商的压榨，于是他们每个人出资，联合起来组建了"新奇士（Sunkist）橘农合作社"。社员们产出来的柑橘，只卖给合作社，再由合作社出面与水果收购商进行讨价还价。合作社的谈判地位和议价能力与单个果农完全不同，商业位势大大提高。[1]

之前在市场上呼风唤雨的水果收购商们当然不甘心，联合起来进行抵制。但"新奇士橘农合作社"未雨绸缪，准备了非常关键的一招——组建包装厂、果汁厂、果脯厂、果干厂、副食品加工厂。通过这种方式，一方面，击破水果收购商们的联手抵制，巩固自身的强势话语权；另一方面，卖相不好的水果可以加工成各种产品，实现更大的经济利益。

---

[1] 贾蕾，彭元. 美国新奇士桔农合作社的品牌发展之路［J］. 中国农民合作社，2009（4）：61-62.

现在，新奇士已经是全球最知名的水果商标，在全球 25 个地区设有水果交易所，真正地从价值链上的"链奴"变成了"链主"。

商业位势提升 4：平价奢侈

星巴克在中国攻城略地，所向披靡，但却被迫从一个省全面撤出。

85℃创建于2004年，4年后就成为台湾咖啡连锁"一哥"，彻底打败星巴克。那么，85℃是怎样用短短4年的时间就超越星巴克的呢？

85℃紧跟星巴克，但在几乎所有的地方都做得比星巴克多那么一点点：（1）85℃开店不选址，星巴克开在哪，它就开在哪，紧挨着星巴克。（2）星巴克和业主谈的是长租；85℃干脆让业主合作入股，租金都不用付了。（3）星巴克使用顶级咖啡豆，但点心是冷冻的，微波炉再加热，口感欠佳；85℃同样使用顶级咖啡豆，但点心是现场烘焙的。（4）星巴克不做外卖单；85℃鼓励外带，店内面积就不用那么大。（5）星巴克的东西价格昂贵；85℃的价格永远只有星巴克价格的一半。（6）星巴克的营业时间是早上十点到晚上十点；85℃永远比星巴克早一小时开门，晚一小时收工，许多繁华商圈的店面甚至通宵营业。

"世上只有藤缠树"，85℃就像藤一样，紧紧地缠在星巴克这棵树上。最初，当星巴克店没有位了，大家一看旁边还有个85℃，就换个地方。后来85℃店内坐不下，大家才去星巴克。2017年，星巴克将台湾所有店面的股权转让给统一集团，完全退出台湾市场。①

85℃效仿星巴克，成功地做到了"平价奢侈"。奢侈品牌、高端品牌天然占据着商业位势高地。如果新兴品牌在形象、品位、格调等方面向它们看齐，让顾客以为与它们"同宗同族"或"门当户对"，但在价格上适当降低，则为"平价奢侈"，是商业模式成功的一条捷径。

---

① 徐百威. 品牌与代理：星巴克与统一故事结束了吗？[J]. 商业周刊（中文版），2017（15）：8.

9.4 盈利模式升级与商业位势提升

商业位势与盈利模式是紧密联系、互为因果的。企业的商业位势越高，就越有条件实现盈利模式的升级和优化。反过来，盈利模式的升级和优化，也会提升企业的商业位势，改善企业的商业地位和处境。

对盈利模式进行升级和优化，是提升商业位势的一条有效途径。

正宗桂林米粉的加工制作，"炮制虽繁必不敢省人工，品味虽贵必不敢减物力"[1]，极其费工费事。所以真正的桂林米粉店都是凌晨三四点就开始备料，非常辛苦，但本小利微，所得有限，仅够糊口。

有一家桂林米粉店，凭着一股执念，不惜工本，数年打磨，以匠心精神将一碗米粉做到了极致。结果却发现，除了口碑好一点，客人多一点，商业地位依然低下，商业处境依然卑微，店面盈利依然有限。

桂林米粉早已被消费者默认为是低端餐食，就是少则几元、多则十几元在小店吃上一碗这么简单。再"涂脂抹粉"的产品营销也忽悠不了消费者，"皇家米粉"？没人理你。"健康米粉"？又有哪家店会说自家的米粉不健康？因此，桂林米粉如果继续卖产品的模式，任何涨价都很难被消费者接受，根本跳不出"低价泥沼"，还会受到长沙米粉、常德米粉、柳州螺蛳粉、南宁老友粉等竞品的价格"硬刚"。

桂林米粉要想跳出"低价泥沼"，只有从"卖产品"的传统盈利模式向上升级，才能支撑起更高的价格。升级到"卖服务"呢？这是海底捞的成功秘诀，

---

[1] 日月. 从历史走向未来：记北京同仁堂集团 [J]. 黄埔，1997（3）：15-16.

但火锅是多人用餐,单价高,毛利高,可以轻松覆盖服务成本,桂林米粉不具备这样的条件。升级到"卖文化"呢?可以!桂林处处是风景,处处是文化,形成了独具特色的山水文化,山水间记录着桂林的璀璨文化,古城墙镌刻着桂林的凝重历史,桂林米粉作为地方的名小吃,本身就是桂林的一种人文象征和文化元素。

其实,让我们回到卡诺-马斯洛需求层次上,就会发现,看似简单的餐饮行业,同样能够满足消费者不同层次的需求,如图9-9所示。

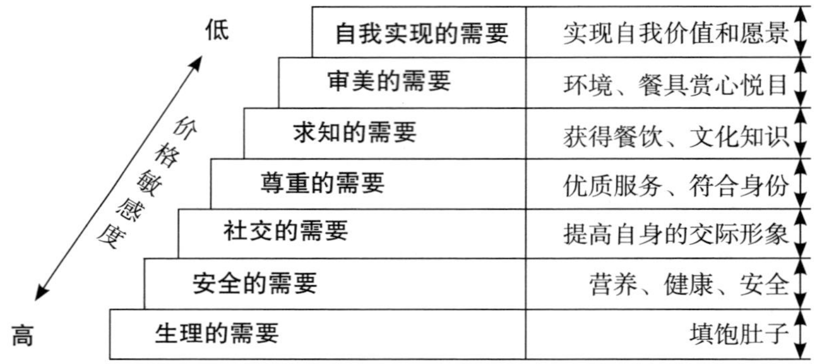

低 ↑ 价格敏感度 ↓ 高	需求层次	说明
	自我实现的需要	实现自我价值和愿景
	审美的需要	环境、餐具赏心悦目
	求知的需要	获得餐饮、文化知识
	尊重的需要	优质服务、符合身份
	社交的需要	提高自身的交际形象
	安全的需要	营养、健康、安全
	生理的需要	填饱肚子

图 9-9 餐饮的卡诺-马斯洛需求层次示意

当然,桂林米粉毕竟只是快餐,满足高端需求的可能性很小。但从基本的生理需求、安全需求往上走,满足消费者在精神文化方面的需求(如社交的需要、求知的需要、审美的需要等)是有可能的,即以桂林米粉店为媒介,传播桂林特有的饮食文化、民俗文化和山水文化,让消费者在米粉店中品尝桂林味道,感受桂林风情,欣赏桂林山水,体验桂林文化,可以概括为:文化快餐,品味桂林。

为桂林米粉重构"卖文化"的盈利模式,具体分为四步。

(1)对店面重新设计和装修,打造桂林文化氛围。

店面采用新的VI设计,以清新绿色为基调,以桂林山水为衬景,全面植入桂林文化元素,包括挂在墙上的桂林山水画、桂林摄影展,挂在墙角的桂林纸伞、芒编工艺品，电视屏幕里播放的电影《刘三姐》以及作为背景音乐的彩调剧等，打造"舟行碧波上，人在画中游"的情景氛围。让消费者走进店中，如同徜徉在如诗如画的桂林山水间，翻阅餐桌上的 DM 画册，如同导游在讲解桂林民俗风情和名胜古迹，如图 9-10 所示。

图 9-10　桂林米粉店新的 VI 设计

（2）增添桂林地方特色的美食，输出桂林饮食文化。

到桂林旅游，不只是看风景，更是体验当地人的生活，包括起居、饮食、特产等，桂林米粉店完全可以成为桂林饮食文化的输出平台。

桂林米粉就餐时间集中在早餐和午餐，其他时段几乎完全空闲，须要增添一些桂林地方特色餐食组合，丰富产品线。早餐时段，增加桂林油茶、尼姑素面、艾叶粑粑、蜂窝芋角等新的餐食；正餐时段，引入桂林生菜包、桂林十八酿、桂林酸笋、桂林三花酒等新的品种；上、下午茶时段，供应桂林毛尖、桂花茶、三清茶、罗汉果茶、漓江银针等茶品以及桂林的桂花糕、船上糕、马蹄糕等糕点。以上这些桂林美食，既可以堂食，也可以外带。

（3）开辟第三方收入来源，优化盈利模式。

经过以上改造，顾客来店消费，等于完成了一次"家门口的桂林一日游"。

企业也从单纯的"卖产品"变成了"卖文化",不过仍然须要进行盈利模式优化,开发第三方收入来源,向第三方转嫁成本。

首先,店内装饰用到的桂林纸伞、桂林山水画、阳朔画扇、芒编工艺品,顾客用到的桂林仿瓷餐具、"象山水月"茶具等,都由供应商免费提供,作为其产品的展示和体验。顾客如果对产品感兴趣,可以通过DM目录下单购买。

其次,店内的每一处界面,都成为桂林新景点、新旅游线路的展示媒体,包括店内的背板、画框、餐盘纸、外卖单、电子显示屏、电视屏幕等等,然后由旅行社、景点运营商来买单。

最后,发行桂林美食卡,充值有积分,消费有优惠。消费者单次购买的主食份数越多,折扣越大,以鼓励他们带着同事、朋友来消费。积分除了兑换店内餐食和土特产,还可以用于顾客在旅行社、第三方商家消费时的抵扣,抵扣成本自然由旅行社、第三方商家承担。

有了这些第三方收入,米粉坚持不涨价,米粉店照样有利润。

(4)盈利模式继续向"卖商机"升级。

一家桂林米粉店的经营良好,盈利可观,就可以进行"复制"了,即实行连锁加盟。企业收取加盟费、培训费、品牌信誉保证金、装修费,从而将盈利模式升级到"卖商机"。而且加盟店的选址也非常简单,就选在麦当劳、肯德基附近,因为有文化的加持,可以与这些洋快餐区别开来,更显得有品位、上档次。

发展到这一步,商业位势就不可同日而语了。一家桂林米粉店,仅用十年时间就扩张到223家,数量居行业之首。而且更重要的是,将桂林米粉从低端餐食形象,成功地升级为一种有品位的文化快餐。

以上,就是棒子米粉的进化故事。

由此例子不难看出,盈利模式设计,不能站在单个企业的角度考察眼前的那点儿成本收益，而应跳出单个企业的狭隘视野，到更广阔的空间内谋篇布局，即在整条价值链上运筹帷幄，整体思考企业内部价值链和外部价值链（上游、下游、其他利益相关者）的协同和构造，从而为企业创设出一个无比广阔的、可持续的未来发展空间。"自古不谋万世者，不足谋一时；不谋全局者，不足谋一域"①。

到这里，我们对商业模式的五大微观组成——需求定位、价值组合、交易结构、盈利模式和商业位势——都做了深度解析，同时也就说明商业模式的重构存在五种方式——重新定位需求、重组价值环节、重建交易结构、重设盈利模式和重塑商业位势。可以预见的是，其中最难的是重塑商业位势，因为其他重构还有可能"共赢"，而商业位势变化一定是"此消彼长"的。一方的位势提升，必然意味着其他方的位势下降。因此，不是所有的商业模式变革，都像一些学者所希望的那样，能够做到"互利共赢"②。重塑自身商业位势的商业模式改变，目的就是为了更好地"欺负"别人，侵蚀其他相关方的利润。③

在最后一章中，我们将阐述商业模式的重构，以及商业模式的全新设计。

---

① 陈澹然.寤言二：迁都建藩议［Z］.清光绪二十八年刻本.
② 陈学猛，丁栋虹.国外商业模式研究的价值共赢性特征综述［J］.中国科技论坛，2014（2）：143-149.
③ 戴天宇.企业基因工程：商业模式的全新设计［M］.北京：北京大学出版社，2016：174.

第 10 章
商业模式重构与商业模式设计

本章导读

生物物种没有最优，商业模式没有最佳，更不存在普遍适用的共同模式。无论是商业模式重构，还是商业模式设计，一要遵循经济学原理，二要符合企业实际，三要适配企业所处的商业生态环境。所以须要一切从企业实际出发，设计出适合自己的商业模式，适合自己的就是最好的。

企业设计，设计企业未来。

企业设计包括商业模式设计、企业流程设计、管理机制设计、组织生态设计和企业文化设计五大核心模块。其中的商业模式设计，设计的对象是企业的经济基础，因而也是最靠近经济学的管理学。所以商业模式设计不能一味地追求"新奇特"，背后必须要有坚实的经济学基础。

商业模式设计分为两种：一种是对原有模式局部改良的商业模式重构；另一种是从头开始的商业模式全新设计。不过无论哪一种，都要具有经济学上的进步意义，具体可从四个方面来判断：（1）能否挖掘和满足新的需求；（2）能否创造和增加新的价值；（3）能否消减交易成本或交易风险；（4）能否提升自身商业位势。如果做不到以上四项当中的任何一项，所谓的商业模式"点子""策划""创意""故事"，都只是在形式上玩"花活"，除了制造一些色彩斑斓的泡沫，无法从实质上改善企业经营绩效，推动社会经济发展。

因此，"商业模式≠创意点子"，商业模式设计有着一套严格的流程和方法，经得起经济学规律的检验。"商业模式≠顶层设计"，商业模式设计是从企业的经济基础入手、从生产力入手，而不是从上层建筑入手。"商业模式≠企业战略"，商业模式设计基于企业自我的生长发育机制，而不是人造一套逻辑强加给事物。用一句话概括：商业模式设计的实质不是创造，而是找寻事物自身的逻辑、事物自身的规律。

10.1 局部改良的商业模式重构

创业企业需要商业模式设计，以实现"科学创业"[①]。那么，已经运营的企业呢？它们同样需要经常对现有的商业模式进行检视，发现与时宜不合或存在先天缺陷的，就要进行优化和改进，即商业模式重构。

对现有的商业模式进行改进，一般来说，不到万不得已，不会搞"推倒重来"。因为每一个"活"着的企业都有商业模式，活着就有活着的道理，说明现有的商业模式一定有其合理成分，所以商业模式变革不能对过去的东西"一废了之"。特别是对原有模式下所形成的企业间关系格局和利益格局，要予以充分尊重并审慎处理，这样才能减少"革故鼎新"的阻力，以确保改进后的新商业模式的顺利落地。

那么，对现有的商业模式进行改进，从哪里入手呢？这里先给出一套诊断标准，用来帮助企业确定现行商业模式的优化方向：

（1）如果企业缺乏足够的、稳定的、优质的潜在客户群，则是需求定位出了问题，目标客户群体不够大，或者需求靶点不够准。

（2）有了客户，企业仍然缺乏足够的、稳定的、优质的订单，则是交易结构出了问题，现有的交易结构阻碍了交易的达成。

（3）有了订单，企业仍然缺乏足够的、稳定的、优质的收入，则是价值环节出了问题，企业的价值环节太单薄，价值创增有限。

（4）有了收入，企业仍然缺乏足够的、稳定的、优质的利润，则是盈利模式出了问题，创增出来的价值没有最大化地"变现"。

[①] 肖陆军. 科学创业及其实现途径［J］. 中国人才，2010（15）：57.

（5）有了利润，但企业的利润率很低，达不到社会平均水平，则是商业位势出了问题，企业创增的价值都被别人"侵蚀"了。

按照顺序一步一步诊断下来，企业现行商业模式的问题就一目了然了——也许存在单个问题，也许存在多个问题。相应地，问题的解决或者说商业模式的重构，就有以下五种方式：（1）重新定位需求；（2）重组价值环节；（3）重建交易结构；（4）重设盈利模式；（5）重塑商业位势。如图10-1所示。

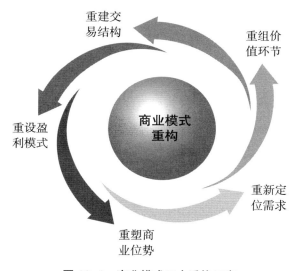

图10-1 商业模式五大重构示意

商业模式的五大重构，要根据企业的具体问题有针对性地去使用，可以是单一方式，也可以是多种方式并行。例如重新定位需求的同时，往往还会重组价值环节和重建交易结构。

（一）商业模式重构1：重新定位需求

野生山茶油被誉为"东方橄榄油"，不饱和脂肪酸含量比橄榄油还高10%，富含18种氨基酸和12种微量元素以及山茶甙、茶多酚等生理活性物质，对于降低胆固醇、提高免疫力、增进胃肠功能具有明显的功效，因而营养健康价值更高,是当之无愧的最佳食用油。①

好产品不一定有好市场。安徽大团结食用油有限公司(简称大团结)的市场销售就一度陷入困境。由于资源稀缺,山茶油的产量很低,生产成本很高。公司如果主打食用油市场,进入超市,与价格低廉的调和油同台竞争,则很难被老百姓接受;如果主打礼品市场,进入礼品店,与同等价位的礼品全面竞争,则很难脱颖而出,而且礼品的复购率极低。事实上,许多山茶油品牌也在营销上下过功夫,大规模投放广告,但效果不佳。怎么办?

好的销售,不是营销推动的,而是需求拉动的。山茶油的产品特性是给定的,那么它最适配的需求点是什么?最适合的消费人群会是谁?这些人在什么场合活动和停留,在什么场合购物和消费?这些场合中哪些适合作为客户界面,让客户接触和了解产品?弄清楚这些问题,才能知道企业的销售策略应该是什么。

除了营养健康,山茶油还具有以下特点:油茶树生长在深山中,不需要化肥或农药,天然绿色环保;口味清香不油腻,能够促进食欲;易于吸收,有利于减轻消化系统负担;利气、通便、降火、助消化;富含 Omega-3 和 DHA(二十二碳六烯酸),可以提高胎儿智力;富含维生素 E 和抗氧化成分,能够滋养皮肤,预防和祛除妊娠纹;烹饪烟点极高,可以避免油烟致癌;此外,民间常用山茶油催乳,以及治疗尿疹、湿疹和蚊虫叮咬……

费了半天口舌,大家看明白了吧,哪类人群最适合呢?孕期、哺乳期妇女及婴幼儿!山茶油的价格确实贵,但对这类人群来说,价格不是太大的问题。

剩下的事情就简单了。公司专门开发针对母婴人群的包装,内有精心制作的孕期、哺乳期营养注意事项和山茶油烹饪食谱。然后进入母婴专卖店、母婴电商平台、妇幼保健院、月子餐中心、月子会所、早教中心、高端幼儿园等场

---

① 郑升. 食用油中佼佼者——山茶油[J]. 食品与生活, 1998(2): 27.

所开展知识宣讲和产品推介活动。一番操作后，山茶油库存很快被销售一空，"启航"山茶油品牌在市场上也占据了一席之地。①

（二）商业模式重构2：重组价值环节

2005年，叶国富创立了哎呀呀小饰品连锁品牌（简称哎呀呀），核心理念是低价。哎呀呀采用10元店形式，通过特许加盟，在大街小巷开了很多家加盟店，吸引了不少顾客进店购买。然而随着互联网的普及，很多加盟商都知道了义乌这个地方，哎呀呀的业绩从此一落千丈。

如图10-2所示，哎呀呀总部只掌握市场营销和物流配送这两个价值环节，实际上相当于一个做自有品牌的批发商，全局控制力有限。

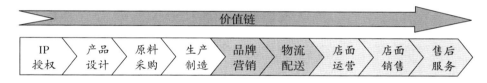

图10-2　哎呀呀的价值组合

2013年，叶国富创立了进化版的10元店——名创优品。售卖的产品也从饰品扩展到了化妆品、数码配件、创意家居，主攻性价比——价格要低，但性能要高，要优质，核心理念变成了"优质+低价"。

为了保证优质，名创优品介入IP授权环节，与漫威、迪士尼、Hello Kitty等IP建立合作，借助这些大牌IP，树立起优质形象。

为了保证优质，名创优品介入产品设计环节，搭建起设计师合作平台，对设计师的成果按销售提成的方式付费，以获得优质设计。

为了保证优质，名创优品介入物流配送环节，通过自建仓储中心和统一配

---

① 梅琼，赵国庆，李军霞. 山茶油企业发展研究：以安徽为例［J］. 铜陵学院学报，2013（5）：66-69.

送的物流体系，直接连通工厂和店铺。

为了保证优质，名创优品介入店面运营和销售环节，加盟商仅负责找房子、交加盟费、拿销售额分成，总部负责店面的日常运营。

此外，名创优品门店进驻高端商场，雇请日本人作为联合创始人，LOGO复刻优衣库，风格模仿无印良品，让消费者误以为其是日本品牌。

概言之，为了保证优质，名创优品介入了价值链上的大部分价值环节，如图10-3所示。

图10-3　名创优品的价值组合

与哎呀呀一样，名创优品的扩张主要依靠加盟商的不断加入。官方数据显示，截至2020年6月30日，名创优品进驻了80个国家和地区，合作了800个供应商，开设了4200家门店，其中国内市场门店数量超过2500家，成为全球规模最大的自有品牌综合零售商。①

（三）商业模式重构3：重建交易结构

一家市政工程公司，过去主要承接当地财政投资的土石方工程、市政工程和房屋建筑工程。由于技术力量雄厚，经验丰富，该公司在工期、质量、造价等方面一向很出色，业主的口碑非常好，业务根本不愁。

但随着宏观经济下行，地方财政吃紧，很多市政项目都"等米下锅"，缺少资金，公司的业务来源急剧萎缩，怎么办？

显然，如果能够帮助地方财政减轻压力，"少花钱多办事"甚至"不花钱

---

① 柴乔杉. 名创优品真的做好上市准备了吗［J］. 中国品牌，2020（11）：60-61.

也办事",同等条件下,业主单位当然愿意将建设项目发包给公司。可如果少收或者不收工程款,按照以往思路,似乎只能采用BOT(建设—运营—移交)、BOO(建设—拥有—运营)、PPP(公私合作)等模式来抵偿,然而这些方式,或者要建设项目本身具有很强的盈利能力,或者要政府用下一年的"卯粮"进行支付,这在中小城市的公共工程建设中,很难行得通,怎么办?

经过认真分析,公司发现:地方财政的现金流虽然有些偏紧,但口袋里并不缺资产,只是很多资产都在"躺着睡大觉"。以往建成的许多项目,例如景区、观光码头、政府接待酒店等,因为经营体制等方面的原因,利用率不高。如果能够将其有效盘活,工程款不是问题。

据此,公司确定了BAT(建设—资产置换—移交)的交易模式(见图10-4):基于地方财政资金紧张的现状,垫资建设市政工程并移交政府,换取政府其他资产的运营权和收益权,再委托给第三方专业机构运营,以其收益或现金流进行资产证券化,从而在保证企业收益的同时,实现政府财政资金的少投入或不投入。

搜寻政府资源	资源变现路径
1. 土地资源	☐ 银行质押贷款
2. 矿产资源	☐ 应收账款置换、冲抵
3. 林业资源	☐ 自己开发和运营
4. 河沙资源 ☑	☐ 委托开发和运营
5. 码头资源 ☑	☐ 资产转包、转卖
6. 景区资源 ☑	☑ 资产证券化(资管计划、信托基金、
7. 广告资源 ☑	投资基金、保险基金、银行理财等)
8. 三旧改造 ☑	
9. 停车场资源 ☑	☐ 注入上市公司
10. 酒店运营权 ☑	

图10-4 BAT(建设—资产置换—移交)交易模式

(四)商业模式重构4：重设盈利模式

米其林（Michelin）是世界轮胎业三巨头之一。2008年，米其林在中国，针对物流运输车队、公交公司等推出了"无忧行"服务。米其林不再卖轮胎，改为卖服务，则为物流运输车队、公交公司设计轮胎托管服务方案，全面接管客户与轮胎相关的一切事宜，包括轮胎选型、胎压管理、定期维护、专业保养等。客户只要每个月按照行驶公里数向米其林支付服务费即可，从而大大降低了客户的轮胎使用成本和燃油消耗。[①]

盈利模式的改变，不仅为米其林带来了丰厚的回报，还让公司与客户的联系更加紧密。许多跨国运输公司在进入新的市场时，都会把米其林作为其轮胎业务的首选合作伙伴。

米其林从"卖产品"转向"卖服务"，在中国市场上，从众多国际知名品牌轮胎的竞争中脱颖而出，独占鳌头。

(五)商业模式重构5：重塑商业位势

不少中国人缺乏文化自信，缺乏独立思考，总认为"外国的月亮更圆"，"洋品牌"高人一等。国内的一些企业于是利用这种心理，造"假洋品牌"，从而获得了高起点的商业位势。这些企业再利用一些年轻人的盲从和跟风，快速崛起为网红品牌。

深圳光明农场附近，有一家国产品牌的酸奶厂，销售一直打不开局面，后来请了一家营销策划机构，进行了全方位的"洋化"。首先，改品牌名为"Classy-Kiss卡士"；其次，改品类名，不叫酸奶，改叫"发酵乳、鲜酪乳"；再次，改产品包装，盒子上印着油画风格的欧洲女人形象；从次，改公司名，

---

① 胡志梅. 开创中国运输市场全新服务理念：米其林推出"无忧行"卡客车会员俱乐部项目[J]. 交通世界（运输·车辆），2008（14）：130-131.

叫"绿雪生物工程（深圳）有限公司"；最后，再把价格翻上几番。经过这一番"改头换面"，一些不知底细的购物者们还以为其是欧洲进口大品牌，对其趋之若鹜。

绿雪生物还是有底线的，自始至终并没说卡士是"洋品牌"，是消费者自己弄错了。而有些"洋品牌"，例如产自河北的"元气森林"，曾经有一段时间在瓶身上标注"日本株式会社元气森林监制"，再加上日文包装和日系风格，让许多消费者当时都产生了误解。[1]

在中国，打造"假洋品牌"，成为企业迅速占据商业位势高点的一条捷径。其实，这也不能完全怪企业的社会责任意识不强，商业道德水平不高，因为有什么样的消费者，就会有什么样的供应者。

10.2 泡泡玛特的商业模式重构

在当前阶段，商业模式的重构，转向风起云涌的 DTC（Direct to Customer，即直接面向终端消费者）模式，是一个不错的选择。

互联网的兴起和社交媒体的出现，提供了双向互动的客户界面，也提供了企业接触用户、转化用户、组织用户的完美手段，继而催生出 DTC 模式：品牌与用户直接联系，持续互动，通过大数据分析掌握用户行为，通过影响用户心智进而影响用户行为，以便从用户身上长期获益（如图 10-5 所示）。2019 年，美国 40% 的零售市场份额转向了 DTC 品牌。[2]

---

[1] 姚瑶. 元气森林是国产品牌，伪日系商品假洋品牌的牟利套路！[EB/OL]. (2020-06-29)[2021-10-01]. https://www.xianjichina.com/news/details_208337.html.

[2] 孙钟然，牛倩旭. 传统零售的颠覆者DTC品牌[J]. 现代广告，2019（19）：32-37.

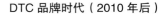

图 10-5　传统品牌向 DTC 品牌的转向

DTC，有人把它理解为"没有中间商赚差价"，有人把它理解为"私域流量运营"，还有人把它理解为"建立用户对品牌的信任"。[①] 这些说法看到了一些现象，但都不是实质。DTC 的实质，就是前面介绍过的经营用户——接触用户，转化用户，留存用户，"收割"用户。

留存用户，一靠心智浸润，二靠利益锁定。中国的 DTC 品牌，像完美日记、花西子、王饱饱、单身粮等，大多采用心智浸润，而非成本更高的利益锁定，可能与中国人的消费心智特点有关。就连许多企业向 DTC 模式转型，譬如泡泡玛特，也主要采用了心智浸润。

2020 年 12 月 11 日，泡泡玛特在香港主板挂牌上市。开盘首日，泡泡玛特的股价达到 77.1 港元，较 38.5 港元的发行价涨幅超 100%。

泡泡玛特成为这样一家明星上市企业，在外界看来，是因为早早布局，站对了潮玩赛道和盲盒风口。但实际上，这是一家已经成立 10 年的老公司，潮玩也不是什么新事物。2016 年，泡泡玛特经历了一次艰难的商业模式重构，才从过去的潮流玩具零售商转型成为现在的 DTC 模式。

---

① 英格拉西亚. DTC 创造品牌奇迹 [M]. 汤文静，译. 天津：天津科学技术出版社，2021.

2010年，泡泡玛特创始人王宁在香港逛街时，看到一家名叫LOG-ON的时尚超市，到店的女孩子络绎不绝，非常红火。王宁于是模仿着在北京也开了一家店，售卖玩具、文具、饰品等新潮玩意儿，但因为模式落后，连年亏损（如图10-6所示）。

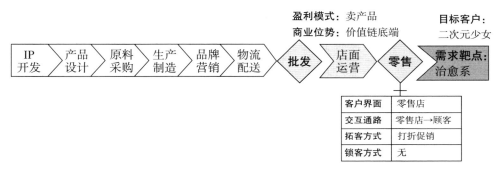

图10-6　泡泡玛特2010年的商业模式（微观描述）

改用收支流图，从宏观层面描述商业模式，则有图10-7。

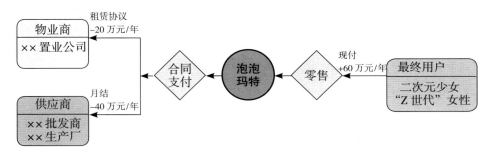

图10-7　泡泡玛特2010年的商业模式（宏观描述）

2014年，公司意识到零售商模式盈利有限，于是开始尝试推出自营潮玩。

2016年，泡泡玛特重构商业模式，向价值链上下游延伸，取得Fluffy House、Molly等国内外知名IP的授权。同时引入盲盒玩法，打造潮流玩具的全产业链综合运营平台，成为国内最大的潮玩企业。

2016年，泡泡玛特的商业模式到底是如何重构的呢？

第一，重新定位需求。重构之前，泡泡玛特瞄准的目标客户，是二次元少女,瞄准的需求靶点是治愈系和情感慰藉,但二次元少女往往要靠家里给钱,支付能力有限。重构之后,泡泡玛特新瞄准的目标客户,是一线、二线城市的年轻白领女性,有足够支付能力,新瞄准的需求靶点则是心理减压、社交炫耀、好奇心、赌性和收集成就感。

第二,重组价值环节。重构之前,泡泡玛特做的只是潮玩零售。重构之后,泡泡玛特向价值链的上游延伸,掌握IP开发和产品设计环节;向下游延伸,操盘品牌营销环节,并建立新的用户经营环节,只把生产制造环节外包出去,从而掌握了整条价值链的主导权。

第三,重建交易结构。在上游,泡泡玛特购买第三方IP授权,产品设计出来后,委托制造商生产;在下游,泡泡玛特增加网络交互和盲盒销售方式。

新引入的盲盒玩法,从两个方面锁定客户。一是产品系列锁定,一个IP系列12个基本款,要想都集齐,就得买12个;二是"赌性"锁定,一箱只有一个隐藏款,抽中概率只有1/144,刺激性强,赌性激发,很容易成"瘾",为了抽中隐藏款,玩家再也停不下来。

第四,重建盈利模式。重构之前,泡泡玛特只是一家零售店,靠卖产品赚取差价;重构之后,转向卖文化,众多知名IP的加持带来了巨大溢价。2017年后,泡泡玛特大力开发自身IP,然后对外开放加盟和IP授权,向卖商机升级。到2019年,泡泡玛特自有完全知识产权IP的收入,已经超过了第三方IP的收入。

第五,重塑商业位势。重构之前,泡泡玛特的商业位势很低,看别人脸色行事。重构之后,泡泡玛特打造全价值链模式,不受上下游约束,掌握了全产业链的强势话语权。同时泡泡玛特还实现了对优质IP的垄断、对客户的锁定,从而将自身位势推高至价值链的顶端。

重构后的商业模式,为泡泡玛特的发展"插上了飞翔的翅膀"。

重购后的泡泡玛特商业模式重构,其微观描述(价值环节组合图)如图

10-8 所示，其宏观描述（收支流图）如图 10-9 所示。

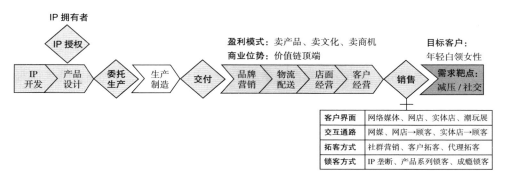

图 10-8　泡泡玛特 2016 年的商业模式重构（微观描述）

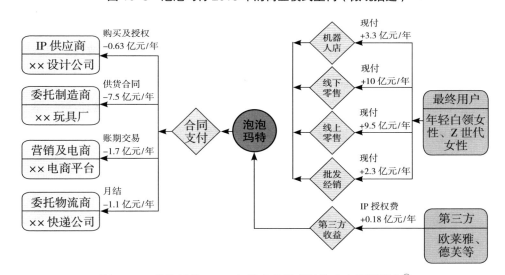

图 10-9　泡泡玛特 2016 年的商业模式重构（宏观描述）[①]

10.3　从头开始的商业模式设计

如果商业模式重构不能解决企业问题，那就须要推倒重来、从头开始对商业模式的全新设计，重新构建企业运行的"价值逻辑"。

---

① 李涵雯，刘捷．泡泡玛特盈利能力分析［J］．现代管理，2021（7）：7．

这个全新设计的过程既是一门科学，也是一门艺术。作为一门科学，应该遵从的原则，就是实事求是。所以，商业模式设计，一切从生态调研开始，一切从企业实际出发，量体裁衣，为企业设计出符合其自身实际的商业模式，适合自己的就是最好的。因此，脱离商业生态环境，去评选什么"最优商业模式""最佳商业模式"①，其实是生态思维缺乏的表现。试问，自然界有"最佳物种"吗？

实事求是意味着，商业模式设计不会受任何条条框框、"神圣"理念的限制，既不盲从于任何黄金法则，也不迷信于任何成功案例，更没有什么先入为主的"创意"、自以为是的"点子"、主观想象的"故事"以及闭门造车的"策划"，而是老老实实从调研开始，踏踏实实从需求出发，通过一套系统化的分析流程和工程化的设计步骤，来确保最终设计方案的科学性和有效性。具体来说，可分为七道工序，七个步骤，我们将其称为"商业模式设计七步法"：商业生态调研→用户需求定位→需求链分析→价值链重组→交易结构设计→盈利模式优化→设计方案检验→（配套流程与机制设计）。如图10-10所示。

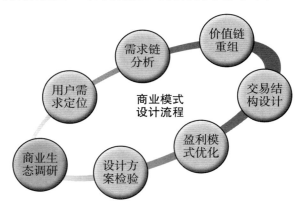

图 10-10　商业模式设计七步法

接下来，我们运用"商业模式设计七步法"，以当年的"平价酒店"为例来说明，一个全新的商业模式，是如何一步一步被设计出来的。

---

① 柳瑞军.有没有最佳的商业模式？[J].企业家信息，2008（7）：14.

第10章 商业模式重构与商业模式设计

1998 年，笔者在香港新世界集团任职时，受命对旗下的星级酒店业务在内地市场的发展前景进行"前瞻性预研"。所谓"前瞻性预研"，不是那些线性思维的市场研究，而是对目前还没有、未来必出现的新业态及其运行模式进行预判。之所以这样做，是因为对企业乃至行业的致命威胁，从来不是同行的竞争，而是一个跨界的新物种、新模式带来的生态更替。

第一步，商业生态调研。

调研后发现，宾馆业当时存在着两种主要的形态：或是装修豪华、设施全面、服务周到、价格高昂的星级酒店；或是装修简易、设施简陋、服务简慢、价格低廉的招待所和个体旅馆。而在这两者之间，即对"装修简雅、设施简洁、服务简约、价格平易"的酒店需求，并没有被满足，存在着巨大的断档。这一需求所对应的用户群体，主要包括三大类：普通商务人士、旅游散客和异地求职的学生群体。

只要存在未被满足的需求，市场上早晚就会出现对应的满足方式或业态。于是，我们对可能出现的新业态及其模式进行了预研。

第二步，用户需求定位。

在调研的基础上，先详尽罗列出最终用户群对宾馆的具体需求。譬如普通商务人士的需求是交通便利、安全无忧、环境整洁、客房静谧、手续便捷，装修虽不豪华但要美观，设施虽不奢华但要舒适，商务设施齐备……同样，旅游散客和求职学生群体也各有自己的具体需求，将这些需求归纳整理，可得到表10-1。

表 10-1 最终用户需求

平价酒店最终用户	安全无忧	环境整洁	装修美观	客房静谧	设施舒适	交通便利	手续便捷	服务周全	商务齐备
普通商务人士	√	√	√	√	√	√	√	√	√
旅游散客	√	√	√	√	√	√	√		
求职学生群体	√	√			√	√	√		

然后，将这些需求点一一梳理填入卡尔-马斯洛需求层次图中（如图10-11所示），就会发现，用户最核心的需求，其实就是一个字——睡。当然也要兼顾其他的需求，如静谧、舒适、安全、私密等，这些也是企业要瞄准的需求靶点。

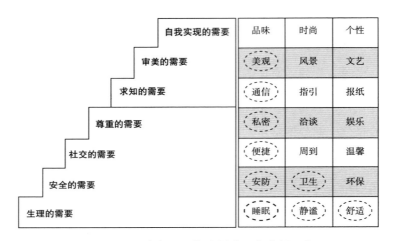

图10-11　卡尔-马斯洛需求层次分析示意

第三步，需求链分析。

最终用户的需求靶点确定之后，便以此为起点，向前拉伸出整条需求链，并找出最主要的利益相关方，如图10-12所示。

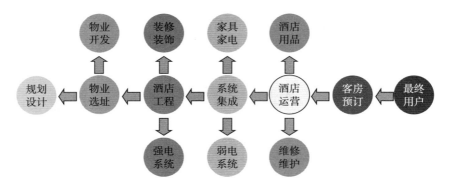

图10-12　需求链绘制示意

第四步，价值链重组。

在需求链的基础上，解析出主要的价值环节，绘制出价值链，如图 10-13 所示。不难看出，根据企业的禀赋和能力，最大可以做从头到尾的全链模式；最小只要做两种服务：前台服务和客房服务。如果采用最小组合，精简服务，但服务档次不低，则为平价酒店。

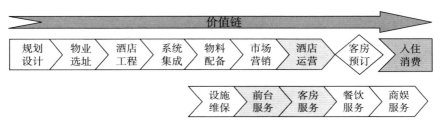

图 10-13　粗略绘制的价值链

第五步，交易结构设计。

在需求链和价值链的基础上，构建与主要利益相关方之间的交易方式，便可绘制出交易结构图（如图 10-14 所示）。显然，如果平价酒店采用单个门店形式，客户的接触面和辐射面将会非常有限，因而只能实行代理制，将客户界面、交互通路、拓客等交易构型事项都委托给旅行社，然后按比例分担交易风险和交易成本，支付佣金。

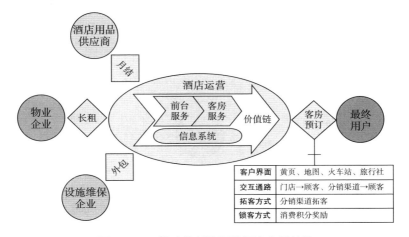

图 10-14　粗略绘制的平价酒店交易结构

第六步，盈利模式优化。

平价酒店最初的盈利模式，毫无疑问是卖服务。运营成功之后，可以考虑实行连锁加盟，向卖商机升级。不过，就单店而言，盈利模式也可以进行适当的优化，即开辟第三方收入来源或向第三方转嫁成本，譬如在店内提供广告位，从而获取第三方收入；在店内设立第三方商亭以及自动贩卖机，从而分摊场地租金，如图10-15所示。

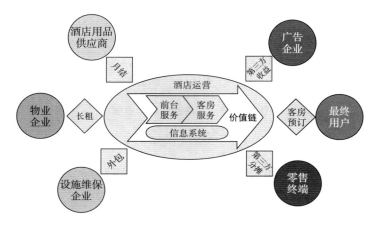

图 10-15　在交易结构图基础上进行的盈利模式优化

在交易结构图的基础上，估算收支状况，便可绘制出收支流图。收支流是真真切切、实实在在发生的市场交易，所以，在描述商业模式时，收支流图比交易结构图更加可靠、更加清晰，如图10-16所示。

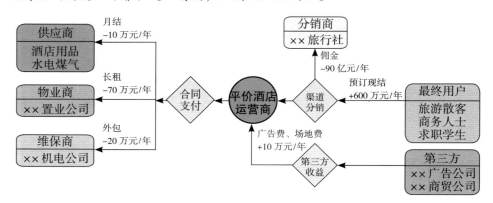

图 10-16　平价酒店收支流图示例（当年估算值）

至此，平价酒店的商业模式设计框架就基本成型了。

商业模式设计得科学不科学，不是靠自圆其说"圆"出来的，而是靠科学检验，而且是最为严苛的"不可行性检验"，即想方设法否定新鲜出炉的设计方案，只有否定不了的才是有生命力的。这么做，是因为"可行性研究"的思路根本就不对。花时间找999个理由证明方案正确、项目可行，没有任何意义，因为只要发现第1000个因素证明方案行不通，它就有问题。当然，"不可行"不是简单的"一刀切"。如果"不可行的因素"通过时间的推移、自身的努力或借助其他方的力量能够消除掉，它就是项目的短板、成功的关键；反之，如果通过各种努力也消解不掉，说明是不可行的，方案就要否定，设计就要重来。

设计出来的商业模式方案，要进行三大"不可行性检验"：关键资源能力检验、经济财务检验和生态演化检验。

首先，来看关键资源能力检验。商业模式设计方案出来以后，企业要从中提炼出方案落地需要的资源能力。然后看自家企业哪些具备了，哪些不具备。那些不具备的资源能力，企业要继续考察是否能够自我培养或从第三方获得，譬如购买、兼并、合作、外包等。如果实在无法获得这些资源能力，设计方案就要被否决。

以往的商业模式设计，是基于企业自身的资源能力——自家冰箱里有什么食材就做什么菜。这种思维太过狭隘，应该倒过来，想做什么菜，就去找什么食材——哪些是自家冰箱里有的，哪些要到超市去买。再者说，商业模式设计方案没有出来之前，谁又知道需要什么样的关键资源能力呢？显然，基于自身的资源能力去设计商业模式，只会大大限制设计的可能性边界。

其次，来看经济财务检验。商业模式设计方案出来以后，企业要分析各项经济财务指标及其变化趋势，如利润率、流动比、速动比等，看这些指标是否符合事先设定好的标准。如果不符合，设计方案就要被否决。

最后，来看生态演化检验。商业模式设计方案出来以后，企业还须要通过系统仿真等手段，模拟其在现实当中的运行和演化，看在不同的情况下，都会遇到哪些问题，出现哪些异常，发生哪些变形和变异，以提前做好预案。如果演化结果达不到预期，设计方案也要被否决。

第七步，设计方案检验。

以平价酒店为例，在商业模式设计方案出来以后，三大"不可行性检验"的结果如图10-17所示。

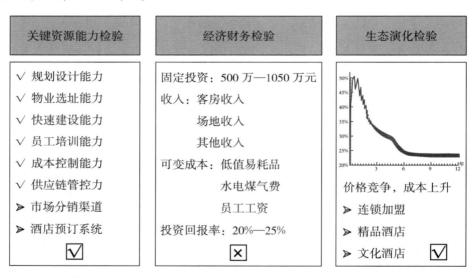

图10-17 平价酒店商业模式设计方案的三大"不可行性检验"

关键资源能力检验。从检验结果来看，香港新世界集团具备大部分的关键资源能力，个别没有的资源能力也能通过培育或者外包来获得，检验通过。

经济财务检验。由收支流图可以大致算出：扣除人工成本约90万元，EBITDA（税息折旧及摊销前利润）约240万元，投资回报率大约为20%—25%，低于集团旗下当时的高星级酒店业务的投资回报率，检验未通过。

生态演化检验。系统仿真的结果表明：物业成本、人工成本将会快速上升，但平价酒店的客房价格很难上调，导致投资回报率下滑明显。前期还可以通过连锁加盟、规模化经营等手段化解成本，后期则要向精品酒店、文化酒店升级进化，才有提价空间，检验结果可以接受。

最终，集团搁置了平价酒店的模式。两年之后，加入了早餐服务的"B&B"（Bed and Breakfast，住宿＋早餐）模式兴起，名字叫作"经济型酒店"。

10.4　商业模式设计与管理机制设计的协同

商业模式设计，只完成了企业设计的第一个模块。紧随其后的，是企业内部的业务流程、管理流程和管理机制的配套设计。

企业流程的配套设计相对简单，因为商业模式的设计决定了企业内部价值流动的逻辑，进而决定了业务流程及其上的管理流程。管理机制的配套设计要麻烦一些。商业模式决定了企业的盈利来源，进而决定了企业内部的生产力主体——企业内部最直接创造收入的群体，具体又可分为第一生产力主体、第二生产力主体……机制设计围绕生产力主体而展开，生产力在哪里，机制设计就从哪里开始。[①] 所以企业管理机制设计的第一步，是弄清楚企业的盈利模式和盈利来源。通常情况下，企业第一生产力主体与盈利模式的关系，如表10-2所示。

表10-2　盈利模式与企业生产力主体之间的关系

盈利模式	盈利来源	第一生产力主体
卖产品	价差	销售人员
卖服务	服务费	服务人员
卖文化	文化溢价	营销、策划、宣传、文创等人员

---

① 戴天宇. 从"如何管"到"如何不管"：企业自运行机制设计［M］. 北京：北京大学出版社，2020：46.

（续表）

盈利模式	盈利来源	第一生产力主体
卖商机	预期收益	研发、招商、投资、理财等人员
卖资质	市场准入费	行业大牛

以下用国内第一个行业 OMO 平台（Online Merge Offline，即线上线下融合）[①] 缝志链公司为例来说明，机制设计是如何匹配模式设计的。

洁王科技公司是枪水的发明者和生产者，产品主要用于纺织厂和服装厂，以去除面料加工过程中偶尔沾染的污渍，所以单个用户用量并不大。洁王科技公司通过 15 个省、市的分公司，以及 6000 多家夫妻店的庞大分销网络，才做到每年数亿元的销售额。

2000 年，公司的市场占有率超过 80%，增无可增，于是在专家的建议下，探索多元化分销模式，即利用自身强大的分销网络，同时向纺织厂、服装厂销售熨斗、染料、助剂等附属件。16 年后却发现，销售额原地踏步，枪水市场占有率也下滑至 60%，转型并不成功。

由图 10-18 可知，洁王科技公司的下游分销商大多是小而散的夫妻店，管理原始，资金紧张，采购规模有限，导致上游企业不得不压货赊销。各家企业为了争夺分销商，乱放账期，乱给优惠，利润微薄；各家企业花费大量的营销费用，只为了抵消竞争对手的影响，而竞争对手也是如此；各家企业的物流配送，由于碎片化的市场分割，都是规模不经济的。中国许多制造业都是如此，过去一味地强调市场竞争，竞争过了头，市场碎片化，交易成本高，这个时候就要通过行业整合与集成进行调理。

[①] 李开复. 疾速奔向 OMO 时代 [J]. 经理人，2018（283）：14-17.

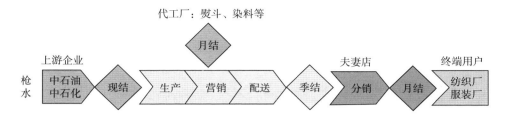

图 10-18　洁王科技公司 2000—2016 年的商业模式（微观描述）

不过，枪水行业的规模太小，最多只有数亿元。考虑到洁王科技公司做了 16 年的多元化分销探索，所以整合范围从枪水行业扩大到整个服装附属产业。洁王科技公司拉上各领域的龙头企业共同组建行业 OMO 平台，即"服装附属产业互联网 + 供应链 + 分销网络"双边平台，股权结构参见图 10-19。洁王科技公司本身也成为行业平台的一个股东和一个供应商。

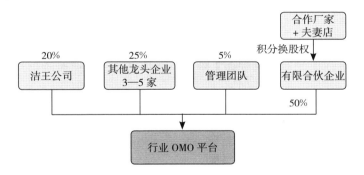

图 10-19　行业 OMO 平台的股权设计

行业平台的大部分股权实行"积分换股权"。合作厂家、夫妻店在平台上交易得越多，积分越多，换股就越多。规则如下：（1）每买或卖 100 元，可获得 1 个积分；（2）每积满 100 分，可换一次平台股权；（3）平台成立后第一个季度，"1 分 +1 元"换 1 股，第二个季度"2 分 +2 元"换 1 股，第三个季度"3 分 +3 元"换 1 股……换股条件越来越高，是因为随着时间的推移，平台股权变得越来越值钱了。

由此形成的行业 OMO 平台模式，微观结构如图 10-20 所示。

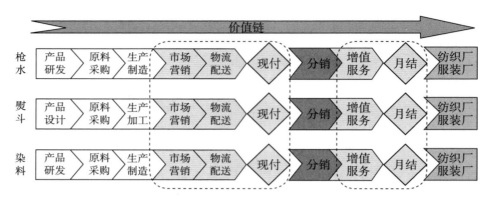

图 10-20　服装附属行业平台的商业模式（微观描述）

改用收支流图，从宏观层面描述商业模式，则如图 10-21 所示。

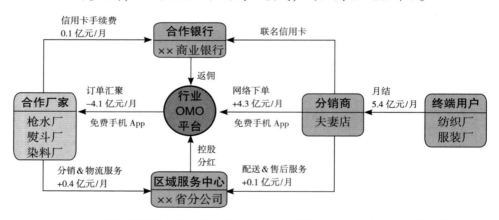

图 10-21　服装附属行业平台的商业模式（宏观描述，数据来自设计阶段估算）

新商业模式落地的步骤如下：

（1）向 6000 多家夫妻店免费提供手机版的行业进销存 App，帮助夫妻店主们轻松打理业务，同时也为他们提供了更多品牌、更多品种、更优价格的采购选择，订单汇聚之后流向各个厂家；

（2）向包括同行在内的所有服装附属企业免费开放，为它们提供 15 个省市的配送网络、6000 多家夫妻店的分销网络、行业内唯一危化品运输资质以及大数据营销等各种增值服务；

（3）将15个省市分公司改制成平台控股的区域服务中心，将物流、配送、售后等竞争优势，从自家公司私有变成行业平台共享，为平台上的合作厂家、夫妻店提供有偿服务；

（4）联手金融机构，为平台上的合作厂家、夫妻店提供金融服务，譬如和商业银行推出联名信用卡，夫妻店采购时，可以直接用信用卡付款。

行业 OMO 平台的盈利来源，分为前期和后期两个阶段，后期走向供应链金融，前期主要是平台交易服务费、分销服务费和供应链服务费。如果要做配套的管理机制设计，那么在图 10-22 中，谁是生产力主体？机制设计从谁开始？

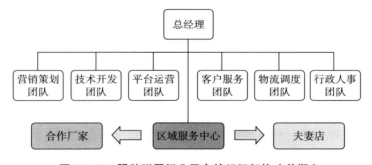

图 10-22　服装附属行业平台的组织架构（前期）

平台的前期盈利，主要来自对合作厂家、夫妻店的线上线下服务。因此，负责拓展客户和提供线下服务的区域服务中心，才是企业的"第一生产力主体"。与模式配套的管理机制设计，应从区域服务中心开始。

机制设计首先是激励机制设计，只有跑起来，才能谈得上其他。为了激励区域服务中心团队，公司预留 20% 的服务中心股份给团队，不用团队出钱，采用利润分红换股的股权激励方式。但问题是，如果采用市场定价方式，利润、市盈率、股价越高，换股数反而越低，实际上起不到激励作用。举个例子，区域服务中心当年的利润为 100 万元，团队分红为 20 万元，市盈率为 1 倍，团队换到手 20 万股；利润上升到 1000 万元，团队分红为 200 万元，可市盈率也变成了 10 倍，换到手的还是 20 万股。显然，要想激励团队，就不能采用等价交换的市场定价，而须采用反市场定价，据此设计出反向动态市盈率股权激励机制作为区域服务中心的核心机制（见表10-3），然后以此为中心，向外扩展出区域服务中心的其他机制，以及其他团队的机制，最终扩展出整套的企业机制。

表10-3 反向动态市盈率股权激励机制

中心当年新增利润	团队换股市盈率	中心当年新增利润	团队换股市盈率
50万—100万元	8倍	250万—300万元	4倍
100万—150万元	7倍	300万—350万元	3倍
150万—200万元	6倍	350万—400万元	2倍
200万—250万元	5倍	400万元以上	1倍

中国许多"小散乱差"的实体行业如何"聚沙成塔"？行业OMO平台模式是一条可行路径，但这需要领军企业的胸怀和远见。以洁王科技公司为例，其所拥有的资源能力，如果用于市场竞争"相恨相杀"，永远是不够的；如果用于行业竞合共生，则远超过自身所需。洁王科技公司牵头组建行业OMO平台，将自身过剩的市场分销和服务能力拿出来与行业共享，既能在更大的范围内创造价值，并以此换得行业OMO平台的相应股权和主导权，又能大幅度减轻自身负担，"利他"也是"利己"。

到这里，我们对商业模式基因工程学原理和方法的介绍，就要告一段落了。曾几何时，中国在产品、设计、创意、商业模式乃至学术研究等各个方面"山寨"成风，被蔑称为"山寨大国"[1]。如今这种说法已不合时宜，但要想彻底消除污名化，不是靠自证清白，而要靠原始创新。在人类文明的历史长河中，

---

[1] YANG F. Faking China, Faked in China: Nation Branding, Counterfeit Culture, and the Postsocialist State in Globalization [D]. Washington D. C.：George Mason University, 2011.

评价一个国家、一个民族优秀不优秀，主要是看它对世界所贡献的原始创新占比。中国具有世界五分之一的人口，从产品创新、技术创新、模式创新到基础理论创新，应当也必须能够为世界提供五分之一甚至更多的原始创新。

更重要的是，未来之中国，除了原始创新，已经无路可走。没有拓荒牛，老黄牛只能在原地打转。在这方面，本书倘若能有所裨益，则不枉笔墨之费。